Portugais
et
Portugais brésilien

lonely planet

guide de conversation

Guide de conversation *Portugais et Portugais brésilien 5*
Traduit de l'ouvrage *Brazilian Portuguese Phrasebook 4, March 2008*

Traduction française : © Lonely Planet 2014
12 avenue d'Italie, 75627 Paris cedex 13
☎ 01 44 16 05 00
lonelyplanet@placedesediteurs.com
www.lonelyplanet.fr

Dépôt légal
Février 2014
ISBN 978-2-81614-080-4

Illustration de couverture
Éric Giriat

Imprimé par
Laballery, Clamecy, France

En Voyage Éditions | un département place des éditeurs

Ce guide de conversation est tiré de plusieurs ouvrages, dont le guide de conversation *Brazilian Portuguese* édité par Lonely Planet et Ben Handicott, secrétaire d'édition. Marcia Monje de Castro s'est chargée de la traduction en portugais, des transcriptions et de l'aspect culturel.

Responsable éditorial : Didier Férat
Coordination éditoriale : Cécile Bertolissio
Coordination graphique : Jean-Noël Doan
Traduction et adaptation en français : Véronique Dreyfus
Adaptation graphique : Alexandre Marchand
Illustrations : Éric Giriat

La maquette du livre et de la couverture a été créée par John Shippick, Adriana Mammarella, Kate Mc Donald et Sally Darmody. Christian Deloye a réalisé la maquette et Annabelle Henry la couverture pour l'édition française. Paul Piaia et Wayne Murphy ont créé la carte de répartition de la langue. Aude Gertou l'a adaptée pour la version française.

Un grand merci à Sophie Sénart pour sa contribution au texte.

Nos plus vifs remerciements vont à Émilie Esnaud qui a apporté une aide précieuse à la réalisation de ce guide, à Jean Noël Doan, à Doris et Grégoire Arseguel, à Gayle Welburn, à Dominique Spaety, à Clare Mercer et Becky Rangecroft du bureau londonien, ainsi qu'à Ruth Cosgrove du bureau australien.

Sachez tirer parti de votre guide...

Nous pouvons tous parler une langue étrangère ! Tout est question de confiance en soi. Peu importe si vous n'avez rien gardé de vos cours de langue à l'école, ou si vous n'en avez jamais eu. Si vous assimilez aujourd'hui ne serait-ce que les expressions de base reproduites sur la couverture de ce guide, votre voyage en sera métamorphosé. N'hésitez pas, profitez de cette porte ouverte sur le Portugal et le Brésil, lancez-vous dans l'aventure de la communication !

comment se repérer

Ce guide est divisé en sections, matérialisées par des onglets de couleur. Le chapitre **basiques** expose les bases du portugais. Il sera votre référence permanente. La partie **pratique** présente les situations de la vie quotidienne. Celle intitulée **en société** vous offre les clés des rapports sociaux : comment engager une conversation, tester son pouvoir de séduction ou exprimer une opinion. Une section entière, **à table**, est consacrée à l'alimentation, avec des rubriques gastronomie, plats végétariens et spécialités locales. La partie **urgences** aborde les problèmes de sécurité en voyage et de santé. Un index détaillé situé en fin d'ouvrage répertorie les différentes questions abordées. Il est précédé d'un dictionnaire bilingue.

pour vous exprimer

Chaque phrase et expression de ce guide est présentée en portugais, accompagnée de sa transcription phonétique (matérialisée par des phrases de couleur dans la partie droite de chaque page) et de sa traduction en français. Notre système de transcription est expliqué en détail dans le chapitre **prononciation** de la partie **basiques**. Il ne requiert pas d'apprentissage spécifique.

les petits plus

Les encadrés *expressions courantes* vous offrent un aperçu du portugais tel qu'il est parlé dans la rue. N'hésitez pas à vous en inspirer. Ceux intitulés *parler local* réunissent des phrases qui reviennent souvent dans une situation spécifique. Pour faciliter votre compréhension, la phonétique est alors employée avant le portugais.

portugais

brésilien

Langue officielle/nationale

Comme le français, l'italien, le roumain et l'espagnol, le portugais est une langue issue du latin. Après la conquête romaine, le bas latin des marchands et soldats romains s'est progressivement mêlé aux langues des populations indigènes, qui ont été ainsi fortement latinisées. Après l'invasion maure en 711, l'arabe, utilisé par les élites cultivées dans la péninsule, a aussi eu des influences sur la langue. Au Moyen Âge, le portugais a connu plusieurs évolutions, essentiellement sous l'influence du français et du provençal (autre langue latine). Au XVIe et au XVIIe siècles, le vocabulaire s'est enrichi de nombreux emprunts à l'italien et à l'espagnol.

Le portugais est la langue de 10 millions de Portugais et de 169 millions de Brésiliens. C'est aussi la langue officielle de plusieurs pays africains : Angola, Mozambique, Cap-Vert, Guinée-Bissau et São Tomé et Príncipe. En Asie, on l'entend à Macao, au Timor oriental, et dans des enclaves autour de Malaka, Goa, Damão et Diu, anciens territoires portugais.

Tous ces territoires sont d'anciennes colonies portugaises. Ils appartenaient au vaste empire qui s'est

en bref...

nom de la langue :
portugais

nom en portugais :
português porr·tou·gués

famille linguistique :
langues romanes

pays : Portugal et Brésil

nombre de locuteurs :
10 millions au Portugal,
169 millions au Brésil,
200 millions dans le monde

langues apparentées :
catalan, espagnol, français, italien, occitan, roumain, sarde

quelques emprunts au portugais : bambou, cachou, coco, cobra, igname, pétunia, piranha, toucan, véranda

développé à partir du XVe siècle, dès le début des grandes découvertes. Cette quête amena les Portugais à passer les premiers le Cap de Bonne Espérance et à contourner la botte de l'Afrique. Cela leur permit notamment d'explorer de vastes étendues de la côte africaine.

Le Brésil fut découvert et conquis par les Portugais au début du XVIe siècle. Il acquit son indépendance en 1822, alors que les autres colonies durent attendre la deuxième moitié du XXe siècle, certaines au prix de sanglantes guerres coloniales, pour s'affranchir de la domination portugaise. Macao, dernier vestige de cet impressionnant empire, n'a été rétrocédé à la Chine qu'en 1999.

Toutes ces colonies, et en particulier le Brésil, développèrent des différences linguistiques en fonction de leur histoire. Ainsi, lorsqu'au XVIe siècle, les Portugais débarquèrent sur la côte atlantique du Brésil, ils découvrirent les diverses langues indiennes. Celles-ci, tout comme les nombreux idiomes et dialectes des esclaves africains, modifièrent considérablement le portugais des premiers colons. Le tupi, langue amérindienne, fut comprise au Brésil par la majorité de la population jusqu'au milieu du XVIIIe siècle. Son usage se réduisit avec l'arrivée de nouveaux immigrés portugais et une proclamation royale de 1757 interdit finalement son utilisation. Après l'expulsion des jésuites, en 1759, le portugais devint la langue nationale.

Le portugais du Brésil a subi l'influence du *tupi*, mais aussi des langues *bantou* et du *yoruba* des esclaves africains, déportés au Brésil jusqu'au milieu du XIXe siècle.

Sous des influences distinctes, le portugais du Portugal et celui du Brésil ont donc évolué séparément, tout comme le français du Québec et celui parlé en France. Toutefois, malgré les différences de vocabulaire, de prononciation, d'orthographe et d'accent, il reste facile de se comprendre d'un continent à l'autre.

> abréviations utilisées dans ce guide

m	masculin	**sg**	singulier	**pol**	politesse
f	féminin	**pl**	pluriel	**fam**	familier
litt	traduction littérale				

La prononciation du portugais diffère du Portugal au Brésil. Au Portugal, la syllabe accentuée est fortement prononcée et le reste du mot quasiment avalé. Au Brésil, toutes les syllabes se prononcent, souvent de façon traînante.

voyelles

Le portugais du Portugal ressemble parfois à une suite de consonnes, dont la seule voyelle serait un *ão* nasalisé, à la fin de certains mots. Pourtant, les voyelles existent et leur prononciation est très variée, peut-être même d'avantage qu'au Brésil, où les voyelles sont ouvertes et toujours prononcées. Le "e" final est muet au Portugal et se prononce légèrement *i* au Brésil. Ailleurs, le "e" se prononce *é* (de façon plus ténue au Portugal qu'au Brésil). Le "o" final est souvent prononcé comme un léger *ou*.

lettre	symbole	équivalent français	exemple portugais/ brésilien
a	a	c**a**méra	*c**a**mera*
ai	aï	**paille/aïe**	***pai***
o	ô	h**o**tte	***ó**timo*
o	o	gât**eau**	*c**o**rrer*
ou	o	p**o**t	*p**ou**co*
ei	éï	ég**ay**er	***lei***
e	é	c**é**der	*c**e**do*
é	è	l**ai**t	*caf**é***
i	i	l**i**vre	*f**i**no*
u	ou	r**ou**x	*az**u**l*
au	aou	mi**aou**	*s**au**dades*
oi	oï	langue d'**oïl**	*n**oi**te*

Les nasales, caractéristiques du portugais, s'obtiennent en parlant du nez. Il s'agit de forcer le son par le nez plutôt que par la bouche. Une voyelle est nasalisée lorsqu'elle est surmontée d'un tilde ou bien lorsqu'elle est suivie des lettres *m* ou *n*. Ces sonorités existent en français dans les sons : *an*, *on*, *in*, *ou*, *un* ou *gne*.

Prononcez les exemples ci-dessous en parlant du nez :

lettre	symbole	équivalent français	exemple portugais/brésilien
ã	in (Portugal) an (Brésil)	-	*amanh**ã***
ãe	aïn	-	*p**ãe**s*
em	éïm	-	*t**em***
ui	ouill	-	*m**ui**to*
om	om	-	*b**om***
un	oun	-	*seg**un**do*
ão	aoum	-	*fog**ão***
õe	oïn	-	*naç**õe**s*

consonnes

La plupart des consonnes (*b*, *c/ç/ch*, *d*, *f*, *g*, *j*, *m*, *n*, *p*, *q*, *s*, *t*, *v*) se prononcent et suivent les mêmes règles qu'en français. Le *r*, difficile pour les francophones, est soit légèrement roulé, soit légèrement raclé comme la *jota* espagnole. Nous l'indiquerons dans la transcription, par un seul "r" pour un son légèrement roulé et deux "rr" lorsqu'il est raclé. Autre son difficile, le *al* : lorsque ces deux lettres sont associées, le son vient du fond de la gorge (proche de *aou* au Brésil, et entre le *al* et le *aou* au Portugal). Le son *lh*, transcrit *lli*, correspond au *l* mouillé de million. Dans le parler portugais, le s ou le z final sont légèrement chuintés (*ch* ou *j*), ce qui est rarement le cas au Brésil.

lettre	symbole	équivalent français	exemple portugais/ brésilien
al	aou	mi**aou**	*ma**l***
lh	lli	million	*mura**lh**as*
nh	gn	li**gn**e	*li**nh**a*
qu	kou	**cou**ardise	***qu**al* (devant *a* et *o*)
r	r	légèrement roulé	*para*
r	rr	cou**rr**ir – raclé	***ir/r**esto/se**rr**a*
s	ss	de**ss**ert	*gro**ss**o*
s	z	dé**s**ert	*ca**s**a*
x	z	**z**èbre	*e**x**ame*
x	ch	**ch**ou	*li**x**o*
x	ks	ta**x**i	*ta**x**i*
x	s	de**ss**ert	*ma**x**imo*
z	z	**z**one	***z**ona*

accentuation

Au Portugal, l'accent tonique est très marqué, et les voyelles atones sont quasiment muettes. Au Brésil, les voyelles atones sont plus distinctes. En portugais, l'accent tonique est généralement situé sur l'avant-dernière syllabe, sauf pour les mots se terminant par *i, u, r, z* ou par une voyelle nasalisée (comme *ão*), qui sont accentués sur la dernière syllable. Les mots qui échappent à cette règle prennent un accent graphique qui marque la place de l'accent tonique.

Dans notre système de transcription, la syllabe accentuée est signalée en italique.

système d'écriture

Voici l'alphabet portugais (alphabet latin), accompagné de la prononciation des lettres en portugais :

alphabet			
a	a	*n*	è·ne
b	bé	*o*	ô
c	cé	*p*	pé
d	dé	*q*	ké
e	é	*r*	è·rre
f	è·ffe	*s*	è·se
g	gè	*t*	té
h	a·*gâ*	*u*	ou
i	i	*v*	vé
j	*jo*·ta	*w*	dâ·*bi*·ou
k	kâ	*x*	chiz
l	è·le	*y*	ip·*ssi*·lone
m	è·me	*z*	zè

Il existe trois accents principaux en portugais. L'accent aigu (´) ne sert qu'à marquer l'accent tonique. Le circonflexe (^) marque l'accent tonique, mais également la prononciation fermée de la voyelle accentuée. Le tilde (~) signale la tonicité et la nasalisation de la voyelle. L'accent grave est très exceptionnellement utilisé. La cédille est employée dans les mêmes conditions et avec la même prononciation qu'en français.

Ce chapitre est destiné à vous aider à construire des phrases. Les rubriques sont classées par ordre alphabétique. Si vous ne trouvez pas, dans ce guide, la phrase dont vous avez besoin, sachez que des mots exacts, un peu de grammaire et quelques gestes vous permettront de vous faire comprendre.

adjectifs et description

Les adjectifs, généralement placés après le nom qu'ils qualifient, s'accordent en genre et en nombre avec celui-ci.

la belle jeune fille
a menina bonita — a mé *ni*·na bou·*ni*·ta
(litt : une jeune fille belle)

les belles jeunes filles
as meninas bonitas — as mé *ni*·nas bou·*ni*·tas
(litt : les jeunes filles belles)

le beau jeune homme
o rapaz bonito — ou ra·*pas* bou·ni·tou
(litt : le jeune homme beau)

les beaux jeunes hommes
os rapazes bonitos — ous ra·*pa*·zés bou·*ni*·tous
(litt : les jeunes hommes beaux)

Voici les terminaisons des adjectifs selon qu'ils s'accordent avec un nom masculin ou féminin, singulier ou pluriel :

	singulier	pluriel
masculin	*-o*	*-os*
féminin	*-a*	*-as*

article défini

Les deux articles définis *o* et *a* (respectivement "le" et "la") s'accordent en genre au pluriel, contrairement au français qui utilise une forme unique : "les" :

masculin	*o* sg	*o trem* ou trẽïm (**Brés**)	le train
	os pl	*os comboios* ous com·*bo*·ios (**Port**)	les trains
féminin	*a* sg	*a mochila* a mo·*chi*·la	le sac à dos
	as pl	*as mochilas* as mo·*chi*·las	les sacs à dos

Voir également les rubriques **genre** et **pluriel**.

article indéfini

Les articles portugais *um* et *uma*, qui correspondent respectivement à "un" et à "une", sont moins souvent employés qu'en français. Ils ont chacun une forme plurielle : *uns* pour le masculin et *umas* pour le féminin. Ces formes plurielles peuvent également se traduire par "quelques".

masculin	*um* sg	*um pastel* oum pas·*tel*	un gâteau
	uns pl	*uns pastéis* uns pas·*téïs*	des gâteaux
féminin	*uma* sg	*uma casa* uma·*ca*·sa	une maison
	umas pl	*umas casas* umas *ca*·sas	des maisons

Je voudrais un gâteau et une bière.

Quero um pastel e uma cerveja. — *ké*·rou oum pas·*tel* é *ou*·ma sér·*vé*·ja

(litt : Je-veux un gâteau et une bière)

Je voudrais des comprimés contre le mal de tête.

Quero uns comprimidos para dor de cabeça. — *ké*·rou ouns kom·pri·*mi*·dous *pa*·ra dôrr de ka·*bè*·sa

(litt : Je-voudrais des comprimés pour mal de tête)

J'ai bu quelques verres.

Tomei umas e outras. — to·*méï ou*·mas i *o*·tras

(litt : J'-ai bu unes et autres)

avoir

Le verbe "avoir" a deux traductions possibles en portugais : *ter* et *haver.*

Ter, verbe irrégulier, indique la possession et sert d'auxiliaire dans la formation des temps composés :

J'ai un vol à 18h.

Tenho um vôo às seis da noite. — *té*·gnou oum *vo*·o as séïs da *noï*·te

(litt : j'-ai un vol à-les six du soir)

j'	ai	un billet	*eu*	*tenho*	*uma passagem*
tu **fam**/ vous **pol**	as/ avez	la note	*tu/ você*	*tens/ tem*	*a conta*
il/elle	a	de l'eau	*ele/ela*	*tem*	*água*
nous	avons	la clé	*nós*	*temos*	*a chave*
vous **pl**	avez	une lettre	*vocês*	*têm*	*uma carta*
ils/elles	ont	le menu	*eles/ elas*	*têm*	*o cardápio*

Haver est très peu employé. Il sert parfois d'auxiliaire dans la formation des temps composés (au Brésil plus qu'au Portugal). Il est surtout employé à la 3e personne du singulier pour signifier "il y a" :

Il y a des fruits au marché.

Ha fruta no mercado. — a *frou*·ta nou mer·*ca*·dou

(litt : il y a fruit dans-le marché)

comparaison

Pour comparer une chose et l'autre, utilisez les mots *mais* ("plus") et *menos* ("moins") de la façon suivante :

mais … do que … — maïs … dou ke …

plus … que …

menos … do que … — *mé*·nous… dou ke …

moins … que …

Cette chemise est plus belle que celle-là.

Esta camisa é mais bonita do que esta. — és·*ta* ka·*mi*·za è maïs bou·*ni*·ta dou ki *és*·ta

(litt : cette chemise est plus belle de que celle-là.)

Le superlatif se construit comme en français, avec *o mais* ("le plus") et *o menor* ("le moins"). Pour exprimer une notion de taille ("plus grand" ou "plus petit"), utilisez *maior* et *menor* :

Le plus bel arbre.

O mais bonito árvore. — ou maïs bou·*ni*·tou *arr*·vo·re

(litt : Le plus bel arbre.)

Le plus grand arbre.

O maior árvore. — ou maï·*or arr*·vo·re

(litt : Le plus grand arbre.)

Notez que le superlatif ne prend pas d'article lorsqu'il est précédé d'un nom et de son article :

o/a … mais/menor… **m/f** — o/a … maïs/mi·*nôr* …

le/la … plus/moins …

Je voudrais la mer la plus bleue.

Quero o mar mais azul. — *ké*·rou ou *marr* maïs a·*zoul*

(litt : Je-veux la mer plus bleue.)

démonstratifs

Comme en français, le pronom démonstratif est placé devant le nom et s'accorde en genre (masculin ou féminin) et en nombre avec celui-ci. On emploie une forme ou l'autre, selon que le sujet dont on parle est proche ou éloigné :

	singulier		pluriel	
	masculin	féminin	masculin	féminin
proche	*este*	*esta*	*estes*	*estas*
éloigné	*aquele*	*aquela*	*aqueles*	*aquelas*

Cette place est-elle libre ?
Este lugar está vago? és·te lou·*garr* és·*ta va*·gou
(litt : cette place est libre)

Cette vue est superbe.
Esta vista é maravilhosa. és·ta *vis*·ta è ma·ra·vi·*llio*·za
(litt : cette vue est superbe)

Ces pronoms s'emploient également seuls pour désigner "celui-ci", "celui-là", "ceux-ci" et "ceux-là" :

Ce marché ouvre-t-il tous les jours ?
Este mercado abre todos os dias? és·te mér·*ka*·dou *a*·bre *tou*·dous ous *di*·as
(litt : ce marché ouvre tous les jours)

Ceux-ci sont portugais, ceux-là sont brésiliens.
estes são portuguêses, aqueles são brasileiros. és·tes saoum porr·tou·*guéï*·ses a·*ké*·les saoum bra·zi·*léï*·rou
(litt: ceux-ci sont portugais, ceux-là sont brésiliens.)

La façon la plus simple de désigner quelque chose en portugais, est de commencer sa phrase par *É*… (litt : C'est…).

grammaire de A à Z

C'est un bel édifice.
É um edifício bonito. è oum é·di·*fi*·ssiou bou·*ni*·tou
(litt : c'est un édifice beau)

être

Le portugais dispose de deux verbes pour exprimer le verbe "être" : *ser* et *estar*. Tous deux sont des verbes irréguliers qui vous demanderont peut-être d'apprendre leur conjugaison, mais leur emploi est assez simple.

Le verbe *ser* renvoie à une situation permanente et durable.

je	suis	français	*eu*	*sou*	*francês* **m**
tu **fam**/ vous **pol**	es/ êtes	gentil	*tu/ você*	*é*	*gentil* **m et f**
il/elle	est	artiste	*ele/ela*	*é*	*artista* **m et f**
vous **pl**	êtes	fous	*vocês*	*são*	*loucos* **m**
nous	sommes	étudiants	*nós*	*somos*	*estudantes*
ils/elles	sont	fous/ folles	*eles/elas*	*são*	*loucos/ loucas* **m/f**

Le verbe *estar* se rapporte généralement à des événements temporaires.

je	suis	en vacances	*eu*	*estou*	*de férias*
tu **fam**/ vous **pol**	es/ êtes	saoul	*tu/ você*	*estás/ está*	*bêbado* **m**
il/elle	est	malade	*ele/ela*	*está*	*doente* **m et f**
vous **pl**	êtes	perdus	*vocês*	*estão*	*perdidos* **m**
nous	sommes	en voyage	*nós*	*estamos*	*viajando*
ils/elles	sont	occupés/ occupées	*eles/ elas*	*estão*	*ocupados/ ocupadas* **m/f**

futur

Pour exprimer le futur, on utilise généralement le présent du verbe *ir* ("aller"), suivi d'un infinitif, comme dans l'expression "je vais revenir" :

Je reviens la semaine prochaine.

Vou voltar na semana que vem. — vô vol·*tar* na sé·*ma*·na ke véïm

(litt : Je-vais revenir dans-la semaine qui vient)

Voici la conjugaison du présent du verbe *ir* ("aller") :

je	*vais*	eu	*vou*
tu **fam**/ vous **pol**	*vas/* *allez*	tu/ você	*vais* *vai*
il/elle	*va*	ele/ela	*vai*
nous	*allons*	nós	*vamos*
vous	*allez*	vocês **pl**	*vão*
ils/elles	*vont*	eles/elas	*vão*

Vous pouvez aussi faire comprendre vos intentions à l'aide du présent accompagné d'un adverbe de temps, comme en français :

Je vais à Rio demain.

Vou para o Rio amanha. — vô *pa*·ra ou *rï·ou* a·*ma*·gnin

(litt : je-vais à le Rio demain)

genre

Le portugais compte deux genres : le masculin et le féminin. Le tableau ci-contre signale quelques règles, mais il existe de nombreuses exceptions. On forme le féminin en remplaçant le *o* final par *a, oa, ã* ou en ajoutant un *a* aux terminaisons en *l, r, s* :

généralement masculin	généralement féminin
noms désignant des personnes ou des animaux de sexe masculin	noms désignant des personnes ou des animaux de sexe féminin
noms désignant des montagnes, des mers et des cours d'eau	noms de continents, de pays, de ville se terminant par *-a*
noms se terminant par *-o, -l, -r, -ema, -oma* et *-ama*	noms se terminant par *-a, -oa, -ade, ude, -gem*

négation

Pour construire une phrase négative, il suffit d'ajouter *não* (non) devant le verbe principal :

Je ne veux plus marcher.
Não quero andar mais. naoum *ké*·rou an·*dar* maïs
(litt : non je-veux marcher plus)

Comme en français, la double négation est également employée :

Je ne vois rien.
Não vejo nada. naoum *véï*·jou *na*·da
(litt : non je-vois rien)

mots de la négation		
jamais	*nunca*	*noun*·ka
non/pas	*não*	naoum
personne	*ninguém*	nin·*guéïm*
aucun, nul, personne **sg**	*nenhum/ nenhuma* **m/f**	néï *oum*/ néï·*ou*·ma
ni	*nem*	néïm

ordre des mots

Comme en français, l'ordre des mots dans une phrase suit le schéma basique : sujet, verbe, complément.

Je voudrais une chambre.
Eu quero um quarto. é·ou *ké*·rou oum *kouarr*·tou
(litt : je veux une chambre)

pluriel des noms

Les mots terminés par une voyelle prennent un -*s* au pluriel :

livre	*livro* **m**	livres	*livros* **m pl**
lit	*cama* **f**	lits	*camas* **f pl**

Le pluriel des noms terminés par la plupart des consonnes se forme en ajoutant -*es* :

singulier		pluriel	
portugais	*português*	portugais	*portugueses*
jeune	*rapaz* **m**	jeunes	*rapazes* **m pl**
fleur	*flor* **f**	fleurs	*flores* **f pl**

Lorsque vous utilisez le pluriel, n'oubliez pas d'accorder l'article et les adjectifs qui l'accompagnent. Il existe bien sûr d'autres règles et nombre d'exceptions, mais nous en resterons là pour l'instant. Consultez également les rubriques **articles** et **adjectifs et description**.

politesse

Contrairement au portugais parlé au Portugal, le brésilien ne fait pas la distinction entre le "*tu*" familier et le "*vous*" de politesse. On dit généralement *você* indistinctement, quoique le "*tu*" tende à apparaître dans le langage familier. Notez cependant que dans le sud du Brésil, on utilise le "*tu*" dans les deux cas.

possessifs

En portugais, le pronom et l'adjectif possessif sont un seul et même mot. Placé devant le nom auquel il se rapporte, il s'accorde en genre et en nombre avec celui-ci. Au Portugal, l'adjectif possessif est précédé d'un article défini, alors qu'au Brésil il ne l'est pas.

	singulier		pluriel	
	masculin	féminin	masculin	féminin
	carte	lettre	cartes	lettres
mon/mien	*(o) meu mapa*	*(a) minha carta*	*(os) meus mapas*	*(as) minhas cartas*
ton/tien	*(o) teu mapa*	*(a) tua carta*	*(os) teus mapas*	*(as) tuas cartas*
son/sa/sien	*(o) seu mapa*	*(a) sua carta*	*(os) seus mapas*	*(as) suas cartas*
notre	*(o) nosso mapa*	*(a) nossa carta*	*(os) nossos mapas*	*(as) nossas cartas*
votre **sg et pl**	*(o) seu mapa*	*(a) sua carta*	*(os) seus mapas*	*(as) suas cartas*
leur	*(o) seu mapa*	*(a) sua carta*	*(os) seus mapas*	*(as) suas cartas*

Voilà comment expliquer, à l'aide de l'adjectif possessif, que quelque chose vous appartient :

C'est mon billet.

É a minha passagem. (**Port**) è a *mi*·gna pa·*sa*·jéïm
(litt : c'est le mon billet)

É minha passagem. (**Brés**) è *mi*·gna pa·*sa*·jéïm
(litt : c'est mon billet)

Pour affirmer que quelque chose vous appartient, utilisez *É...* ("C'est..."), suivi du pronom possessif (à accorder avec l'objet).

C'est le mien./C'est à moi.

É meu. è *mé* ou
(litt : c'est mien)

possession

Il existe plusieurs façons d'exprimer la possession. La plus facile est d'employer le verbe *ter* (consultez la rubrique **avoir**).

Il existe également des expressions simples qui permettent de demander à qui appartient quelque chose : *De quem é isto ...?* (À qui est ceci... ?), au singulier, ou *De quem são estes/estas ...?* **m/f** (À qui sont ces... ?), au pluriel.

À qui appartient cette chaise ?
De quem é este assento? de kéïm è *és*·te a·*séïm* tou
(litt : à qui est cette chaise)

Vous pouvez aussi utiliser les pronoms possessifs, ou encore la préposition *de* ("de/à"), suivie du nom du possesseur. Cela n'est néanmoins possible qu'avec des noms propres (de personnes ou de lieux).

C'est le sac à dos de Carla.
É a mochila de Carla. è a mo·*chi*·la de *karr*·la
(litt : c'est le sac à dos de Carla)

pronoms personnels

En portugais, il existe des pronoms personnels sujets comme en français. Toutefois, ils sont presque toujours omis, les terminaisons verbales permettant de déduire quel est le sujet. Les pronoms personnels servent à mettre l'accent sur le sujet.

singulier			pluriel		
je	*eu*	*e*·ou	nous	*nós*	nos
tu **fam**	*tu*	tou	vous	*vocês*	vo·*séïs*
vous **pol**	*você*	vo·*sé*			
il **m**	*ele*	*é*·le	ils **m/ m et f**	*eles*	*é*·les
elle **f**	*ela*	*é*·la	elles **f**	*elas*	*é*·las

Voir aussi la rubrique **politesse** pour l'emploi des pronoms "tu" et "vous".

grammaire de A à Z

pronoms réfléchis

Au Portugal, le pronom personnel réfléchi est placé après le verbe, tandis qu'au Brésil il est placé avant.

Préviens-moi.

Avisa-me. (**Port**) — a *vi* za me
(litt : préviens moi)
Me avisa. (**Brés**) — me a *vi* za
(litt : moi préviens)

singulier			pluriel		
me	*me*	*mé*	nos	*nós*	nous
te **fam/pol**	*te/vos*	té/vous	vos	*vos*	*vous*
se **m**	*se*	*sé*	se	*se*	*sé*

questions

Généralement, l'ordre des mots dans une question reste le même que dans une phrase affirmative. Seule l'intonation ascendante en fin de phrase marque l'interrogation :

Parlez-vous français ?

Você fala francês? — vô·se *fa*·la fran·*séïs*
(litt : vous parlez français)

Pour affirmer quelque chose tout en demandant une confirmation ou un accord, ajoutez *não é* (litt : non pas) en fin de phrase.

John vit à Rio, n'est-ce pas ?

João mora no Rio, não é? — Jo·*aoum* mo·*ra* nou *rri*·o naoum è
(litt : John vit dans-le Rio, non pas)

La phrase interrogative peut aussi se construire avec un pronom interrogatif. Voici les plus courants :

qui	*quem*	kéïm
Qui es-tu ?	*Quem é você?*	kéïm è *vô*·se
quoi	*(o) que*	(ou) ke
Qu'est-ce qui ne va pas ?	*O que é que há?*	ou ki è ki a
quel/quoi	*qual/quais* **sg/pl**	kouaou/kouaïs
Quel est le meilleur restaurant de la ville ?	*Qual é o melhor restaurante da cidade?*	kouaou è ou mé·*lliorr* rés·taou·*ran*·te da si·*da*·de
où	*onde*	*on*·de
Où est l'ambassade de France ?	*Onde fica a embaixada Francêsa?*	*on*·de *fi*·ka a eïm·baï·*cha*·da fran·*séï*·za
quand	*quando*	*kouan*·do
Quand décollons-nous ?	*Quando sai o vôo?*	*kaoun*·do saï ou *vo*·o
comment (puis-je)	*como (é que)*	*ko*·mou (è ke)
Comment puis-je me rendre à la station ?	*Como é que vou para a estacão?*	*ko*·mou è ke vô *pa*·ra a és·ta·*saoum*
combien	*quanto/a* **m/f sg** *quantos/ quantas* **m/f pl**	*kouan*·tou/*kouan*·ta *kouan*·tous/ *kouan*·tas
Combien ça coûte ?	*Quanto custa?*	*kouang*·to *kous*·ta
pourquoi	*por que*	pour ke
Pourquoi nous arrêtons-nous ici ?	*Por que estamos parando aqui?*	pour ke és·*ta*·mous pa·*ran*·dou a·*ki*

verbes

Il existe trois groupes de verbes réguliers en portugais : ceux qui se terminent en *-ar* (par exemple : *morar*, "habiter"), en *-er* (par exemple : *comer*, "manger") et en *-ir* (par exemple : *partir*, "quitter").

Les terminaisons du présent de ces trois groupes sont cependant très semblables, ce qui permet de distinguer facilement chaque personne (je, tu, nous, etc.), même si le pronom personnel est omis :

	-ar	-er	-ir
je	*-o*		
tu//il/elle	*-a*	*-e*	
nous	*-amos*	*-emos*	*-imos*
vous/ils	*-am*	*-em*	

Le portugais comporte également des verbes irréguliers dont les plus importants sont *ser*, *estar* et *ter* (voir les rubriques **être** et **avoir**).

Parlez-vous (français) ?
Você fala (francês)? — vo·*sé fa*·la (fran·*seïs*)

Quelqu'un parle-t-il (français) ?
Alguém aqui fala (francês)? — aou·*gueïn* a·*ki fa*·la (fran·*seïs*)

Comprenez-vous ?
Você entende? — vo·*sé* e n·*téïn*·de

Oui, je comprends.
Sim, entendo. — sim en·*téïn*·dou

Non, je ne comprends pas.
Não, não entendo. — naoum, naoum en·*téïn*·dou

Je parle (français).
Eu falo (francês). — *é*·ou *fa*·lou (fran·*sëis*)

Je ne parle pas (portugais).
Eu não falo (português). — *é*·*ou naoum fa*·lou (pour·tou·*guéïs*)

Je le parle un peu.
Eu falo um pouquinho. — *é*·*ou fa*·lou oum po·*ki*·gnou

Je (ne) comprends (pas).
Eu (não) entendo. — *é*·*ou* (naoum) e n·*téïn*·dou

Que veut dire "*bem-vindo*" ?
O que quer dizer "bem-vindo"? — ou ké kèrr di·*zerr* béïn·*vin*·dou

Pourriez-vous s'il vous plaît... ?	*Você poderia ... por favor?*	vo·*sé* po·de·*ri*·a ... pôr fa·*vôrr*
répéter	*repetir isto*	ré·pé·*tirr is*·tou
parler plus lentement	*falar mais devagar*	fa·*larr* maïs dé·va·*garr*
l'écrire	*escrever num papel*	és·kré·*vérr* noum pa·*péou*

Comment… ?	*Como se …?*	*ko*·mou se …
prononce-t-on	*pronuncia*	pro·noun·*si*·a
ceci	*isto*	*is*·tou
écrit-on *"ajuda"*	*escreve "ajuda"*	és·*kré*·ve a·*jou*·da

faux amis

Le portugais est riche de mots dont la consonnance rappelle le français mais dont le sens est différent. Parmi les plus traitres, citons :

chá cha thé
et non "chat" qui se dit *"gato"*, *ga*·tou

gato *ga*·tou chat
et non "gâteau" qui se dit *bolo*, *bo* lou

longe *lon*·je loin
et non "long" qui se dit *comprido* m, ko·m·*pri*·dou (da) ·

magazine ma·ga·*zi* n grand magasin
et non "magazine" qui se dit *revista*, ré·*vis*·ta

novela no·*vé*·la feuilleton
et non "nouvelle" qui se dit *noticia*, no·*ti*·cia

Il existe aussi de faux amis entre le portugais et le brésilien, engendrant des situations parfois cocasses :

rapariga rra·pa·*rri*·ga jeune femme (**Port**)
prostituée (**Brés**)

bicha *bi*·cha file d'attente (**Port**)
homosexuel fam (**Brés**)

nombres cardinaux

números cardinais

0	*zero*	*zé*·ro	6	*seis*	séïs
1	*um*	oum	7	*sete*	*sé*·ti
2	*dois*	dôïs	8	*oito*	*oï*·tou
3	*três*	trés	9	*nove*	*nô*·vi
4	*quatro*	*koua*·trou	10	*dez*	déïs
5	*cinco*	*sïm*·kou			

11	*onze*	*on*·ze
12	*doze*	*dô*·ze
13	*treze*	*tré*·ze
14	*quatorze*	ka·*torr*·ze
15	*quinze*	*kïn*·ze
16	*dezesseis*	dé·zé·*séïs*
17	*dezesete*	dé·zé·*sé*·te
18	*dezoito*	dé·*zoï*·tou
19	*dezenove*	dé·zé·*no*·ve
20	*vinte*	*véïn*·te
21	*vinte e um*	*véïn*·te e oum
22	*vinte e dois*	*véïn*·te e doïs
30	*trinta*	*tréïn*·ta
40	*quarenta*	koua·*réïn*·ta
50	*cinquenta*	sïn·*kouéïn*·ta
60	*sessenta*	sé·*séïn*·ta
70	*setenta*	sé·*téïn*·ta
80	*oitenta*	oï·*téïn*·ta
90	*noventa*	no·*véïn*·ta
100	*cem*	séïm
200	*duzentos*	dou·*zéïn*·tous
1 000	*mil*	*mi*·ou
1 000 000	*um milhão*	oum mi·*lliaoum*

nombres ordinaux

números ordinais

1er/ère	*primeiro/primeira* **m/f**	pri·*méï*·rou/pri *méï* ra
2e	*segundo/segunda* **m/f**	sé·*goun*·dou/sé·*goun*·da
3e	*terceiro/terceira* **m/f**	tér·*séï*·rou/tér·*séï*·ra
4e	*quarto/quarta* **m/f**	*kouar*·tou/*kouar*·ta
5e	*quinto/quinta* **m/f**	*kïn*·tou/*kïn*·ta

fractions

frações

un quart	*um quarto*	oum *kouar*·tou
un tiers	*um terço*	oum *terr*·sou
moitié	*metade*	mé·*ta*·de
trois quart	*três quartos*	tréïs *kouar*·tous
entier(ère)	*inteiro/inteira* **m/f**	ïn·*téï*·rou/ïn·*téï*·ra
tout(e)	*tudo/tuda* **m/f**	*tou*·dou/*tou*·da
aucun	*nenhum*	né·gnou*m*

expression de la quantité

quantias e quantidades úteis

Combien ça coûte ?	*Quanto custa?*	*kouan*·tou *kous*·ta
Combien	*Quantos/ Quantas?* **m/f**	*kouan*·tous/ *kouan*·tas
Donnez-moi, s'il vous plait…	*Por favor me dê …*	pôr fa·*vôrr* me dé …
quelques	*alguns*	all·*gouns*
(juste) un peu	*(só) um pouquinho*	(sô) oum po·*kï*·gnou
beaucoup	*muito*	*mouill*·tou
moins	*menos*	*mé*·nous
de nombreux	*muitos/ muitas* **m/f**	*mouill*·tous/ *mouill*·tas
plus	*mais*	maïs
un peu	*um pouco*	oum *po*·kou

heure

dizendo a hora

En portugais, on exprime l'heure en employant le pluriel du verbe "être" (*ser*) : *São ... horas,* avec le chiffre correspondant (sauf pour "1h", qui se dit *É uma hora*). Pour plus de précision, on ajoute *da manhã* (du matin), *da tarde* (de l'après-midi), ou *da noite* (du soir).

Quelle heure est-il ?	*Que horas são?*	ke *o*·ras saoun
Il est (1)h.	*É (uma) hora.*	è (oum a) *o*·ra
Il est (10)h.	*São (dez) horas.*	saoun (déïs) *o*·ras
(10)h05.	*(Dez) e cinco.*	(déïs) é *sïn*·kou
(10)h15.	*(Dez) e quinze.*	(déïs) é *kïn*·ze
(10)h et demie.	*(Dez) e meia.*	(déïs) é *méï*·a

Comme en français, après la demie, il faut énoncer les minutes qui restent pour atteindre la prochaine heure.

(10)h moins le quart.	*Quinze para as (dez).*	*kïn*·ze *pa*·ra as (déïs)
(10)h moins 20.	*Vinte para as (dez).*	*véïn* te *pa*·ra as (déïs)
du matin	*da manhã*	da ma·*gnin*
de l'après-midi	*da tarde*	da *tarr*·de
du soir	*da noite*	da *noï*·te
À quelle heure... ?	*A que horas ...?*	a ke *o*·ras ...
À (10)h.	*Às (dez).*	as (déïs)
À (19h57).	*Às (sete e cinquenta e sete da noite).*	as (*sé*·te e sin·*kouéïn*·ta é *sé*·te da *noï*·te

jours de la semaine

dias da semana

lundi	*segunda-feira*	sé·*goun*·da·*féï*·ra
mardi	*terça-feira*	*térr*·sa·*féï*·ra
mercredi	*quarta-feira*	*kouarr*·ta·*féï*·ra
jeudi	*quinta-feira*	*kïn*·ta·*féï*·ra
vendredi	*sexta-feira*	*sés* ta·*féï*·ra
samedi	*sábado*	*sa*·ba·dou
dimanche	*domingo*	dou·*mïn*·gou

calendrier

o calendário

> mois

janvier	*janeiro*	ja·*néï*·rou
février	*fevereiro*	fé·vé·*réï*·rou
mars	*março*	*marr*·sou
avril	*abril*	a·*bri*·ou
mai	*maio*	*ma*·illou
juin	*junho*	*jou*·gnou
juillet	*julho*	*jou*·lliou
août	*agosto*	a·*gos*·tou
septembre	*setembro*	sé·*téïm*·brou
octobre	*outubro*	o·*tou*·brou
novembre	*novembro*	no·*véïm*·brou
décembre	*dezembro*	dé·*zéïm*·brou

> dates

Quelle est la date d'aujourd'hui ?
Qual é a data de hoje? — koua ou è a *da*·ta de *ô*·je

Nous sommes le (18 octobre).
Hoje é dia (dezoito de outubro). — *ô*·je è *di*·a (déz·*zoï*·tou de o·*tou*·brou)

> saisons

été	*verão* **m**	vé·*raoum*
automne	*outono* **m**	o·*to*·nou
hiver	*inverno* **m**	ïn·*vérr*·nou
printemps	*primavera* **f**	pri·ma·*véï*·ra
saison…	*época* **f** *de …*	*è*·po·ka de …
sèche	*seca*	*sé*·ka
de la mousson	*monção*	mom·*saoum*
des pluies	*chuvas*	*chou*·vas

présent

presente

maintenant	*agora*	a·*go*·ra
ce/cet/cette…		
matin	*esta manhã*	*és*·ta ma·*gnin*
après-midi	*esta tarde*	*és*·ta *tarr*·de
semaine	*esta semana*	*és*·ta sé·*ma*·na
mois	*este mês*	*és*·te méïs
année	*este ano*	*és*·te *a*·nou
aujourd'hui	*hoje*	*ô*·je
ce soir	*hoje à noite*	*ô*·je a *noï*·te

passé

passado

il y a (3 jours)	*(três dias) atrás*	(*tréïs di*·as) a·*tras*
avant-hier	*antes de ontem* **(Port)**	*an*·téïs de *on*·téïm
	anteontem **(Brés)**	an·te·*on*·téïm
hier…	*ontem …*	*on*·téïm …
matin	*de manhã*	de ma·*gnin*
après-midi	*à tarde*	a *tarr*·de
soir	*à noite*	a *noï*·te
depuis (mai)	*desde (Maio)*	*dés*·de (*ma*·illou)

le/la/l' … dernier/dernière		
mois	*mês passado*	méïs pa·*sa*·dou
nuit	*noite passada*	*noï*·te pa·*sa*·da
semaine	*semana passada*	sé·*ma*·na pa·*sa*·da
année	*ano passado*	*a*·nou pa·*sa*·dou

futur

futuro

demain	*amanhã*	a·ma·*gnin*
après-demain	*depois de amanhã*	dé·*poïs* de a·ma·*gnin*
dans (6 jours)	*daqui a (seis dias)*	da·*ki* a (séïs *di*·as)
le/la/l' … prochain(e)	*… que vem*	… ké véïm
mois	*mês*	méïs
semaine	*semana*	sé·*ma*·na
année	*ano*	*a*·nou
demain	*amanhã*	a·ma·*gnin*
matin	*de manhã*	de ma·*gnin*
après-midi	*à tarde*	a *tarr*·de
soir	*à noite*	a *noï*·te
jusqu'à (juin)	*até (junho)*	a·*té* (*jou*·gnou)

dans la journée

durante o dia

jour	*dia* **m**	*di*·a
matin	*manhã* **f**	ma·*gnin*
midi	*meio dia* **m**	*méï*·illou *di*·a
après-midi	*tarde* **f**	*tarr*·de
soir	*noite* **f**	*noï*·te
minuit	*meia noite* **f**	*méï*·a *noï*·te
nuit	*noite* **f**	*noï*·te
lever du soleil	*nascer* **m** *do sol*	nas·*sérr* dou sol
coucher du soleil	*pôr* **m** *do sol*	pôrr dou sol

Combien ça coûte ?
Quanto custa? — *kouan*·tou *kous*·ta

Pourriez-vous m'écrire le prix ?
Você pode escrever o preço? — vo·*sé po*·de és·kré·*vérr* ou *pré*·sou

C'est trop cher.
Está muito caro. — és·*ta mouill*·tou *ka*·rou

Je ne veux pas payer le prix total.
Não quero pagar o preço todo. — naoum *ké*·rou pa·*garr* ou *pré*·so *tou*·dou

Acceptez-vous… ?	*Vocês aceitam …?*	vo·*séïs* a·*séï*·tam …
les cartes de crédit	*cartão de crédito*	karr·*taoum* de *krè*·di·tou
les cartes de débit	*saque eletrônico*	*sa*·ki é·lé·*tro*·ni·kou
chèques de voyage	*traveller cheque*	*tra*·ve·lerr *ché*·ki

Je voudrais…	*Gostaria de …*	gos·ta·*ri*·a de …
encaisser un chèque	*descontar um cheque*	dés·kon·*tarr* oum *ché*·ki
changer un chèque de voyage	*trocar traveller cheque*	tro·*karr* oum *tra*·vé·lér *ché*·ki
changer de l'argent	*trocar dinheiro*	tro·*karr* di·*gnéï*·rou
obtenir un crédit de caisse	*fazer um saque adiantado*	fa·*zérr* oum *sa*·ki a·di·an·*ta*·dou
retirer de l'argent	*retirar dinheiro*	rré·ti·*rrarr* di·*gnéï*·rou

Puis-je utiliser ma carte de crédit pour retirer de l'argent ?	*Posso usar o meu cartão de crédito para retirar dinheiro?*	*pô*·so ou·*zarr* o *mé*·ou karr·*taoum* de *krè*·di·tou *pa*·ra rré·ti·*rrarr* di·*gnéï*·rou
Où y a-t-il… ?	*Onde tem …?*	*on*·de téïm …
un distributeur automatique	*uma caixa automática*	ouma *kaï*·cha aou·to·*ma*·ti·ka
un bureau de change	*uma loja de cambio*	*ou*·ma *lo*·ja de *kam*·bï·ou
Quel/quelle est …?	*Qual é …?*	*koua*·ou è …
le taux change	*o cambio do dia*	ou *kam*·bio dou *di*·a
la taxe à acquitter	*a taxa cobrada*	a *ta*·cha ko·*bra*·da
Je voudrais…, s'il vous plaît.	*Gostaria de …*	gos·ta·*ri*·a …
être remboursé	*ser reembolsado*	sérr rré·ém·bol·*sa*·dou
ma monnaie	*ter o meu troco*	térr o *mé*·ou *tro*·kou
retourner ceci	*devolver isto*	dé·vol·*vérr is*·tou
Pourriez-vous me donner…, s'il vous plaît ?	*Pode me dar … por favor?*	*pô*·de me darr … pôrr fa·*vôrr*
un sac	*um saco*	oum *sa*·kou
un reçu	*o recibo*	o rré·*si*·bou

circuler

andando por aí

Quel est le … pour (Niterói) ?	*Qual o … que vai para (Niterói)?*	*koua* ou … ke vaï *pa*·ra (ni·té·*roï*)
avion	*avião*	a·vi·*aoum*
bateau	*barco*	*barr*·kou
bus	*ônibus*	*o*·ni·bous
train	*comboio* (**Port**)/ *trem* (**Brés**)	com·*bo*·io/ tréïm
À quelle heure est le … (bus) ?	*Quando sai o … (ônibus)?*	*kouan*·dou saï ou … (*o*·ni·bous)
premier	*primeiro*	pri·*méï*·rou
dernier	*último*	*oul*·ti·mou
prochain	*próximo*	*pro*·si·mou

À quelle heure part-il ?
A que horas sai? — a ke *ô*·ras saï

À quelle heure arrive-t-il à (Braga) ?
A que horas chega em (Braga)? — a ke *ô*·ras *ché*·ga éïm *bra*·ga

Combien de retard aura-t-il ?
Quanto tempo vai atrasar? — *kouan*·tou *téïm*·pou vaï a·*tra*·zarr

Cette place est-elle libre ?
Este lugar está vago? — *és*·té lou·*garr* és·*ta* *va*·gou

C'est ma place.
Este é o meu lugar. — *és*·te è o *mé*·ou lou·*garr*

Pourriez-vous m'avertir quand nous arriverons à (Búzios).
Por favor avise-me/ quando chegarmos à (Búzios). (**Port/Brés**) — porr fa·*vorr* a·*vi*·ze *me*/me a·*vi*·ze *kouan*·dou che·*garr*·mous a (*bou*·zi·ous)

Pourriez-vous vous arrêter ici.
Por favor pare aqui. — por fa·*vôrr* *pa*·re a·*ki*

Combien de temps nous arrêtons-nous ici ?
Quanto tempo ficaremos parados aqui? kouan·tou téïm·pou fi ka·rré·mous pa·ra·dous a·ki

billets

passagem

Où puis-je acheter un billet ?
Onde que eu compro a passagem? on·de ke é ou kom·prou a pa·sa·jeïm

Faut-il réserver ?
Preciso reservar? pré·si·zou rré·zerr·varr

Un billet ... (pour Setúbal).	*Uma passagem de ... (para Setúbal).*	ou·ma pa·sa·jeïm de ... (pa·ra s'tou·ba ou)
1re classe	*primeira classe*	pri·méï·ra kla·se
2e classe	*segunda classe*	sé·goum·da kla·se
enfant	*criança*	kri·an·sa
aller simple	*ida*	i·da
aller/retour	*ida e volta*	i·da é voll·ta
étudiant	*estudante*	és·tou·dan·te

Je voudrais une place ...	*Gostaria de um lugar ...*	gos ta·ri·a de oum lou·garr ...
côté couloir	*no corredor*	nou ko·rré·dôrr
(non) fumeur	*na área de (não) fumantes*	na a·rré·a de (naoum) fou·man·tes
côté fenêtre	*na janela*	na ja·né·la

Y a-t-il... ?	*Tem ...?*	téïm ...
l'air conditionné	*ar condicionado*	arr kon·di·sio·na·dou
une couverture	*cobertor*	ko·bérr·tôrr
des toilettes	*banheiro*	ba·gnéï·rou

Je voudrais... mon billet, s'il vous plaît	*Gostaria de ... minha passagem, por favor.*	gos·ta·ri·a de ... mi·gna pa·sa·jëïm porr fa·vôr
annuler	*cancelar*	kan·sé·larr
modifier	*trocar*	tro·karr
confirmer	*confirmar*	kon·firr·marr

Combien de temps dure le trajet ?
Quanto tempo de viagem? — *kouan*·tou *téïm*·pou de vi·*a*·jéïm

Le trajet est-il direct ?
É uma rota direta? — è *ou*·ma *rrou*·ta di·*rréï*·ta

expressions courantes

a·tra·*za*·dou	*atrasado*	**retardé**
a·*jéïm*·te de vi·*a*·jéïmz	*agente de viagens*	**agent de voyage**
bi·llië·té·*ri*·a	*bilheteria*	**billetterie**
és·te/a·*ké*·le	*este/aquele*	**celui-ci/celui-là**
kan·sé·*la*·dou	*cancelado*	**annulé**
o·*rra*·riou	*horário*	**horaires**
pla·ta·*fôrr*·ma	*plataforma*	**quai**
ché·iou	*cheio*	**complet**

bagages

bagagem

Où puis-je trouver… ?	*Onde posso encontrar …?*	*on*·de *po*·sou éïm·kon·*trarr* …
une consigne	*um guarda volumes*	oum *gouarr*·da vo·*lou*·mes
un chariot	*um carrinho*	oum ka·*rri*·gnou
le comptoir à bagages	*o balcão de bagagem*	ou ball·*kaoum* de ba·*ga*·jéïm
le vestiaire	*o balcão de guarda volumes*	ou ball·*kaoum* de *gouarr*·da vo·*lou*·mes

Mes bagages ont été…	*Minha bagagem foi …*	*mi*·gna ba·*ga*·jéïm foï …
endommagés	*danificada*	da·ni·fi·*ka*·da
perdus	*perdida*	pérr·*di*·da
volés	*roubada*	rro·*ba*·da

C'est (ce n'est pas) à moi.
Isto (não) é meu. — *is*·tou (naoum) è *mé*·ou

Pourriez-vous me donner de la monnaie/des jetons ?
Pode me dar (**Brés**)/ — *po*·de me darr/
dar me (**Port**) — darr me *ou*·mas
umas moedas/fichas? — mo·é·das/*fi*·chaz

avion

avião

Où arrive/d'où part le vol (RG 615) ?
De onde sai/chega o vôo (RG 615)? — de *on*·de saï/*ché*·ga ou *vô*·o (é·rre jé séïs·*séïn*·tous e *kïn*·ze)

Où est/sont... ?	*Onde fica ...?*	*on*·de *fi*·ka ...
les arrivées	*portão de chegada*	porr·*taoum* de ché·*ga*·da
les départs	*portão de partida*	porr·*taoum* de parr·*ti*·da
la porte (20)	*portão (vinte)*	porr·*taoum* (*véïm*·te)
la navette de l'aéroport	*o ônibus do aeroporto*	ou *o*·ni·bous dou a·é·ro·*pôrr*·tou

Pour les expressions se référant au passage de la douane, consultez le chapitre **passez la frontière**, p. 49.

bateau

barco

Comment est la mer aujourd'hui ?
Como está o mar hoje? — *ko*·mou és·*ta* ou marr *ô*·je

Y a-t-il des gilets de sauvetage ?
Tem colete salva-vidas? — téïm ko·*lé*·te *sall*·va·*vi*·das

Quelle est cette île/plage ?
Que ilha/praia é esta? ke i·*llia*/*praï*·a è *es*·ta

J'ai le mal de mer.
Estou enjoado/ enjoada. m/f es·*tou* ëïn·jou·*a*·dou/ ëïn·jou·*a*·da

cabine	*cabine* f	ka·*bi*·ne
canot de sauvetage	*barco* m *salva-vidas*	*barr*·kou *sall*·va·*vi*·das
capitaine	*capitão* m	ka·pi·*taoum*
ferry	*barca* f	*barr*·ka
hamac	*rede* f	*rré*·de
gilet de sauvetage	*colete* m *salva-vidas*	ko·*lé*·te *sall*·va·*vi*·das
pont	*deck* m	*dé*·ke
pont pour voitures	*deck* m *de carro*	*dé*·ke de *ka*·rrou
yacht	*iate* m	i·*a*·te

expressions courantes

ba·*ga*·jéïm a·kom·pa·*gna*·da	*bagagem acompanhada*	**bagages accompagnés**
borr·jïm pas	*boarding pass*	**carte d'embarquement**
é·se·sou de ba·*ga*·jéïm	*excesso de bagagem*	**excédent de bagages**
fi·cha	*ficha*	**jeton**
pa·sa·*pôrr*·te	*passaporte*	**passeport**
tran·zi·tou	*transito*	**transit**

bus

ônibus

Avec quelle fréquence passent les bus ?

Qual a frequência dos ônibus?	*koua* ou a fre·*kouéïn*·sia dous o·ni·bous

Est-ce le bus de (Porto) ?

Este ônibus vai para (Porto)?	*és*·tc o·ni·bous vaï *pa*·ra (*pôrr*·tou)

S'arrête-t-il à (Braga) ?

Ele para em (Braga)?	*é*·le *pa*·ra éïm (*bra*·ga)

Quel est le prochain arrêt ?

Qual é a próxima parada?	*koua* ou é a *pro*·si·ma pa·*rra*·da

Je voudrais descendre à (Ipanema).

Gostaria de saltar em (Ipanema).	gos·ta·*ri*·a de sall·*tarr* (éïm i·pa·*né*·ma)

bus urbain	*ônibus* m *local*	o·ni·bous lo·*ka*·*ou*
bus régional	*ônibus* m *inter urbano*	o·ni·bous ïn·térr ourr·*ba*·nou

PRATIQUE

train

trem/comboio

Quelle est cette gare ?
Que estação é esta? **(Port)** — ke és·ta·*saoum és*·ta
Que gare é esta? **(Brés)** — ke *ga*·re è *es*·ta

Quelle est la prochaine gare ?
Qual é a próxima estação/gare? **(Port/Brés)** — *koua* ou è a *pro*·si·ma és·ta·*saoum/ ga*

S'arrête-il à (Ouro Preto) ?
Ele pára em (Ouro Preto)? — *é*·le *pa*·ra ëim (*o*·rou *pré*·tou)

Dois-je changer de train ?
Preciso trocar de comboio/trem **(Port/Brés)** — pré·*si*·zou tro·*karr* de com·*bo* io/tréïm

Est-ce un direct/express ?
É direto/rápido? — è di·*réï*·tou/*rra*·pi·dou

Quelle est la voiture… ?	*Qual o vagão …?*	*koua* ou o va·*gaoum* …
1ère classe	*de primeira clase*	de pri·*méï*·ra *kla*·se
pour (Piedade)	*para (Piedade)*	*pa*·ra (pié·*da*·de)

taxi

táxi

Je voudrais un taxi…	*Gostaria de marcar um táxi …*	gos·ta·*ri*·a de marr·*karr* oum *tak*·si
pour (9h)	*para as (nove da manhã)*	*pa*·ra as (*nô*·ve da ma·*gnin*)
maintenant	*agora*	a·*go*·ra
demain	*amanhã*	a·ma·*gnin*

Où se trouve la station/file de taxis ?
Onde fica o ponto/ a fila de taxi? — *on*·de *fi*·ka o *pon*·to/ a *fi*·la de *tak*·si

Ce taxi est-il libre ?
Este táxi está livre? — *és*·te *tak*·si és·*ta li*·vre

Pourriez-vous mettre le compteur, s'il vous plaît ?
Por favor ligue o taxímetro. — porr fa·*vôrr* *li*·gue ou tak·*si*·mé·trou

Combien ça coûte pour aller à… ?
Quanto custa até …? — *kouan*·tou *kous*·ta a·*tè* …

Amenez-moi à (cette adresse), s'il vous plait.
Me leve para este endereço por favor. — me *lé*·ve *pa*·ra *és*·te ëin·dé·*rré*·sou porr fa·*vôrr*

Pourriez-vous… ?	*Por favor …*	porr fa·*vôrr* …
ralentir	*vai mais devagar*	vaï *maïs* dé·va·*garr*
vous arrêter ici	*pare aqui*	*pa*·rre a·*ki*
attendre ici	*espere aqui*	és·*pé*·re a·*ki*

voiture et moto

carro e motocicleta

> location

Je voudrais louer un(e)…	*Gostaria de alugar …*	gos·ta·*ri*·a de a·lou·*garr* …
4x4	*um carro quatro por quatro*	oum *ka*·rrou *koua*·trou porr *koua*·trou
voiture	*um carro*	oum *ka*·rrou
automatique	*automático*	aou·to·*ma*·ti·kou
manuelle	*manual*	ma·nou·*aou*
moto	*uma motocicleta*	*ou*·ma mo·to·si·*klé*·ta

avec…	*com …*	kom …
chauffeur	*motorista*	mo·to·*rris*·ta
l'air conditionné	*ar condicionado*	arr kon·di·sio·*na*·dou

expressions courantes		
karr·*téï*·ra de mo·to·*rris*·ta	*carteira de motorista*	**permis de conduire**
ki·*lô*·mé·trous	*kilômetros*	**kilomètres**
li·vre	*livre*	**gratuit**
parr·*ki*·mé·trou	*parquímetro*	**parcmètre**

Combien coûte la journée/semaine de location ?
Quanto custa para alugar por dia/ semana? — *kouan*·tou *kous*·ta *pa*·ra a·lou·*garr* porr *di*·a/ sé·*ma*·na

Le prix comprend-il l'assurance/le kilométrage ?
Inclui seguro e kilometragem? — ïn·*klou*·i sé·*gou*·ro é ki·lo·mé·*tra*·jéïm

Auriez-vous un guide des rues en français ?
Você teria um guia de ruas em francês? — vo·*sé* té·*rri*·a oum *gui*·a de *rrou*·as em fran·*séïs*

Auriez-vous un plan ?
Você teria um mapa de ruas? — vo·*sé* té·*ri*·a oum *ma*·pa de *rrou*·as

> sur la route

Est-ce la route de (Guarda) ?
Esta é a estrada para (Guarda)? — és·*ta* è a és·*tra*·da *pa*·ra (gou·*ar*·da)

Où se trouve la station-service ?
Onde tem um posto de gasolina? — *on*·de téïm oum *pos*·tou de ga·zo·*li*·na

Faites le plein, s'il vous plait.
Enche o tanque, por favor. — *éïm*·che ou *tan*·ke porr fa·*vôrr*

Je voudrais (30) litres.
Coloque (trinta) litros. — ko·*lo*·ke (*tréïm*·ta) *li*·trous

diesel	*diesel* m	*di*·séll
GPL	*gás* m	gas
sans plomb	*gasolina* f *comum*	ga·zo·*li*·na ko·*moum*

Pourriez-vous vérifier… ?	*Pode checar…?*	po·de ché·*karr* …
l'huile	*o óleo*	o *o*·lio
la pression des pneus	*os pneus*	ous pi·*né*·ous
l'eau	*a água*	a *a*·goua

Quelle est la limite de vitesse ?
Qual o limite de velocidade? — *koua* ou o li·*mi*·te de vé·lo·si·*da*·de

(Combien de temps) Puis-je me garer ici ?
(Quanto tempo) posso estacionar aqui? — (*kouan*·tou *téïm*·pou) *po*·sou és·ta·sio·*narr* a·*ki*

Est-ce payant ?
Tem que pagar? — téïm ke pa·*garr*

panneaux indicateurs

Entrada	éïm·tra·*da*	**Entrée**
Estrada dê Preferência	és·*tra*·da dé pré·fé·*rréïm*·sia	**Cédez le passage**
Mão Única	ma *oum ou*·ni·ka	**Sens unique**
Pare	*pa*·re	**Stop**
Pedágio	pé·*da*·jiou	**Péage**
Proibido Entrar	pro·i·*bi*·dou éïm·*trarr*	**Défense d'entrer**
Rua Sem Saída	*rrou*·a séïm sa·*i*·da	**Voie sans issue**
Saída	sa·*i*·da	**Sortie (autoroute)**

> problèmes

La voiture est tombée en panne (à Manaus).
O carro quebrou (em Manaus). — ou *ka*·rrou ké·*bro* (éïm ma·*naous*)

La moto ne démarre pas.
A motocicleta náo está pegando. — a mo·to·si·*klé*·ta naoum és·ta pé·*gan*·dou

J'ai besoin d'un mécanicien.
Preciso de um mecanico. — pré·*si*·zou de oum mé·*ka*·ni·kou

J'ai eu un accident.
Sofri um acidente. — so·*fri* oum a·si·*déïm*·te

J'ai un pneu crevé.
Meu pneu furou. — *mé*·ou pi·*né*·ou fou·*rro*

J'ai perdu mes clefs de voiture.
Perdi a chave do carro. — pérr·*di* a *cha*·ve dou *ka*·rrou

J'ai enfermé les clefs dans la voiture.
Tranquei a chave dentro do carro. — tran·*kéï* a *cha*·ve *déïm*·trou dou *ka*·rrou

Je suis en panne d'essence.
Estou sem gasolina. — és·*tou* séïm ga·zo·*li*·na

Pouvez-vous le réparer (aujourd'hui) ?
Você pode consertar (hoje)? — vô·*sé* *po*·de kom·sérr·*tarr* (*ô*·je)

Combien de temps cela prendra-t-il ?
Quanto tempo vai levar? — *kouan*·tou *téïm*·pou vaï le·*varr*

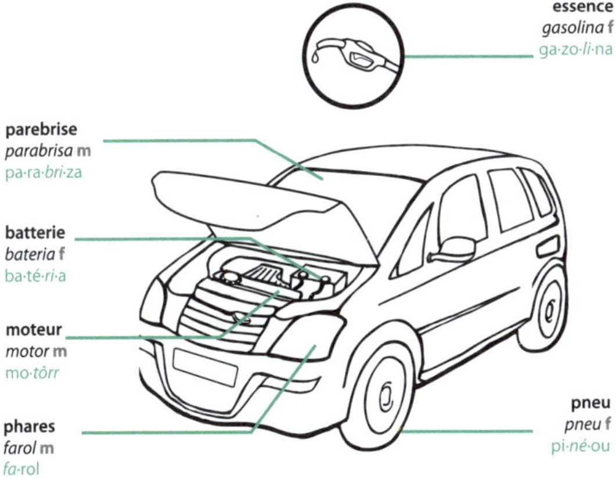

vélo

bicicleta

Je voudrais…	*Queria …*	ké·*ri*·a …
faire réparer mon vélo	*consertar a minha bicicleta*	kom·sérr·*tarr* a *mi*·gna bi·si·*klé*·ta
acheter un vélo	*comprar uma bicicleta*	kom·*prarr ou*·ma bi·si·*klé*·ta
louer un vélo	*alugar uma bicicleta*	a·lou·*garr ou*·ma bi·si·*klé*·ta
Je voudrais un vélo…	*Queria uma bicicleta …*	ké·*ri*·a *ou*·ma bi·si·*klé*·ta …
VTT	*de montanha*	de mon·*ta*·gna
de course	*de corrida*	de ko·*rri*·da
d'occasion	*de segunda mão*	de sé·*goum*·da maoum
Combien ça coûte par… ?	*Quanto custa por …?*	*kouam*·tou *kous*·ta porr …
jour	*dia*	*di*·a
heure	*hora*	*ô*·ra

Faut-il un casque ?
Preciso usar capacete? — pré·*si*·sou ou·*zarr* ka·pa·*sé*·te

Existe-t-il une carte des pistes cyclables ?
Existe algum mapa de rotas para bicicleta? — é·*zis*·te all·*goum ma*·pa de *rro*·tas *pa*·ra bi·si·*klé*·ta

J'ai crevé.
Furou o pneu. — fou·*ro* ou pi·*né*·ou

PRATIQUE

Je suis…	*Estou …*	és·*tou* …
en transit	*em transito*	éïm *tran*·zi·tou
en voyage d'affaires	*à negócios*	a né·*gô*·sious
en vacances	*à turismo*	a tou·*rris*·mou
Je suis pour…	*Vou ficar por …*	vo fi·*karr* porr…
(10) jours	*(dez) dias*	(déïs) *di*·as
(2) mois	*(dois) meses*	(doïs) *mé*·ses
(3) semaines	*(três) semanas*	(trés) sé·*ma*·nas

expressions courantes

éïm *grou*·pou	*em grupo*	**en groupe**
kom a fa·*mi*·lia	*com a família*	**en famille**
pa·sa·*porr*·te	*passaporte*	**passeport**
so·*zi*·gnou	*sozinho*	**seul**
vis·tou	*visto*	**visa**

Je vais à (Recife).
Estou indo para (Recife). — és·*tou* ïn·dou *pa*·ra (rré·*si*·fe)

Je loge à (l'hôtel Ipanema).
Estou no (Hotel Ipanema). — és·*tou* nou (o·*tel* i·pa·*né*·ma)

Les enfants sont sur ce passeport.
As crianças estão neste passaporte. — as kri·*an*·saz és·*taoum* *nés*·te pa·sa·*pôrr*·te

Je n'ai rien à déclarer.
Não tenho nada a declarar. — naoum *té*·gnou *na*·da a dé·kla·*rrarr*

J'ai quelque chose à déclarer.
Tenho algo a declarar. — *té*·gnou all·gou a dé·kla·*rrarr*

Dois-je déclarer ceci ?
Preciso declarar isto? — pré·*si*·zou dé·kla·*rrarr* *is*·tou

C'est (ce n'est pas) à moi.
Isto (não) é meu. — *is*·tou (naoum) è *mé*·ou

Je ne savais pas qu'il fallait le déclarer.
Não sabia que tinha que declarar isto. — naoum sa·*bi*·a ke *ti*·gna ke dé·kla·*rrarr* *is*·tou

signalisation

Alfandega	all·*fan*·dé·ga	**Douanes**
Controle de Passaporte	kon·*tro*·le de pa·sa·*pôrr*·te	**Contrôle des passeports**
Free-shop	fri·shop	**Duty-free**
Imigração	i·mi·gra·*saoum*	**Immigration**
Quarentena	koua·réïn·*té*·na	**Quarantaine**

Où puis-je trouver... ?	*Onde fica ...?*	on·de *fi*·ka ...
une banque	*o banco*	ou *ban*·kou
un marché	*o mercado*	ou mérr·*ka*·dou
l'office du tourisme	*a secretaria de turismo*	a sé·kré·ta·*rri*·a de tou·*rris*·mou

Pouvez-vous me montrer (sur le plan) ?
Você poderia me mostrar (no mapa)? — vo·*sé* po·dé·*rri*·a me mos·*trarr* (nou *ma*·pa)

Quelle est l'adresse ?
Qual é o endereço? — *koua* ou è ou ëïn·de·*rré*·sou

C'est à quelle distance ?
Qual a distancia daqui? — *koua* ou a dis·*tan*·sia da·*ki*

Comment puis-je me rendre là-bas ?
Como é que eu chego lá? — *ko*·mou è ke *é*·ou *ché*·gou la

C'est...	*Fica ...*	*fi*·ka ...
derrière...	*atrás ...*	a·*tras* ...
tout près	*perto*	*pérr*·tou
ici	*aqui*	a·*ki*
devant...	*na frente de ...*	na *fréïn*·te de ...
près de...	*perto ...*	*pérr*·to ...
à côté de...	*ao lado de ...*	aou *la*·dou de ...
au coin	*na esquina*	na és·*ki*·na
à l'opposé...	*do lado oposto ...*	dou *la*·dou o·*pos*·tou
droit devant	*em frente*	ëïm *fréïn*·te
là	*lá*	la

au nord	*norte*	*nôrr*·te
au sud	*sul*	soul
à l'est	*leste*	*lés*·te
à l'ouest	*oeste*	o·*és*·te

en bus	*de ônibus*	de *o*·ni·bous
en taxi	*de táxi*	de *tak*·si
en train	*de trem/* (**Brés**) *comboio* (**Port**)	de tréïm/ com·*bo*·io
à pied	*a pé*	a pè
Tournez…	*Vire …*	*vi*·rre …
au coin	*à esquina*	a és·*ki*·na
au feu de signalisation	*no sinal de transito*	nou si·*naou* de *tran*·zi·tou
à gauche	*à esquerda*	a és·*kérr*·da
à droite	*à direita*	a di·*réï*·ta
Quel/Quelle est ce/cette… ?	*Que …?*	ke …
avenue	*avenida é esta*	a·vé·*ni*·da è *és*·ta
rue	*rua é esta*	*rrou*·a è *és*·ta
ruelle	*travessa é esta*	tra·*vé*·sa è *és*·ta
village	*vilarejo é este*	vi·la·*rré*·jou è *és*·te

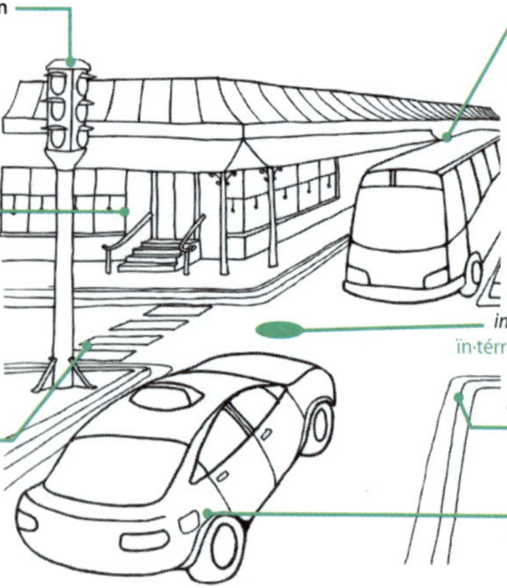

trouver un hébergement

buscando hospedagem

Où puis-je trouver… ?	*Onde tem …?*	*on*·de tëïm …
une auberge	*uma hospedaria*	*ou*·ma os·pé·da·*rri*·a
une auberge de jeunesse	*um albergue da juventude*	oum al·*bérr*·gue da jou·vëïn·*tou*·de
un camping	*um local para acampamento*	oum lo·*kaou pa*·ra a·kam·pa·*mëïn*·tou
une chambre	*um quarto*	oum *kouarr*·tou
un hôtel	*um hotel*	oum o·*tel*
une pension	*uma pensão*	*ou*·ma pëïn·*saoum*

Pourriez-vous me conseiller une adresse… ?	*Você pode recomendar algum lugar …?*	vo·*sé po*·de rré·ko·*mëïn*·darr al·*goum* lou·*garr* …
bon marché	*barato*	ba·*rra*·tou
agréable	*bom*	bom
luxueuse	*de luxo*	de *lou*·cho
proche	*perto daqui*	*pérr*·tou da·*ki*
romantique	*romantico*	rro·*man*·ti·kou

C'est à quelle adresse ?
Qual é o endereço? *koua* ou è ou ëïn·de·*ré*·sou

Pour formuler des réponses à ces questions, voir le chapitre **orientation**, p. 51.

réservation

fazendo reserva

Avez-vous une chambre… ?	*Tem um quarto de …?*	téïm oum *kouarr*·tou de …
double	*casal*	ka·*zaou*
simple	*solteiro*	soll·*téï*·rou
à lits jumeaux	*duplo*	*dou*·plo
Quel est le prix par… ?	*Quanto custa por …?*	*kouan*·tou *kos*·ta porr …
nuit	*noite*	*noï*·te
personne	*pessoa*	pé·*sso*·a
semaine	*semana*	sé·*ma*·na

Je voudrais réserver une chambre, s'il vous plaît.
Eu gostaria de fazer uma reserva, por favor. — è·ou gos·ta·*ri*·a de fa·*zérr* ou·ma rré·*zérr*·va porr fa·*vorr*

J'ai réservé.
Eu tenho uma reserva. — é·ou *té*·gnou *ou*·ma rré·*zérr*·va

Mon nom est…
Meu nome é … — *mé*·ou *no*·me è …

Pour (3) nuits/semaines.
Para (três) noites/ semanas. — *pa*·ra (tréïs) *noï*·tes/ sé·*ma*·nas

Du (2 juillet) au (6 juillet).
De (dois de julho) até (seis de julho). — de (doïs de *jou*·llio) a·*tè* (séïs de *jou*·llio)

Puis-je la voir ?
Posso ver? — *po*·sou vérr

Je la prends.
Eu fico com ele. — é·ou *fi*·kou ko-m *é*·li

panneaux indicateurs

Banheiro	ba·*gnéï*·rou	**Salle de bains/ toilettes**
Não Tem Vaga	naoum téïm *va*·ga	**Complet**
Tem Vaga	téïm *va*·ga	**Chambres libres**

Faut-il payer d'avance ?
Tem que pagar adiantado? — téïm ke pa·*garr* a·di·an·*ta*·dou

Puis-je payer avec… ?	*Posso pagar com …?*	*po*·sou pa·*garr* ko·m …
une carte de crédit	*cartão de crédito*	karr·*taoum* de *krè*·di·tou
des chèques de voyage	*travellers cheque*	*tra*·ve·lerz *ché*·ki
des dollars (américains)	*dólar (americano)*	*do*·larr (a·mé·ri·*ka*·nou)

Pour d'autres moyens de paiement, voir le chapitre **argent**, p. 35.

expressions courantes

pa·ra kouan·tas *noï*·tes	*Para quantas noites?*	**Combien de nuits ?**
rré·sé·pi·*saoum*	*recepção*	**réception**
pa·sa·*porr*·te	*passaporte*	**passeport**
cha·ve	*chave*	**clef**
chéï·ou	*cheio*	**complet**

renseignements et services

pedidos e perguntas

À quelle heure/Où est servi le petit-déjeuner?
Onde/Quando é servido o café da manhã? — *on*·de/*kouan*·dou è sérr·*vi*·dou o ka·*fè* da ma·*gnin*

Réveillez-moi à (7)h, s'il vous plaît.
Por favor me acorde às (sete). — porr fa·*vôrr* me a·*korr*·de as (*sé*·te)

Puis-je utiliser… ?	*Posso usar …?*	*po*·so ou·*zarr* …
la cuisine	*a cozinha*	a ko·*zi*·gna
la laverie	*a lavanderia*	a la·van·dé·*ri*·a
le téléphone	*o telefone*	o té·lé·*fo*·ne

Y a-t-il un(e)… ?	*Tem …?*	téïm …
ascenceur	*elevador*	é·lé·va·*dorr*
service de blanchisserie	*serviço de lavanderia*	sérr·*vi*·sou de la·van·dé·*rri*·a
tableau des messages	*quadro de recados*	*koua*·drou de rré·*ka*·dous
coffre	*cofre*	*ko*·fre
piscine	*piscina*	pı·*si*·na

Est-ce que vous… ?	*Vocês …?*	vo·*sséïs* …
organisez des excursions	*organizam passeios*	orr·ga·*ni*·zan pa·*sé*·ous
changez des devises	*trocam dinheiro*	*tro*·kan di·*gnéï*·rou

Pourrais-je avoir…, s'il vous plait?	*Pode me dar …, por favor?*	*po*·de me darr … porr fa·*vôrr*
une moustiquaire	*um mosquiteiro*	oum mos·ki·*téï*·rou
un reçu	*um recibo*	oum rré·*si*·bou
une autre couverture	*um outro cobertor*	oum *o*·trou ko·bérr·torr
ma clef	*minha chave*	*mi*·gna *cha*·ve

parler local

bouge	*porcaria* **f**	porr·ka·*rri*·a
miteux	*infestado de rato*	in·fés·*ta*·dou de *rra*·tou
lieu branché	*ótimo lugar* **m**	*o*·ti·mo lou·*garr*

Y a-t-il un message pour moi ?
Tem recado para mim? téïm rré·*ka*·dou *pa*·ra mim

Puis-je laisser un message à quelqu'un ?
Posso deixar um recado para alguém? *po*·so déï·*charr* oum rré·*ka*·dou *pa*·ra all·*géïm*

Je suis enfermé à l'extérieur de ma chambre.
Fiquei preso/presa fora do quarto. **m/f** fi·*kéï pré*·so/*pré*·sa *fo*·ra dou *kouarr*·tou

réclamations

reclamações

C'est trop…	*É muito…*	è *mouill*·tou …
bruyant	*barulhento*	ba·rou·*léïm*·tou
cher	*caro*	*ka*·rou
froid	*frio*	*fri*·ou
lumineux	*claro*	*kla*·rou
petit	*pequeno*	pé·*ké*·nou
sombre	*escuro*	és·*kou*·ro

Ce/cet/cette (oreiller) est sale.
Este (travesseiro) está sujo. és·te (tra·vé·*séï*·rou) és·*ta sou*·jo

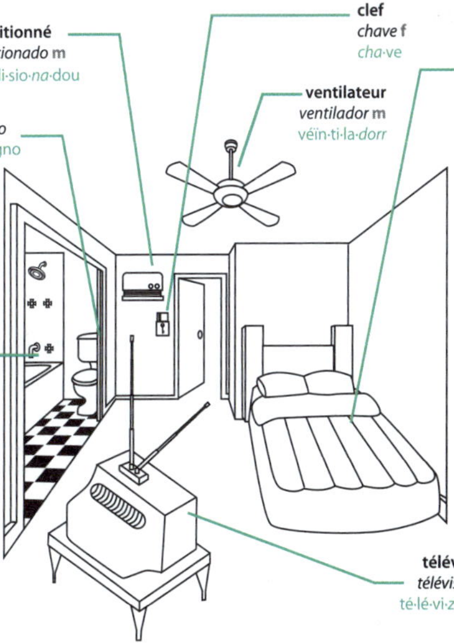

Le/les … ne fonctionne(nt) pas.	*O … não está funcionando.*	o … naoum és·*ta* foun·sio·*nan*·dou
air conditionné	*ar condicionado*	arr kon·di·sio·*na*·dou
toilettes	*banheiro*	ba·*gnéï*·rou
ventilateur	*ventilador*	véïn·ti·la·*dorr*

on frappe à la porte…

Qui est-ce ?
Quem é? — kéïm è

Un instant, s'il vous plait.
Um minutinho. — oum mi·nou·*ti*·gnou

Entrez.
Pode entrar. — *po*·de éïn·*trarr*

Revenez plus tard, s'il vous plait.
Volte mais tarde, por favor. — *vol*·te maïs *tarr*·de porr fa·*vôrr*

quitter un hôtel

fazendo o check out

À quelle heure faut-il libérer la chambre ?
A que horas é o check out? — a ke *ô*·ras è ou chék aout

Puis-je libérer la chambre plus tard ?
Posso fazer o check out mais tarde? — *po*·so fa·*zérr* ou chék aout maïs *tarr*·de

Pourriez-vous m'appeler un taxi (pour 11h)?
Pode chamar um taxi para mim (para às onze horas)? — *po*·de cha·*marr* oum *tak*·si *pa*·ra mim (*pa*·ra as *on*·ze ô·ras)

Je pars maintenant.
Estou indo embora agora. — és·tou in·dou em·bo·ra a·gô·ra

Puis-je laisser mes bagages ici ?
Posso deixar minhas malas aqui? — po·sou déï·charr mi·gnas ma·las a·ki

Il y a une erreur dans la note.
Houve um erro na conta. — ou·ve oum é·rrou na kon·ta

Je reviens…	*Estarei de volta …*	és·ta·rréï de voll·ta …
dans (3) jours	*em (três) dias*	éïm (tréïs) di·as
(jeudi)	*na (terça-feira)*	na (térr·sa·féï·ra)

Puis-je récupérer…, s'il vous plaît ?	*Pode devolver …, por favor?*	po·de dé·voll·vérr … por fa·vôrr
ma caution	*o meu depósito*	o mé·ou dé·po·zi·tou
mon passeport	*o meu passaporte*	o mé·ou pa·sa·pôrr·te
mes objets de valeur	*os meus objetos de valor*	os mé·ous o·bi·jéï·tous de va·lôrr

Mon séjour était formidable, merci.
Foi ótima a estadia, obrigado/obrigada. m/f — foï o·ti·ma a és·ta·di·a o·bri·ga·dou/o·bri·ga·da

Je le recommanderai à mes amis.
Vou recomendar aos meus amigos. — vo rré·ko·méïn·darr aous mé·ous a·mi·gous

camping

acampando

Y a-t-il... ?	*Tem ...?*	téïm ...
une laverie	*uma lavanderia*	ou·ma la·van·dé·*rri*·a
un emplacement	*um lugar*	oum lou·*garr*
l'électricité	*eletricidade*	élé·tri·si·*da*·de
des douches	*chuveiro*	chou·*véi*·rou
des tentes à louer	*barracas para alugar*	ba·*rra*·kas *pa*·ra a·lou·*garr*
Quel est le prix par... ?	*Quanto custa por ...?*	*kouan*·tou *kous*·ta porr ...
personne	*pessoa*	pé·*so*·a
tente	*barraca*	ba·*rra*·ka
véhicule	*veículo*	vé·*i*·kou·lo
Puis-je... ?	*Posso ...?*	*po*·so ...
camper ici	*acampar aqui*	a·kan·*parr* a·*ki*
me garer à côté de ma tente	*estacionar ao lado da minha barraca?*	és·ta·si·o·*narr* aou *la*·dou da *mi*·gna ba·*rra*·ka

À qui faut-il s'adresser pour s'installer ici ?
A quem eu peço para ficar aqui? — a kéïm *è*·ou *pé*·sso *pa*·ra fi·*karr* a·*ki*

L'eau est-elle potable ?
A água é potável? — a *a*·goua è po·*ta*·vel

Fonctionne-t-il/elle avec des pièces ?
Isto funciona com moedas? — *is*·tou foun·*sio*·na kom mo·*é*·das

Puis-je emprunter (un maillet) ?
Posso pegar (um isqueiro) emprestado? — *po*·so pé·*garr* (oum is·*kéï*·rou) éïm·prés·*ta*·dou

location

alugando

Je viens au sujet du … à louer.

Estou aqui por causa do … para alugar.	és·*tou* a·*ki* porr *kaou*·za dou … *pa*·ra a·lou·*garr*

Auriez-vous un(e) … à louer?

Você tem … para alugar?	vô·*sé* téïm … *pa*·ra a·lou·*garr*

appartement	*apartamento* **m**	a·parr·ta·*méïn*tou
bungalow	*cabine* **f**	ka·*bi*·ne
maison	*casa* **f**	*ka*·za
chambre	*quarto* **m**	*kouarr*·tou
(partiellement) meublé(e)	*(parcialmente) mobiliado/ mobiliada* **m/f**	(parr·si·all·*méïn*·te) mo·bi·*lïa*·dou/ mo·bi·*lïa*·da
non meublé(e)	*sem mobília*	séïm mo·*bi*·lia

exercices de diction

Les *Tongue twisters*, de difficiles exercices de diction, sont très populaires au Brésil. Essayez ceux-ci pour vous exercer à la prononciation du ***r*** :

O rato roeu a roupa do rei de Roma.
ou *rra*·tou rro·*é*·ou a *rrô*·pa dou rréï de *rro*·ma
(Litt : Le rat a grignoté les vêtements du roi de Rome.)

Três pratos de trigo para três tigres tristes.
tréïs *pra*·tous de *tri*·gou *pa*·ra tréïs *ti*·gres *tris*·tes
(Litt : Trois plats de blé pour trois tristes tigres.)

loger chez l'habitant

ficando com os habitantes locais

Puis-je loger chez vous ?		
Posso ficar na sua casa?		*po*·sou fi·*karr* na *sou*·a *ka*·za
Puis-je vous aider ?		
Posso ajudar em alguma coisa?		*po*·sou a·jou·*darr* ëïm all·*gou*·ma *koï*·za

J'ai mon propre …	*Tenho o meu próprio …*	*té*·gnou ou *mé*·ou *pro*·pri·ou …
matelas	*colchão*	koll·*chaoum*
sac de couchage	*saco de dormir*	*sa*·kou de dorr·*mirr*

Puis-je… ?	*Posso …?*	*po*·so …
apporter quelque chose pour le repas	*trazer alguma coisa para a refeição*	tra·*zérr* all·*gou*·ma *koï*·za *pa*·ra a rré·féï·*saoum*
faire la vaisselle	*lavar a louça*	la·*varr* a *lou*·sa
mettre/ débarrasser la table	*arrumar/ limpar a mesa*	a·rrou·*marr*/ *lim*·parr a *mé*·za
sortir les poubelles	*jogar o lixo fora*	jo·*garr* ou *li*·chou *fo*·ra

Merci pour votre accueil.
Obrigado/Obrigada pela hospitalidade. m/f — o·bri·*ga*·dou/o·bri·*ga*·da *pé*·la os·pi·ta·li·*da*·de

Vous trouverez des expressions ayant trait aux repas dans le chapitre **se restaurer,** p. 141.

se renseigner

procurando por ...

Où y a-t-il... ?	*Onde fica ...?*	on·de fi·ka ...
une librairie	*a livraria*	a li·vra·rri·a
un grand magasin	*a loja de departamentos*	a lô·ja de dé·parr·ta·méïn·tous
un supermarché	*o supermercado*	ou sou·pér·mérr·ka·dou

Où puis-je acheter (un cadenas) ?
Onde posso comprar (um cadeado)? — on·de po·so ko·m·prarr (oum ka·dé·a·dou)

Vous trouverez le nom d'autres magasins dans le **dictionnaire** et comment vous orienter dans le chapitre **orientation**, p. 51.

acheter

fazendo compras

Je voudrais acheter (un adaptateur).
Gostaria de comprar (um adaptador). — gos·ta·ri·a de ko·m·prarr (oum a·da·pi·ta·dôrr)

Combien ça coûte ?
Quanto custa? — kouan·tou kous·ta

Pouvez-vous m'écrire le prix ?
Você pode escrever o preço? — vo·sé pô·de és·kré·vérr ou pré·sou

En avez-vous d'autres ?
Você tem outros? — vo·sé téïm o·trous

Puis-je regarder ?
Posso ver? — po·so vérr

Je ne fais que regarder.
Estou só olhando. — és·to so o·llian·dou

Puis-je avoir... s'il vous plaît ?	*Pode me dar um ..., por favor?*	po·de me darr oum ... porr fa·vôrr
un sac	*saco*	sa·kou
un reçu	*recibo*	rré·si·bou

Acceptez-vous… ?	*Vocês aceitam …?*	vo·*séis* a·*séï*·tam …
les cartes de crédit	*cartão de crédito*	karr·*taoum* de *krè*·di·tou
les cartes bancaires	*saque eletrônico*	*sa*·ki é·lé·*tro*·ni·kou
chèques de voyage	*traveller cheque*	*tra*·vé·lerr *ché*·ki

Pourriez-vous l'envelopper ?
Pode embrulhar? — *po*·de ëïm·brou·*lliarr*

Est-ce sous garantie ?
Tem garantia? — téïm ga·rran·*ti*·a

Pouvez-vous l'envoyer à l'étranger ?
Vocês podem enviar parao exterior? — vo·*séis po*·déïm ëïn·*vi*·arr *pa*·ra ou és·té·*rri*·orr

Pouvez-vous me le commander ?
Pode fazer o pedido para mim? — *po*·de fa·*zérr* ou pé·*di*·dou *pa*·ra mim

Puis-je venir le chercher plus tard ?
Posso pegar mais tarde? — *po*·so pé·*garr* maïs *tarr*·de

Il est défectueux.
Está com defeito. — és·*ta* kom de·*féï*·tou

Je voudrais …, s'il vous plaît ?	*Gostaria de …*	gos·ta·*ri*·a de …
être remboursé	*ser reembolsado*	sérr rré·em·boll·*sa*·dou
ma monnaie	*ter o meu troco*	térr o *mé*·ou *tro*·kou
rendre ceci	*devolver isto*	dé·vol·*vérr is*·tou

expressions courantes

maïs all·*gou*·ma *koï*·za
Mais alguma coisa? — **Autre chose ?**

naoum naoum *té*·mous
Não, não temos. — **Non, nous n'en avons pas.**

po·so a·jou·*darr*
Posso ajudar? — **Puis-je vous aider ?**

PRATIQUE

marchander

pechinchando

C'est trop cher.
Está muito caro. és·*ta mouill*·tou *ka*·rou

Pouvez-vous baisser le prix ?
Pode baixar o preço? *po*·de baï·*charr* ou *pré*·sou

Je ne veux pas payer le prix total.
Não quero pagar o preço todo. naoum *ké*·rou pa·*garr* ou *pré*·sou *to*·dou

Avez-vous quelque chose de moins cher ?
Tem uma coisa mais barata? téïm *ou*·ma *koï*·za maïs ba·*rra*·ta

Je vous en donne (5 reals/euros).
Dou (cinco reais/euros). do (*sim*·kou rré·*aïs*/ *é*·ou·ro)

parler local

une affaire	*pechincha* **f**	pé·*chi*·*n*·cha
soldes	*liquidação* **f**	li·ki·da *saoum*
tarif spécial	*preço* **m** *especial*	*pré*·sou és·pé·si·*aou*

acheter des vêtements

comprar roupas

Puis-je l'essayer ?
Posso experimentar? *po*·sou és·pé·rri·méïn·*tarr*

Je fais du (14).
Meu número é (quatorze). *mé*·ou *nou*·mé·rou è (ka·*tôrr*·ze)

Ça ne me va pas.
Não cabe. naoum *ka*·be

Vous trouverez le vocabulaire propre aux vêtements dans le **dictionnaire**.

réparations

consertos

Pouvez-vous réparer mon (sac à dos) ?
Vocês consertam a (mochila)? — vo·*séïs* kon·*sérr*·tam a (mo·*chi*·la)

Quand sera/ seront prêt(es)… ?	*Quando …? fica pronta a*	*kouan*·dou … *fi*·ka *pron*·ta a
mon appareil-photo	*camera*	*ka*·mé·ra
mes lunettes (de soleil)	*ficam prontos os óculos (de sol)*	*fi*·kam *pron*·tous os *o*·kou·los (de sol)
mes chaussures	*fica pronto o sapato*	*fi*·ka *pron*·tou ou sa·*pa*·tou

raccomodage

boutons	*botões* **m pl**	bo·*toïns*
aiguille	*agulha* **f**	a·*go*·llia
ciseaux	*tesoura* **f**	té·*zou*·ra
fil	*linha* **f**	*li*·gna

chez le coiffeur

cabeleireiro

Je voudrais …	*Gostaria de …*	gos·ta·*rri*·a de …
un brushing	*secar*	sé·*karr*
une couleur	*pintar*	pïn·*tarr*
une coupe	*cortar*	korr·*tarr*
me faire tailler la barbe	*aparar a barba*	a·pa·*rarr* a *barr*·ba
me faire raser la barbe	*fazer a barba*	fa·*zérr* a *barr*·ba
rafraîchir ma coupe	*aparar*	a·pa·*rarr*

Ne coupez pas trop court.
Não corta muito. — naoum *korr*·ta *mouill*·tou

Rasez tout !

Raspa tudo! — rras·pa tou·dou

Prenez une lame neuve, s'il vous plaît.

Por favor use uma gilete nova. — por fa·vorr ou·ze ou·ma ji·lé·te no·va

Je n'aurai jamais dû vous laissez m'approcher !

Não deveria nunca ter deixado você chegar perto de mim! — naoum dé·vé·rri·a noun·ka térr déï·cha·dou vo·sé ché·garr pérr·tou de mim

Pour le vocabulaire des couleurs, consultez le **dictionnaire**.

livres et lecture

livros e leitura

Avez-vous… ?	*Tem …?*	téïm …
un livre de (Jorge Amado/ Pessoa)	*algum livro do (Jorge Amado/ Pessõa)*	all·goum li·vrou do (jor·je a·ma·dou/ pé·so·a)
un guide des sorties	*um guia de entretenimento*	oum gui·a de éïn·tré·té·ni·méïn·tou
Je voudrais acheter un…	*Gostaria de comprar um …*	gos·ta·ri·a de kom·prarr oum …
dictionnaire	*dicionário*	di·si·o·na·rriou
journal (en français)	*jornal (em francês)*	jorr·naou (éïm fran·séïs)
bloc-notes	*bloco de notas*	blo·kou de no·tas

littérature brésilienne

Pour en savoir plus sur les aspects truculents de la vie populaire à Bahia, lisez l'œuvre de Jorge Amado, écrivain engagé qui marqua la littérature brésilienne du XXe siècle (*Bahia de tous les saints*, 1935, *Dona Flor et ses deux maris*, 1966, etc.). Citons également Euclides da Cunha, célèbre pour son épopée historique et régionaliste *Os Sertãos* (*Terre de Canudos*, 1902) et Machado de Assis, grand auteur du XIXe siècle, connu pour ses romans ironiques (*Quincas Borba*, 1891, *Dom Casmurro*, 1900).

Y a-t-il … de langue française ?	*Tem uma … de língua francesa?*	têïm *ou*·ma … de *lim*·goua fran·*sé*·za
une librairie	*livraria*	li·vra·*rri*·a
un rayon	*seção*	sé·*saoum*

Pourriez-vous me conseiller un livre ?
Você poderia me recomendar algum livro? — vo·*sé* po·dé·*rri*·a me rré·ko·mëïn·*darr* all·*goum li*·vrou

Avez-vous des guides Lonely Planet ?
Vocês tem os guias de viagem do Lonely Planet? — vo·*séïs* têïm ous *gui*·as de vi·*a*·jêïm dou *lo*·ne·li *pla*·né·ti

littérature portugaise

Les œuvres de nombreux écrivains portugais sont traduites en français. Luis de Camoes, grand poète épique, est l'auteur des *Lusiades (Os Lusiadas, 1572)*, qui célèbre les exploits maritimes du Portugal, en particulier les découvertes de Vasco de Gama. Plus proche de nous, citons José Maria Eça de Queiros (*Les Maia*, publié en 1888, *La capitale*, publié en 1905, etc.), romancier du XIXe siècle, et le grand poète Fernando Pessoa, qui nous livra une œuvre poétique inédite. José Samarango fut le premier écrivain portugais à obtenir le prix Nobel de littérature (1998). Son chef-d'œuvre, *Le Dieu manchot*, fut publié en 1982.

musique

música

Je voudrais…	*Gostaria de comprar …*	goch·ta·*ri*·a de kom·*prarr* …
une cassette vierge	*uma fita virgem*	*ou*·ma *fi*·ta *virr*·jêïm
un CD	*um CD*	oum se·*dé*

Je cherche quelque chose de (Caetano Veloso).
Estou procurando por alguma coisa (do Caetano Veloso). — és·*tou* pro·kou·*ran*·dou porr all·*gou*·ma *koï*·za (dou ka·ï·*ta*·nou vé·*lo*·zou)

Quel est son meilleur enregistrement ?
Qual é o melhor disco dele/dela? m/f — koua ou è o mé·lliôrr dis·kou dè·le/dè·la

Puis-je écouter ceci ?
Posso escutar? — po·sou és·kou·tarr

photographie

fotografia

Je voudrais acheter une carte mémoire.
Gostaria de comprar um cartão de memória. — goch·ta·ri·a de kom·prarr oum karr·taoum de me·mo.rria

Combien coûte le tirage papier de cette carte mémoire ?
Quanto custa a impressão das fotos armazenadas no cartão de memória? — Kouang·to kous·ta a im·pré·saoum das fo·tous arr·ma·né·za·das nou karr·taoum de me·mo·rria

Avez-vous un câble pour cet appareil photo ?
Tem um cabo que dê para esta cámera ? — Téïm oum ka·bou ké dé pa·ra és·ta ka·mé·ra

Je souhaite télécharger ces photos sur mon ordinateur.
Quero passar estas fotos para o meu computador. — Ké·rou pa·sarr és·tas fo·tous pa·ra ou mé·ou kom·pou·ta·dorr

Où puis-je trouver une batterie ?
Onde posso encontrar uma bateria ? — On·de pou·so én·kon·trarr ouma ba·té·ri·a

Je voudrais graver mes photos sur un CD.
Gostaria de gravar as as minhas fotos num CD. — goch·ta·ri·a de gra·varr as mi·gnas fo·tous noum se·dé

J'ai besoin d'une photo d'identité.
Preciso tirar foto para passporte. — pré·si·zou ti·rrarr fo·to pa ra pa·sa·pôrr·te

Quand sera-t-il prêt ?
Quando fica pronto? — kouan·dou fi·ka pron·tou

Combien ça coûte ?
Quanto custa? — kouan tou kous·ta

Ces photos ne me plaisent pas.
Não gostei destas fotos. — naoum gos·téï dés·tas fo·tos

souvenirs

Les touristes friands de souvenirs trouveront de la musique populaire et de l'artisanat local au Portugal comme au Brésil, ainsi que des instruments de musique au Brésil. Dans ces deux pays, les marchés offrent une grande variété d'objets.

souvenirs régionaux

Y a-t-il un souvenir typique de cette région ?

Tem algum lenmbrança específico desta região ?	téïm all·*goum* léïm·*bran*·sa és·pé·si·*fi*·ko *dés*·ta rré·*jiaoum*

artesanato indígena – artisanat des amérindiens, dont des objets en bois ou tissés

azulejos – carrelage en céramique du Portugal

bikini fio dental – "fil dentaire" bikini-string original. Le nom veut tout dire.

galo de barro – coq en terre cuite du Portugal

pedras preciosas – pierres précieuses

rede – hammac en coton, souvent teint de couleurs vives

instruments de musique

Les instruments de musique traditionnelle brésilienne font de très beaux cadeaux.

berimbau – un instrument qui accompagne la *capoeira,* constitué d'une corde métallique et d'une calebasse qui fait caisse de résonnance. La corde est frottée avec une tige, une bague ou une pièce.

pandeiro – originaire d'Afrique de l'Est et répandu dans tout le Brésil, le tambourin est considéré comme un élément essentiel du rythme brésilien.

reco-reco – ce bout de bambou ou de métal creusé accompagne la *capoeira*. On obtient un grincement en frottant la partie creusée avec une tige.

poste et communications

comunicações

poste

correios e telégrafos

Je voudrais envoyer un(e) …	*Quero enviar …*	*ké*·rou ëïn·*vi*·arr …
fax	*um fax*	oum faks
lettre	*uma carta*	*ou*·ma *karr*·ta
colis	*uma encomenda*	*ou*·ma ëïn·ko·*méïn*·da
carte postale	*um cartão postal*	oum karr·*taoum* pos·*taou*

Je voudrais acheter…	*Quero comprar …*	*ké*·rou kom·*prarr* …
un aérogramme	*um aerograma*	oum a·é·ro·*gra*·ma
une enveloppe	*um envelope*	oum ëïn·vé·*lo*·pe
des timbres	*selos*	*sé*·lous

boîte aux lettres	*caixa* **f** *postal*	*kaï*·cha pos·*taou*
code postal	*CEP* **m**	*sé*·pi
courrier	*correspondência* **f**	ko·rrés·pon·*déïn*·sia
déclaration de douanes	*declaração* **f** *da alfandega*	dé·kla·ra·*saoum* da all·*fan*·dé·ga
domestique	*doméstico*	do·*més*·ti·kou
en recommandé	*registrado/registrada* **m/f**	rré·jis·*tra*·dou/rré·jis·*tra*·da
fragile	*frágil*	*fra*·jill
international	*internacional*	ëïn·térr·na·sio·*naou*
rapide	*rápido/rápida* **m/f**	*rra*·pi·dou/*ra*·pi·da
par avion	*via aéreo/aérea* **m/f**	*vi*·a a·è·rre·ou/a·è·rré·a
par voie normale	*via terrestre*	*vi*·a té·*rrés*·tre

Merci de l'envoyer en (France) par avion/voie normale.

Por favor envie via aérea/terrestre para a (França). — porr fa·*vôrr* ëin·*vi*·e *vi*·a a·è·rré·a/té·*rrés*·tre *pa*·ra a (*fran*·sa)

Il contient des (souvenirs).

Contém (souvenirs). — kon·*téïm* (sou·vé·*nirs*)

Où se trouve la poste restante ?

Onde fica a seção de Poste Restante? — *on*·de *fi*·ka a sé·*saoum* de *pos*·te rrés·*tan*·te

Y a-t-il du courrier pour moi ?

Tem alguma correspondência para mim? — téïm all·*gou*·mas ko·rrés·pon·*déïn*·sia *pa*·ra mim

téléphone

telefone

Quel est votre numéro de téléphone ?

Qual é o número do teu telefone? — koua ou è o *nou*·mé·ro dou *té*·ou té·lé·*fô*·ne

Où se trouve la cabine téléphonique la plus proche ?

Onde fica o telefône público mais perto? — *on*·de *fi*·ka o té·lé·*fô*·ne *pou*·bli·kou maïs *pérr*·tou

Puis-je consulter votre répertoire téléphonique ?

Posso dar uma olhada no catálogo telefônico? — *po*·so darr *ou*·ma o·*llia*·da nou ka·*ta*·lo·gou té·lé·*fo*·ni·kou

Combien coûte… ?	*Quanto custa …?*	*kouan*·tou *kous*·ta …
un appel de (3) minutes	*uma ligação de (três) minutos*	*ou*·ma li·ga·*saoum* de (tréïs) mi·*nou*·tous
la minute supplémentaire	*cada minuto extra*	*ka*·da mi·*nou*·to *és*·tra

PRATIQUE

Je voudrais…	*Quero …*	*ké*·rou …
acheter une carte téléphonique	*comprar um cartão telefônico*	kom·*prarr* oum karr·taoum té·lé·*fo*·ni·kou
appeler (Paris)	*telefonar (para Paris)*	té·lé·fo·*narr* (*pa*·ra pa *ris*)
passer un appel local	*fazer uma chamada local*	fa·*zerr ou*·ma cha·*ma*·da *lo*·kaou
appeler en PCV	*fazer uma chamada a cobrar*	fa·*zerr ou*·ma cha·*ma*·da a ko·*brarr*
parler (3) minutes	*falar por (três) minutos*	fa·*larr* porr (tréïs) mi·*nou*·tos

Voici le numéro…
O número é … — ou *nou*·mé·ro è …

Quel est l'indicatif de (Porto) ?
Qual é o código de discagem para (Porto)? — *koua* ou è ou *ko*·di·gou de dis·*ka*·jéïm *pa*·ra (*pôrr*·tou)

Quel est l'indicatif pour la (France) ?
Qual é o código de discagem para (França)? — *koua* ou è ou *ko*·di·gou de dis·*ka*·jéïm *pa*·ra (*fran*·*sa*)

Ça sonne occupé.
Está ocupado. — es·*ta* o·kou·*pa*·dou

J'ai été coupé.
A ligação caiu. — a li·ga·*saoum* ka·*i*·ou

La connection est mauvaise.
A conexão está ruim. — a ko·nék·*saoum* és·*ta* rrou·*im*

Allô.	*Alô.*	a·*lô*
Puis-je parler à… ?	*Posso falar com …?*	*po*·so fa·*larr* kon …
C'est…	*Aqui é …*	a·*ki* è …
Est-ce que… est là ?	*O/A … está?* **m/f**	o/a … és·*ta*

expressions courantes

é·le/é·la naoum és·*ta*
Ele/Ela não está. — **Il/elle n'est pas là.**

és·*pé*·ra oum mi·nou·*ti*·gnou
Espera um minutinho. — **Un instant.**

kéïm és·*ta* fa·*lan*·dou
Quem está falando? — **Qui est à l'appareil ?**

kom kéïm vo·*sé* kérr fa·*larr*
Com quem você quer falar? — **À qui voulez-vous parler ?**

koua ou o *sé*·ou *nou*·mé·ro *pa*·ra kon·*ta*·tou
Qual o seu número para contato? — **À quel numéro peut-on vous joindre ?**

vo·*sé* dis·*kou* o *nou*·mé·ro é·*rra*·dou
Você discou o número errado. — **Vous avez fait un mauvais numéro.**

Puis-je laisser un message ?
Posso deixar um recado? — *po*·so déï·*charr* oum rré·*ka*·dou

Pourriez-vous lui dire que j'ai appelé.
Por favor diga a ele/ela que eu liguei. — por fa·*vôrr di*·ga a é·le/é·la ke è·ou li·*géï*

Je rappelerai plus tard.
Eu vou ligar mais tarde. — é·ou vo li·*garr* maïs *tarr*·de

Mon numéro est le…
Meu telefone é … — *mé*·ou té·lé·*fo*·ne è …

téléphone portable

telephone celular

Je voudrais un…	*Eu gostaria de …*	è·ou gos·ta·*ri*·a de …
chargeur pour mon téléphone	*comprar uma bateria para o meu telephone*	kom·*prarr ou*·ma ba·té·*rri*·a *pa*·ra o *mé*·ou té·lé·*fo*·ne
louer un portable	*alugar um cellular*	a·lou·*garr* oum sé·lou·*larr*
acheter un portable prépayé	*comprar um cellular pré-pago*	kom·*prarr* oum sé·lou·*larr* pré·*pa*·go
une carte SIM pour votre réseau	*comprar um cartão SIM para sua rede*	kom·*prarr* oum karr·*taoum* sim *pa*·ra *sou*·a *rré*·de

Quel est le prix de la communication ?
Qual é o valor cobrado? koua ou è o va·*lôrr* ko·*bra*·dou

(30 centavos) pour (30) secondes.
(Trinta centavos) por (trinta) segundos. (*trin*·ta sén·*ta*·vous) porr (*trin*·ta) sé·*goun*·dous

Internet

Le terme *Internetês*, employé en portugais, est caractéristique du mélange indescriptible de termes anglais et portugais dans le jargon informatique. Comme en français, nombre de mots ont été empruntés à l'anglais, tel *surfar* (surfer) ou *scaner* (scanner). Voici néanmoins quelques termes portugais :

bate-papo m	chat Internet
ciberespaço m	cyberespace
endereço m ***de email***	adresse e-mail
hiperligação m	hyperlien
internauta f	internaute
página f ***inicial***	page d'accueil
utilizador m et f	utilisateur

Internet

a internet

Où se trouve le cybercafé du quartier ?
Onde tem um internet café na redondeza? — on·de téïm oum in·térr·né·ti ka·fè na rré·don·dé·za

Je voudrais…	*Gostaria de …*	gos·ta·ri·a de …
consulter mes e-mails	*checar meu e-mail*	ché·karr mé·ou e·mail
me connecter à Internet	*ter acesso à internet*	térr a·sé·sou a in·térr·né·ti
utiliser une imprimante	*usar a impressora*	ou·zarr a im·pré·so·ra
utiliser un scanner	*usar o escaner*	ou·zarr ou is·ka·nérr

Avez-vous un… ?	*Vocês tem …?*	vo·séïs téïm …
lecteur Zip	*um zip drive*	oum zip draï·vi
Mac	*Apple Mac*	é·péll mak
PC	*PC*	pé·sé

Combien est-ce pour… ?	*Quanto custa por …?*	kouan·tou kous·ta por …
1 heure	*hora*	ô·ra
(5) minutes	*(cinco) minutes*	(sim·kou) mi·nou·tous
1 page	*página*	pa·ji·na

Comment faut-il faire pour se connecter ?
Como é que eu entro? — ko·mou è ke é·ou éïn·trou

Pourriez-vous me régler le paramètre langue sur français ?
Troca para francês, por favor. — tro·ka pa·ra fran·séïs porr fa·vôrr

Il est planté.
Deu crash. — dé·ou krach

Où puis-je… ?	*Onde posso …?*	*on*·de *po*·so …
Je voudrais…	*Gostaria de …*	gos·ta·*ri*·a de …
encaisser un chèque	*descontar um cheque*	dés·kon·*tarr* oum *ché*·ki
changer un chèque de voyage	*trocar traveller cheques*	tro·*karr* tra·vé·*ler ché*·kes
changer de l'argent liquide	*trocar dinheiro*	tro·*karr* di·*gnéï*·rou
obtenir une crédit de caisse	*fazer um saque adiantado*	fa·*zerr* oum *sa*·ke a·di·an·*ta*·dou
retirer de l'argent	*retirar dinheiro*	rré·ti·*rarr* di·*gnéï*·rou
Où y a-t-il …?	*Onde tem …?*	*on*·de téïm…
un bureau de change	*uma loja de cambio*	*ou*·ma *lô*·ja de *kam*·bio
un distributeur automatique	*um caixa automático*	oum *kaï*·cha aou·to·*ma*·ti·kou

À quelle heure ouvre la banque ?
A que horas abre o banco? — a ke *ô*·ras *a*·bre ou *ban*·kou

Puis-je retirer de l'argent avec ma carte de crédit ?
Posso usar o meu cartão de crédito para retirar dinheiro? — *po*·so ou·*zarr* o *mé*·ou karr·*taoum* de *krè*·di·tou *pa* ra rré·ti·*rarr* di·*gnéï*·rou

Quel est… ?	*Qual …?*	koua ou …
le taux de change	*o cambio do dia*	ou kan·bio dou di·a
la commission	*a taxa cobrada*	a ta·cha ko·bra·da

Mon argent (mon mandat) est-il arrivé ?
O meu dinheiro já chegou? — o mé·ou di·gnéï·rou ja ché·go

Combien de temps va-t-il falloir attendre ?
Quanto tempo vai levar para chegar? — kaoun·tou téïm·pou vaï lé·varr pa·ra ché·garr

Le distributeur a avalé ma carte.
O caixa eletrônico engoliu meu cartão. — o kaï·cha é·lé·tro·ni·kou ëïn·go·li·ou mé·ou karr·taoum

J'ai oublié mon code.
Esqueci a minha senha. — és·ké·si a mi·gna sé·gna

expressions courantes

a·si·ne a·ki
Assine aqui. — **Signez ici.**

naoum po·dé·mous fa·zérr i·sou
Não podemos fazer isso. — **Ce n'est pas possible.**

té·mous oum pro·blé·ma
Temos um problema. — **Il y a un problème.**

i·déïn·ti·da·de	*identidade*	**identité**
pa·sa·porr·te	*passaporte*	**passeport**

PRATIQUE

visite touristique

passeando

Je voudrais un…	*Gostaria de um …*	goj·ta·*ri*·a de oum …
audio-guide	*aparelho de audio*	a·pa·*ré*·lliou de *aou*·di·o
catalogue	*catálogo*	ka·*ta*·lo·gou
guide (personne)	*guia*	*gui*·a
guide (livre) en français	*guia em Francês*	*gui*·a ëïm fran·*séïs*
plan (du quartier)	*mapa (local)*	*ma*·pa (lo·*kaou*)
Avez-vous de la documentation sur les sites… ?	*Vocês tem informações sobre passeios …?*	vo·*séïs* tëïm in·forr·ma·*soïns* so·bre pa·*sé*·ïous …
culturels	*culturais*	koull·tou·*raïs*
historiques	*históricos*	is·*to*·ri·kous
religieux	*religiosos*	rré·li·ji·*o*·zous

Je voudrais voir… *Gostaria de ver …*	gos·ta·*ri*·a de ver …
Qu'est ce que c'est ? *O que é isso?*	o ke è *i*·sou
Qui est-ce qui l'a fait ? *Quem fez isso?*	këïm fez *i*·sou
Quel âge a-t-il ? *Quantos anos tem?*	*kouan* tous *a*·nous tëïm
Pourriez-vous me prendre en photo ? *Você poderia tirar minha foto, por favor?*	vo·*sé* po·dé·*rri*·a ti·*rarr* *mi*·gna *fo*·to porr fa·*vorr*

Puis-je prendre une photo ?
Posso tirar uma foto? po·so ti·*rarr* *ou*·ma *fo*·to

Puis-je vous prendre en photo ?
Posso tirar uma foto de você(s)? **sg/pl** *po*·so ti·*rarr* *ou*·ma *fo*·to de vo·*sé(s)*

Je vous enverrai la photo.
Eu te envio a foto. è·ou té ëïm·*vi*·ou a *fo*·to

accéder à un site touristique

entrando nos lugares

À quelle heure ça ouvre/ferme ?
A que horas abre/feja? a ke *ô*·ras *a*·bre/*fé*·ja

Combien coûte l'entrée ?
Qual o preço da entrada? *koua* ou ou *pré*·so da ëïn·*tra*·da

Y a-t-il une réduction pour... ?	*Tem desconto para ...?*	téïm des·*kon*·tou *pa*·ra ...
les enfants	*crianças*	kri·*an*·sas
les familles	*famílias*	fa·*mi*·lias
les groupes	*grupos*	*grou*·pos
les personnes agées	*pessoas idosas*	pé·*so*·as i·*do*·zas
retraités	*pensionistas*	péïn·si·o·*nis*·tas
étudiants	*estudantes*	és·tou·*dan*·tes

galeries et musées

galereas e museus

À quelle heure ouvre la galerie ?
Quando abre a galeria? *kouan*·dou *a*·bre a ga·lé·*rri*·a

À quel genre d'art vous intéressez-vous ?
Você se interessa por que tipo de arte? vo·*sé* se in·té·*rré*·sa porr ke *ti*·po de *arr*·te

Qu'y a-t-il dans les collections ?
O que tem na coleção? ou ke téïm na ko·lé·*saoum*

Que pensez-vous de (l'art de la Renaissance)?
O que você aja (arte Renascença)? — o ke vo·*sé* *a*·ja (*arr*·te rré·nas·*séïn*·sa)

C'est une exposition de (Volpi).
É uma (Volpi) exposição. — è·ou ma (*vol*·pi) és·po·zi·*saoum*

Je m'intéresse à…
Estou interessado/ interessada em … **m/f** — és·*to* in·té·rré·*sa*·dou/ in·té·rré·*sa*·da éïm …

J'aime le travail de…
Eu gosto do trabalho do/da … **m/f** — *é*·ou *gos*·tou dou tra·*ba*·lliou dou/da …

Cela me rappelle…
Lembra o/a … **m/f** — *léïm*·bra ou/a …

Art…	*arte …* **f**	*arr*·te …
graphique	*gráfica*	*gra*·fi·ka
impressionniste	*impressionista*	im·pré·sio·*nis*·ta
amérindien	*indígena*	in·*di*·jé·na
moderne	*moderna*	mo·*dérr*·na
performance	*performance*	pérr·*forr*·man·se
populaire	*popular*	po·pou·*larr*

circuits

passeios

Pouvez-vous me conseiller un… ?	*Vocês podem recomendar um …?*	vo·*séïs po*·déïm rré·ko·méïn·*darr* oum …
Quand est le/la prochain(e)… ?	*Quando sai o próximo …?*	*kouan*·dou saï ou *pro*·si mou …
tour en bateau	*barco*	*bar*·ko
excursion à la journée	*passeio do dia*	pa·*sé*·io dou *di*·a
circuit	*tour*	tourr

Est-ce que … est inclus(e) ?	*Inclui …?*	in·*klou*·i …
l'hébergement	*ospedagem*	os·pé·*da*·jëim
la nourriture	*comida*	ko·*mi*·da
le transport	*transporte*	trans·*porr*·te

Le guide va payer.
O guia vai pagar. — ou *gui*·a vaï pa·*garr*

Le guide a payé.
O guia pagou. — ou *gui*·a pa·*go*

Combien de temps dure le circuit ?
Quanto tempo dura o passeio? — *kouan*·tou *téïm*·pou *dou*·ra ou pa·*séï*·ou

À quelle heure serons-nous de retour ?
A que horas estaremos de volta? — a ke *ô*·ras és·ta·*rré*·mous de *vôll*·ta

Je suis avec eux.
Estou com eles. — és·*to* kom *é*·les

J'ai perdu mon groupe.
Perdi o meu grupo. — pérr·*di* o *mé*·ou *grou*·po

PRATIQUE

Je viens assister à un(e)...	*Estou participando de ...*	és·*to* parr·ti·si·*pan*·dou de ...
conférence	*uma conferência*	*ou*·ma kon·fé·*réïn*·sia
stage	*um curso*	oum *kourr*·so
réunion	*uma reunião*	*ou*·ma rré·ou·ni·*aoum*
foire commerciale	*uma feira de negócios*	*ou*·ma *féï*·ra de né·*go*·si·os
Je suis ici avec...	*Estou com ...*	és·*to* kom ...
mes collègues	*meus/minhas colegas de trabalho* **m/f**	*mé*·ous/*mi*·gnas ko·*lé*·gas de tra·*ba*·llio
(l'ONU)	*(a ONU)*	(a *o*·nou)
(2) autres personnes	*outros (dois)*	*o*·trous (doïs)

Je suis seul.
Estou sozinho. — és·*to* so·*zi*·gno

J'ai rendez-vous avec...
Tenho uma hora marcada com ... — *téïm*·gno *ou*·ma *ô*·ra marr·*ka*·da kom ...

Je loge à ..., chambre...
Estou no ..., quarto ... — és·*to* nou ... *kouarr*·tou ...

Je séjourne ici...	*Ficarei aqui por ...*	fi·ka·*réï* a·*ki* porr ...
(2) jours	*(dois) dias*	(doïs) *di*·as
(2) semaines	*(duas) semanas*	(*dou*·as) sé·*ma*·nas

Voici mon/ma…	*Aqui está …*	a·*ki* és·*ta* …
Quelle est votre… ?	*Qual o seu …?*	kouaou o *sé*·ou …
adresse	*endereço*	ëïn·dé·*rré* sou
adresse e-mail	*endereço de e-mail*	ëïn·dé·*rré*·sou de *e*·mail
carte de visite	*cartão de visitas*	karr·*taoum* de vi·*zi*·tas
numéro de fax	*número de fax*	*nou*·mé·ro de faks
numéro de portable	*número do celular*	*nou*·mé·ro dou sé·lou·*larr*
numéro de téléphone professionnel	*telefone do trabalho*	té·lé·*fo*·ne dou tra·*ba*·llio
Où est/se tient le/la… ?	*Onde é …?*	*on*·de è …
centre d'affaires	*o centro de negócios*	o *séïn*·trou de né·*go*·sios
conférence	*a conferência*	a kon·fé·*réïm*·sia
réunion	*a reunião*	a rré·ou·ni·*aoum*
Je voudrais…	*Gostaria de …*	gos·ta·*ri*·a de …
consulter mes e-mail	*checar meu e-mail*	ché·*karr mé*·ou *e*·mail
envoyer un fax	*enviar um fax*	ëïn·*vi*·arr oum faks

Tout s'est bien passé.
Correu tudo muito bem. ko·*rré*·ou *tou*·do *mouill*·tou béïm

Je vous remercie de votre attention.
Obrigado/Obrigada pela atenção. **m/f** o·bri·*ga*·dou/o·bri·*ga*·da *pé*·la a·téïn·*saoum*

Cela vous dirait d'aller… ?	*Vocês gostariam de …?*	vo·*séïs* gos·ta·*ri*·am de …
boire un verre	*beber alguma coisa*	bé·*bérr* all·*gou*·ma *koï*·za
manger quelque part	*jantar*	jan·*tarr*
C'est moi qui invite.	*Eu convido.*	*é*·ou kon·*vi*·dou

Je suis handicapé.
Eu tenho uma deficiência física. — *é*·ou *té*·gnou *ou*·ma dé·fi·si·*ëïn*·sia *fi*·zi·ké

Je suis sourd.
Sou surdo. — so *sour*·do

Je suis équipé d'un appareil auditif.
Uso aparelho para surdez. — *ou*·zo a·pa·*ré*·llio *pa*·ra sour·*dés*

J'ai besoin d'assistance.
Preciso de ajuda. — pré·*si*·zou de a·*jou*·da

Quels services offrez-vous aux personnes handicapées ?
Quais os serviços que vocês oferecem para pessoas com deficiência física? — kouaïs os sérr·*vi*·sous ke vo·*séïs* o·fé·*rré*·séïm *pa*·ra pé·*so*·as kom dé·fi·si·*ëïn*·sia *fi*·zi·ka

Y a-t-il des toilettes pour handicapés ?
Tem banheiro para deficientes físicos? — téïm ba·*gnéï*·rou *pa*·ra dé·fi·si·*ëïn*·tes *fi*·zi·kous

Y a-t-il des rampes dans la salle de bains ?
Tem corrimão no banheiro? — téïm ko·rri·*maoum* nou ba·*gnéï*·rou

Y a-t-il des places de stationnement pour handicapés ?
Tem vaga para deficientes físicos? — téïm *va*·ga *pa*·ra dé·fi·si·*ëïn*·tes *fi*·zi·kos

Y a-t-il un accès pour fauteuil roulant ?
Tem acesso para cadeira de rodas? — téïm a·*sé*·sou *pa*·ra ka·*déï*·ra de *rro*·das

Quelle largeur fait l'entrée ?
Qual a largura da entrada? — kouaou a larr·*gou*·ra da éïn·*tra*·da

Y a-t-il un ascenceur ?
Tem elavador? — téïm é·lé·va·*dor*

Combien de marches y a-t-il ?
Quantos degraus tem? — *kouan*·tous dé·*graous* téïm

Les chiens d'aveugle sont-ils admis ?
É permitida a entrada de cães-guia? — è pérr·mi·*ti*·da a éïn·*tra*·da de kaîns·*gui*·a

Pourriez-vous m'appeler un taxi accessible aux handicapés ?
Você poderia me chamar um taxi para deficientes físicos? — vo·*sé* po·dé·*rri*·a me cha·*marr* oum *tak*·si *pa*·ra dé·fi·si·*éïn*·tes *fi*·zi·kous

Pourriez-vous m'aider à traverser la rue ?
Você poderia me atravessar com segurança? — vo·*sé* po·dé·*rri*·a me a·tra·vé·*sarr* kom sé·gou·*ran*·sa

Puis-je m'asseoir quelque part ?
Tem algum lugar onde eu posso sentar? — téïm all·*goum* lou·*garr* *on*·de é ou *po*·so séïn·*tarr*

canne	*bengala* f	béïn·*ga*·la
chien d'aveugle	*cães-guia* m	ka·*ins*·*gui*·a
déambulateur	*andador* m	an·da·*dorr*
fauteuil roulant	*cadeira* f *de rodas*	ka·*déï*·ra de *rrô*·das
personne handicapée	*pessoa com deficiência física*	pé·*so*·a kom dé·fi·si·*éïn*·sia *fi*·zi·ka
rampe	*rampa* f	*rram*·pa
senior	*pessoa idosa*	pé·*so*·a i·*do*·za

PRATIQUE

voyager avec un enfant

viajando com crianças

Y a-t-il un(e)... ?	*Aqui tem ...?*	a·*ki* téïm ...
endroit pour changer un bébé	*uma sala para trocar bebê*	*ou*·ma *sa*·la *pa*·ra tro·*karr* bé·*bé*
réduction pour les enfants	*desconto para criança*	dés·*kon*·to *pa*·ra kri·*an*·sa
service de baby-sitting	*serviço de babá*	sérr·*vi*·so de ba·*ba*
portion pour enfant	*porção para criança*	porr·*saoum pa*·ra kri·*an*·sa
menu enfant	*cardápio para criança*	kar·*da*·piou *pa*·ra kri·*an*·sa
crèche	*creche*	*kré*·she
billet famille	*passagem para familia*	pa·*sa*·jéïm *pa*·ra fa·*mi*·lia

Où se trouve le/la ... le/la plus proche ?	*Qual ... mais perto?*	kouaou ... maïs *pérr*·to
fontaine d'eau potable	*o bebedouro*	o bé·*bé*·*do*·rou
parc	*o parque*	o *parr*·ke
terrain de jeu	*o playground*	o pléï·*graound*
piscine	*a piscina*	a pi·*si*·na
robinet (d'eau)	*a torneira*	a torr·*néï*·ra
parc d'attraction	*o parque de diversões*	o *parr*·ke de di·vérr·*soïns*
magasin de jouets	*a loja de brinquedos*	a *lo*·ja de brin·*ké*·dous

Je voudrais un(e)…	*Preciso de …*	pré·*si*·zo de …
siège pour bébé	*um assento de criança*	oum a·*séïn*·to de kri·*an*·sa
baby-sitter (qui parle français)	*uma babá (que fale francês)*	*ou*·ma ba·*ba* (ke *fa*·le fran·*séïs*)
réhausseur	*assento de elevação*	a·*séïn*·to de é·lé·va·*saoum*
chaise haute	*uma cadeira de criança*	*ou*·ma ka·*déï*·ra de kri·*an*·sa
toile plastifiée	*um lençol plástico*	oum léïn·*sol* *plas*·ti·kou
sac en plastique	*um saco plástico*	oum *sa*·kou *plas*·ti·kou
pot de chambre	*um troninho*	oum tro·*ni*·gnou
poussette	*carrinho de bebê*	ka·*rri*·gno de bé·*bé*
sac pour vomir	*saco de vomito*	*sa*·ko de *vo*·mi·to

Vendez-vous des… ?	*Vocês vendem …?*	vo·*séïs* *véïn*·déïm …
antalgiques pour bébé	*analgésico para bebê*	a·nal·*jé*·zi·ko *pa*·ra bé·*bé*
lingettes	*toalha molhada de bebê*	to·*a*·lia mo·*lia*·da de bé·*bé*
couches jetables	*fraldas descartáveis*	*fral*·das dés·karr·*ta*·véïs
mouchoirs en papier	*lencinhos de papel*	léïn·*si*·gnos de pa·*péou*

Louez-vous des landaux ?
Vocês alugam carrinho de bebê? — vo·*séïs* a·*lou*·gan ka·*rri*·gno de bé·*bé*

Y a-t-il des endroits où emmener les enfants près d'ici ?
Tem algum lugar agradável para levar as crianças por aqui perto? — téïn all·*goum* lou·*garr* a·gra·*da*·vél *pa*·ra lé·*varr* as kri·*an*·sas porr a·*ki* *pérr*·to

Y a-t-il un endroit pour ranger les landaux ?
Tem espaço para o carrinho de bebê? — téïm és·*pa*·so *pa*·ra o ka·*rri*·gnou de bé·*bé*

Les enfants sont-ils admis ?

É permitida a entrada de crianças?	è pérr·mi·*ti*·da a éïn·*tra*·da de kri·*an*·sas

Où puis-je changer mon enfant ?

Onde posso trocar a fralda?	*on*·de *po*·so tro·*karr* a *frall*·da

Cela vous dérange-t-il que je donne le sein ici ?

Você se importa se eu amamentar aqui?	vo·*sé* se im·*porr*·ta se *é*·ou a·ma·méïn·*tarr* a·*ki*

Pourriez-vous me donnez du papier et des crayons ?

Pode me dar papel e lapis, por favor?	*po*·de me darr pa·*péll* e *la*·pis porr fa·*vôrr*

Cela convient-il à des enfants de (5) ans ?

Isto é adequado para crianças de (cinco) anos de idade?	*is*·to è a·dé·*koua*·dou *pa*·ra kri·*an*·sas de (*sin*·ko) *a*·nos de i·*da*·de

Connaissez-vous un médecin/dentiste pour enfants ?

Voce conhece algum médico/dentista bom para crianças?	vo·*sé* ko·*gné*·se al·*goum* *mè*·di·ko/déïn·*tis*·ta bom *pa*·ra kri·*an*·sas

Vous trouverez les maladies infantiles au chapitre **santé**, p. 177.

l'origine des noms

Le Portugal tire son nom d'une place forte romaine proche de Porto : *Portucale*. Toute la région environnante resta occupée par les Romains, puis par les Maures pendant plusieurs siècles, à l'exception de *Portucale*, au nord, qui reconquit très vite son autonomie.

Le Brésil doit son nom au bois précieux de l'arbre *pau brasil*, dont on tire une teinture rouge. Exploité pour l'exportation pendant la première moitié du XVIe siècle par des marchands portugais, ce nom remplaça celui de *Terra da Vera Cruz*, que portait le pays depuis sa découverte.

s'adresser à un enfant

conversando com crianças

Tu aimes… ?	*Você gosta …?*	vo·*sé* *gos*·ta …
l'école	*da escola*	da és·*ko*·la
le sport	*de esporte*	de és·*porr*·te
ton maître	*do seu professor* **m**	do *sé*·ou pro·fé·*sorr*
ta maîtresse	*da sua professora* **f**	da *sou*·a pro·fé·*so*·ra

C'est quand ton anniversaire ?
Quando é o seu aniversário? — *kouan*·dou è o sé·ou a·ni·vér·*sa*·riou

Tu vas à l'école ?
Você vai para escola? — vo·*sé* vaï *pa*·ra és·*ko*·la

Dans quelle classe es-tu ?
Em que ano você está? — ëïm ke *a*·no vo·*sé* és·*ta*

Que fais-tu après l'école ?
O que você faz depois da escola? — o ke vo·*sé* faz de·*poïs* da és·*ko*·la

Apprends-tu le français ?
Você aprende francês? — vo·*sé* a·*préïn*·de fran·*séïs*

Je viens de très loin.
Eu venho de muito longe. — *é*·ou *véïn*·gno de *mouill*·tou *lon*·je

Tu es perdu ?
Você está perdido/ perdida? **m/f** — vo·*sé* és·*ta* pérr·*di*·do/ pérr·*di*·da

PRATIQUE

formules de base

conhecimentos básicos

Oui.	*Sim.*	sim
Non.	*Não.*	naoum
S'il vous/te plaît.	*Por favor.*	por fa·*vorr*
Merci (beaucoup).	*(Muito) Obrigado/ Obrigada.* m/f	*(mouill*·tou) o·bri·*ga*·dou/ o·bri·*ga*·da
De rien.	*De nada.*	de *na*·da
Excusez-moi.	*Com licença.*	kom li·*séïn*·sa
Pardon.	*Desculpa.*	dés·*koul*·pa

saluer

saudações e despedidas

Il est assez fréquent pour les femmes de s'embrasser sur la joue, Cela se fait également chez des personnes de sexe opposé, y compris dès la première rencontre. On s'embrasse de une à trois fois selon la région. Les hommes se serrent généralement la main, bien que l'accolade entre amis soit assez habituelle.

Bonjour.	*Olá.*	o·*la*
	Bom dia.	bom *di*·a
Salut.	*Oi.*	oï
Bonne après-midi.	*Boa tarde.*	*bo*·a *tarr*·de
Bonsoir.	*Boa noite.*	*bo*·a *noï*·te

Comment allez-vous ?
Como vai? — *ko*·mo vaï

Très bien et vous ?
Bem, e você? — béïm e vo·sé

Comment vous appelez-vous ?
Qual é o seu nome? — koual e o sé·ou no·me

Je m'appelle…
Meu nome é … — mé·ou no·me è …

Je voudrais vous présenter…
Eu gostaria de te apresentar ao/à … **m/f** — é·ou gos·ta·ri·a de te a·pré·zëïn·tarr a·o/a …

Enchanté de faire votre connaissance.
Prazer em conhecê-lo/la. **m/f** — pra·zérr ëïn ko·gné·sé·lo/la

Voici mon/ma…	*Este é meu …* **m**	és·te è mé·ou …
	Esta é minha … **f**	és·ta è mi·gna …
collègue	*colega* **m et f**	ko·lé·ga
fille	*filha*	fi·llia
ami	*amigo/ amiga* **m/f**	a·mi·go/ a·mi·ga
mari	*marido*	ma·ri·dou
compagnon/ compagne	*companheiro/ companheira* **m/f**	kom·pa·gnéï·rou/ kom·pa·gnéï·ra
fils	*filho*	fi·llio
femme	*esposa*	és·po·za

Vous trouverez les noms de parenté à la rubrique **famille**, p. 97.

À tout à l'heure.	*Até mais tarde.*	a·te maïs tarr·de
Au revoir/salut.	*Tchau.*	tchaou

merci beaucoup

Vous remarquerez que pour dire "merci" en portugais, il existe une forme féminine et une forme masculine : *obrigado* et *obrigada*. Le mot s'accorde avec la personne qui remercie. Un homme dira *obrigado* et une femme *obrigada*.

s'adresser à quelqu'un

dirigindo-se às pessoas

Il vaut toujours mieux utiliser *Senhor* ou *Senhora* pour s'adresser aux personnes d'un certain âge. Titre qui sert également à marquer le respect et la politesse. Vous remarquerez que les prénoms sont souvent précédés de titres, plus souvent que les noms de famille.

Monsieur	*Senhor*	sé·*gnorr*
Madame	*Senhora*	sé·*gno*·ra
Mademoiselle	*Senhorita*	sé·gno·*rri*·ta
Docteur	*Doutor/Doutora* **m/f**	do·*torr*/do·*to*·ra
Professeur	*Professor/ Professora* **m/f**	pro·fé·*sorr*/ pro·fé·*so*·ra
jeune homme/femme	*moço/moça* **m/f**	*mo*·so/*mo*·sa
copain/copine	*caro/cara*	*ka*·ro/*ka*·ra

engager la conversation

batendo papo

Ça va ?
Tudo bem? — *tou*·do béïm

Vous vivez ici ?
Você mora aqui? — vo·*sé mo*·ra a·*ki*

Quelle chaleur/Quel froid !
Que calor/frio ! — ke ka·*lorr*/*fri*·ou

C'est si calme ici.
Aqui é tão tranquilo. — a·*ki* è taoum tran·*koui*·lou

Qu'elle vue merveilleuse.
Que vista linda. — ke *vis*·ta *lin*·da

C'est super !
Isso é demais! — *i*·so è dé·*maïs*

Où allez-vous ?
Onde você está indo? — *om*·de vo·*sé* és·*ta in*·do

Que faites-vous ?
O que você está fazendo? — o ke vo·*sé* es·*ta* fa·*zéïn*·do

Vous plaisez-vous ici ?
Você gosta daqui? — vo·*sé* *gos*·ta da·*ki*

J'adore.
Eu adoro. — *é*·ou a·*do*·rrou

Comment cela s'appelle-t-il ?
Como se chama isto? — *ko*·mo se *cha*·ma *is*·tou

Puis-je prendre une photo (de vous) ?
Posso tirar uma foto (de você)? — *po*·so ti·*rarr* *ou*·ma *fo*·to (de vo·*sé*)

C'est (très beau), ne trouvez-vous pas ?
Isto é (lindo) você não acha? — *is*·to è (*lin*·do) vo·*sé* naoum *a*·cha

C'est une blague.
Estou brincando. — és·*to* brin·*kan*·dou

Êtes-vous ici en vacances ?
Você está aqui em férias? — vo·*sé* és·*ta* a·*ki* éïn *fé*·ri·as

gringo

Au Brésil vous avez de fortes chances de vous faire appeler *gringo* (ou *gringa*), terme désignant toute personne qui n'est pas brésilienne (y compris les habitants d'Amérique latine). Ce n'est pas une insulte, juste légèrement péjoratif, sauf lorsque *burro/burra* **m/f**, "idiot", y est adjoint.

Je suis ici …	*Estou aqui …*	és·*to* a·*ki* …
en vacances	*em férias*	éïn *fé*·ri·as
pour affaires	*à negócios*	a né·*go*·sios
pour étudier	*à estudos*	a és·*tou*·dos

Combien de temps restez-vous ?
Quanto tempo você vai ficar aqui? — *kouan*·to *téïm*·po vo·*sé* vaï fi·*karr* a·*ki*

Je reste (4) semaine/jours.
Ficarei aqui (quatro) semanas/dias. — fi·ka·*réï* a·*ki* (*koua*·tro) sé·*ma*·nas/*di*·as

Quelle journée merveilleuse !
Que lindo dia! ke *lin*·do *di*·a

Pour parler de la météo, consultez **activités de plein air**, p. 138.

parler local

Hé !	*Ei!*	éï
Fantastique !	*Ótimo!*	o·ti·mo
bien sûr/c'est sûr.	*É claro.*	è *kla*·ro
Peut-être.	*Talvez.*	tal·*véz*
Pas question !/ En aucun cas.	*De jeito nenhum!*	de *jéï*·tou né·gn*oum*
Une minute.	*Só um minuto.*	so oum mi·*nou*·to
C'est OK.	*Está bom.*	és·*ta* bom
Bonne chance !	*Boa sorte!*	*bo*·a *sorr*·te
Pas de problème.	*Não tem problema.*	naoum téïm pro·*blé*·ma

nationalités

nacionalidades

D'où venez-vous ?
De onde você é? de *on*·de vo·*sé* è

Je viens de/du… *Eu sou …* *é*·ou so …
France *da França* da fran·*sa*
Canada *do Canadá* dou ka·na·*da*
Europe *de Europa* de é·ou·rro·*pa*

âge

idade

Quel âge… ? *Quantos anos …?* *kouan*·tos *a*·nos …
as-tu *você tem* vo·*se* téïm
a-t-elle/il *ele/ela tem* **m/f** *é*·le/*é*·la téïm

J'ai … ans.
Tenho … anos. — *té*·gnou … *a*·nos

Il/Elle a … ans.
Ele/Ela tem … anos. **m/f** — *é*·le/*é*·la tëïm … *a*·nos

Trop vieux !
Muito velho/velha! **m/f** — *mouill*·tou *vé*·llio/*vé*·llia

Je fais plus jeune que mon âge.
Sou mais novo/nova do que aparento. **m/f** — so maïs *no*·vou/*no*·va dou ke a·pa·*réïn*·to

Concernant l'âge, consultez le chapitre **nombres et quantités**, p. 29.

travail et études

ocupação e educação

Dans quoi travaillez-vous ?
Você trabalha em que? — vo·*sé* tra·*ba*·llia ëïm ke

Je suis…	*Eu sou …*	*é*·ou so …
chef cuisinier	*chefe* **m et f** *de cozinha*	*ché*·fe de ko·*zi*·gna
programmeur informatique	*programador/ programadora de computação* **m/f**	pro·gra·ma·*dorr*/ pro·gra·ma·*do*·ra de kom·pou·ta·*saoum*
exportateur	*exportador/ exportadora* **m/f**	és·porr·ta·*dorr*/ és·porr·ta·*do*·ra
journaliste	*jornalista* **m et f**	jor·na·*lis*·ta
enseignant/ enseignante	*professor/ professora* **m/f**	pro·fé·*sorr*/ pro·fé·*so*·ra

Je travaille dans…	*Trabalho na área de …*	tra·*ba*·llio na *a*·ré·a de …
l'administration	*administração*	ad·mi·nis·tra·*saoum*
la santé	*saúde*	sa·*ou*·de
la vente et le marketing	*vendas e marketin*	*véïn*·das e *marr*·ké·tin

Je suis…	*Eu …*	é·ou …
travailleur indépendant	*sou autônomo/ autônoma* **m/f**	so aou·*to*·no·mo/ aou·*to*·no·ma
au chômage	*estou desempregado/ desempregada* **m/f**	és·*to* dé·zëïm·pré·*ga*·do/ dé·zëïm·pré·*ga*·da

Qu'étudiez-vous ?
O que você está estudando? — o ke vo·*sé* és·*ta* és·tou·*dan*·do

J'étudie…	*Estou estudando …*	és·*to* és·tou·*dan*·do …
les sciences humaines	*ciências humanas*	si·*éïn*·siaz ou·*ma*·nas
le portugais	*português*	porr·tou·*géïs*
les sciences	*ciências*	si·*éïn*·siaz

Pour plus de détails, consultez le **dictionnaire**.

famille

família

Avez-vous un… ?	*Você tem …?*	vo·*sé* téïm …
J'ai un/n'ai pas de…	*Eu (não) tenho …*	é·ou (naoum) *té*·gno …
compagnon/ compagne	*companheiro/ companheira* **m/f**	kom·pa·*gnéï*·ro/ kom·pa·*gnéï*·ra
épouse	*esposa*	és·*po*·za
famille	*família*	fa·*mi*·llia
fille	*filha*	*fi*·llia
fils	*filho*	*fi*·llio
frère	*irmão*	irr·*maoum*
grand-père	*avô*	a·*vo*
grand-mère	*avó*	a·*vô*
mari	*marido*	ma·*ri*·do
mère	*mãe*	maïn
père	*pai*	paï
petite-fille	*neta*	*né*·ta
petit-fils	*neto*	*né*·to
sœur	*irmã*	ir·*min*

Êtes-vous marié(e) ?
Você é casado/casada? **m/f** vo·*sé* è ka·*za*·do/ka·*za*·da

Je vis avec quelqu'un.
Moro com uma pessoa. *mo*·ro kom *ou*·ma pé·*so*·a

Je suis…	*Eu sou …*	*é*·ou so …
marié(e)	*casado/ casada* **m/f**	ka·*za*·do/ ka·*za*·da
séparé(e)	*separado/ separada* **m/f**	sé·pa·*ra*·da sé·pa·*ra*·do/
célibataire	*solteiro/ solteira* **m/f**	sol·*téï*·ro/ sol·*téï*·ra

au revoir

despedidas

Demain, c'est mon dernier jour ici.
Amanhã é o meu ultimo dia aqui. a·ma·*gnan* è o *mé*·ou *oul*·ti·mo *di*·a a·*ki*

Voici mon/ma…	*Aqui está meu …*	a·*ki* és·*ta* *mé*·ou …
Quel est votre… ?	*Qual o seu …?*	koual o *sé*·ou …
adresse	*endereço*	éïn·dé·*ré*·so
adresse électronique	*endereço de e-mail*	éïn·dé·*ré*·so de e·*mail*
numéro de téléphone	*número de telephone*	*nou*·mé·ro de té·lé·*fo*·ne

Si vous venez en (Bretagne), je peux vous héberger.
Se você for à (Bretaña) pode ficar na minha casa. se vo·*sé* forr a (bré·*ta*·gna) *po*·de fi·*karr* na *mi*·gna *ka*·za

Garde le contact !
Mantenha contato! man·*té*·gna kom·*ta*·to

C'était super de te rencontrer.
Foi ótimo te conhecer. foï *o*·ti·mo te ko·gné·*sérr*

centres d'intérêt

interesses comuns

Que faites-vous pendant votre temps libre ?
O que você gosta de fazer nas horas livres? — o ke vo·*sé gos*·ta de fa·*zérr* nas o·ras *li*·vrés

Aimez-vous… ?	*Você gosta de …?*	vo·*sé gos*·ta de …
Je (n')aime (pas)…	*Eu (não) gosto de …*	*é*·ou (naoum) *gos*·to de …

l'artisanat	*artesanato* **m**	arr·té·za·*na*·to
la *capoeira*	*capoeira* **f**	ka·po·*éï*·ra
le carnaval	*carnaval* **m**	karr·na·*vaou*
le cinéma	*cinema* **f**	si·*né*·ma
le *fado*	*fado* **m**	*fa*·do
le jardinage	*jardinagem* **f**	jarr·di·*na*·jéïm
la lecture	*ler*	lérr
la musique	*musica* **f**	*mou*·zi·ka
la musique brésilienne	*música* **f** *brasileira*	*mou*·zi·ka bra·zi·*léï*·ra
la peinture	*pintar*	pin·*tarr*
la photographie	*fotografia* **f**	fo·to·gra·*fi*·a
la randonnée	*fazer caminhadas*	fa·*zérr* ka·mi·*gna*·das
le sport	*esporte* **m**	és·*porr*·te
cuisiner	*cozinhar*	ko·zi·*gnarr*
danser	*dançar*	dan·*sarr*
dessiner	*desenhar*	dé·zé·*gnarr*
faire des courses	*fazer compras*	fa·*zérr kom*·pras
rencontrer des gens	*socializar*	so·si·a·li·*zarr*
voyager	*viajar*	vi·a·*jarr*

D'autres sports sont référencés dans le chapitre **sport**, p. 125.

musique

música

Aimez-vous... ?	*Você ...?*	vo·*sé* ...
aller au concert	*vai à shows*	vaï a choz
danser	*dança*	*dan*·sa
écouter de la musique	*escuta música*	és·*kou*·ta *mou*·zi·ka
jouer d'un instrument	*toca algum instrumento*	*to*·ka all·*goum* ins·trou·*méïn*·tou
chanter	*canta*	*kan*·ta

Qu'aimez-vous comme... ?	*De que ... você gosta?*	de ke ... vo·*sé gos*·ta
groupes	*bandas de música*	*ban*·das de *mou*·zi·ka
musique	*música*	*mou*·zi·ka
chanteurs	*cantores*	kan·*to*·rés

le *fado*

Le *fado* (du latin *fatum*, "destin"), a fait son apparition au XVIIIe siècle dans les quartiers populaires de l'Alfama et de la Mouraria de Lisbonne, avant d'atteindre progressivement les milieux cultivés. Le chanteur, appelé *fadista*, est traditionnellement accompagné par la *guitarra* portugaise à 12 cordes et la *viola*, une sorte de mandoline.

Il existe deux styles de fado, celui de Lisbonne (le plus authentique d'après les puristes) et celui de la ville universitaire de Coïmbre (*Coimbra*). Le fado de Coimbra, qui fait l'éloge de la beauté féminine, est plus gai et traditionnellement interprété par des hommes.

La grande chanteuse Amália Rodrigues a permis au fado d'acquérir une reconnaissance mondiale. La voix du Portugal s'est éteinte en 1999 à l'âge de 79 ans, après une carrière éblouissante de plus de 60 ans. "Je ne chante pas le fado, il chante en moi", disait-elle. La dernière coqueluche du monde du fado est Mariza. Sa voix extraordinaire et sa jeunesse ont su toucher le public, au Portugal comme à l'étranger. Mais les hommes ne sont pas en reste : Camané est à l'heure actuelle une des plus grandes voix masculines du fado.

musique classique	*música* **f** *clássica*	mou·zi·ka *kla*·si·ka
blues	*blues* **m**	blouz
électronique	*música* **f** *eletrônica*	mou·zi·ka é·lé·*tro*·ni·ka
jazz	*jazz* **m**	djaz
pop	*pop* **m**	*po*·pi
rock	*rock* **m**	*rro*·ki
musique traditionnelle	*música* **f** *tradicional*	mou·zi·ka tra·di·sio·*naou*
musique du monde	*world music* **m**	*oual*·di *mi*·ou·zik

Un concert vous tente ? Consultez **billets**, p. 38 et **sortir**, p. 109.

danses brésiliennes

Présente dans presque tous les aspects de la vie brésilienne, la danse prend de multiples formes, avec le *candomblé* (cérémonies religieuses d'origine africaine, voir p. 122), la *capoeira* (art martial), ou la samba, par exemple.

La danse la plus populaire est sans conteste la samba, savant mélange de styles amérindien, africain et européen. Elle trouve ses sources dans la fusion du *lundu*, danses amérindiennes, et du *batuque*, ronde des esclaves africains. Plus tard, l'influence européenne s'est faite sentir. Des séances de samba ou des *batucadas* sont souvent improvisées dans les rues à l'occasion de fêtes.

La *capoeira,* art martial venu d'Afrique, était pratiqué par les esclaves. Pour déjouer l'interdiction des art martiaux par leurs maîtres, les esclaves accompagnaient la *capoeira* de musique, pour la déguiser en une danse. La pratique moderne, très gracieuse, allie les gestes de la danse et du combat.

cinéma et théâtre

cinema e teatro

J'ai envie d'aller voir un(e)…	*Estou com vontade de ir …*	és·*to* kom von·*ta*·de de irr …
Avez-vous aimé… ?	*Você gostou …?*	vo·*sé* gos·*to* …
le ballet	*do balé*	dou ba·*lè*
le film	*do filme*	dou *fil*·me
la pièce	*da peça*	da *pé*·sa

Je l'ai trouvé…	*Eu achei …*	é·ou a·*chéï* …
excellent	*excelente*	és·sé·*léïn*·te
long	*longo*	*lon*·go
pas mal	*bom*	bom

Qu'est-ce qui se joue ce soir au cinéma/théâtre ?
O que está passando no cinema/teatro hoje à noite? — o ke és·*ta* pa·*san*·do no si·*né*·ma/té·*a*·trou o·ji a *noï*·te

Est-ce en français ?
É em Francês? — è éïm fran·*séïs*

Y a-t-il des sous-titres (en français) ?
Tem sub-título (em francês?) — téïm *sou*·bi·*ti*·tou·lo (éïm fran·*séïs*)

Je voudrais revendre ce billet.
Quero vender este ingresso. — *ké*·rou véïn·*dérr* *és*·te in·*gré*·sou

Cette place est-elle libre ?
Este lugar está vago? — *és*·te lou·*garr* és·*ta* *va*·go

Avez-vous vu… ?
Você viu …? — vo·*sé* *vi*·ou …

Qui joue dedans ?
É com quem? — è kom kéïm

C'est avec…
É com … — è kom …

Je (n')aime (pas) le(s)…	*Eu (não) gosto de … gosto de …*	*é*·ou (naoum) *gos*·to de …
dessins animés	*filmes de animação*	*fil*·mes de a·ni·ma·*saoum*
cinéma (brésilien)	*cinema (brasileiro)*	si·*né*·ma (bra·zi·*léï*·ro)
comédies	*comédias*	ko·*mè*·dias
documentaires	*documentários*	do·kou·méïn·*ta*·ri·os
drame	*drama*	*dra*·ma
film noir	*filme noir*	*fil*·me noir
films d'action	*filmes de ação*	*fil*·mes de a·*saoum*
films d'horreur	*filme de terror*	*fil*·me de té·*rrorr*
films de SF	*ficção científica*	fik·*saoum* si·ém·*ti*·fi·ka
films de guerre	*filme de guerra*	*fil*·me de *gué*·rra
thrillers	*suspense*	sous·*péïn*·se

sentiments et opinions
sentimentos e opiniões

sentiments et sensations

sentimentos

Pour exprimer les sentiments, la langue portugaise emploie, selon les cas, le verbe *estar* "être" ou *estar com* "être avec" (voir les deux listes suivantes).

Êtes-vous… ?	*Você está …?*	vo·*sé* és·*ta* …
Je (ne) suis (pas)…	*(Não) Estou …*	(naoum) és·*to* …
fatigué(e)	*cansado/ cansada* **m/f**	kam·*sa*·dou/ kam·*sa*·da
heureux/se	*feliz*	fé·*liz*
inquiet/ inquiète	*preocupado/ preocupada* **m/f**	pré·o·kou·*pa*·do/ pré·o·kou·*pa*·da
irrité(e)	*irritado/ irritada* **m/f**	i·rri·*ta*·do/ i·rri·*ta*·da
surpris(e)	*surpreso/ supresa* **m/f**	sourr·*pré*·zo/ sourr·*pré*·za
triste	*triste*	*tris*·te

Êtes/Avez-vous… ?	*Você está com …?*	vo·*sé* és·*ta* kom …
Je (ne) suis (pas)… Je (n')ai (pas)…	*(Não) Estou com …*	(naoum) és·*to* kom…
gêné	*vergonha*	vérr·*go*·gna
pressé	*pressa*	*pré*·sa
froid	*frio*	*fri*·o
chaud	*calor*	ka·*lorr*
faim	*fome*	*fo*·me
soif	*sede*	*sé*·de

Si vous ne vous sentez pas bien, consultez le chapitre **santé**, p. 177.

sentiments forts		
un peu	*um pouco*	oum *po*·ko
Je suis un peu triste.	*Estou um pouco triste.*	és·*to* oum *po*·ko *tris*·te
très/beaucoup	*muito/ muita* **m/f**	*mouill*·tou/ *mouill*·ta
J'ai beaucoup de chance.	*Estou com muita sorte.*	és·*to* kom *mouill*·ta *sorr*·te
extrêmement	*super*	*sou*·pérr
Je suis extrêmement heureux.	*Estou super feliz.*	és·*to* *sou*·pérr fé·*liz*

opinions

opiniões

Avez-vous aimé ?
Você gostou? — vo·*sé* gos·*to*

Qu'en pensez-vous ?
O que você achou? — o ke vo·*sé* a·*cho*·ou

J'ai trouvé cela…	*Achei …*	a·*chéï* …
C'était…	*É …*	è …
assommant	*chato*	*cha*·tou
épouvantable	*péssimo/ péssima* **m/f**	*pè*·si·mo/ *pè*·si·ma
fantastique	*ótimo/ótima* **m/f**	*o*·ti·mo/*o*·ti·ma
intéressant	*interessante*	in·té·ré·*san*·te
magnifique	*lindo/ linda* **m/f**	*lin*·dou/ *lin*·da
pas mal	*bom*	bom
trop cher	*muito caro/cara* **m/f**	*mouill*·tou *ka*·ro/*ka*·ra

politique et société

política e assuntos sociais

Pour qui votez-vous ?
Em quem você vota? — ém këïm vo·*sé* *vo*·ta

Je soutiens le parti…	*Eu voto para o partido …*	é·ou *vo*·tou *pa*·ra o parr·*ti*·do …
Je suis membre du parti…	*Eu sou membro do partido …*	é·ou so *méïm*·brou do parr·*ti*·do …
communiste	*comunista*	ko·mou·*nis*·ta
vert	*verde*	*vérr*·de
libéral	*liberal*	li·bé·*raou*
socialiste	*socialista*	so·si·a·*lis*·ta
des travailleurs	*dos trabalhadores*	dos tra·ba·llia·*do*·res

Je suis de…	*Eu sou da*	é·ou so
gauche	*isquerda*	is·*kér*·da
droite	*dereita*	dé·*réï*·ta

Avez-vous entendu parler de… ?
Você ouviu falar …? — vo·*sé* o·*vi*·ou fa·*larr* …

Êtes-vous d'accord avec ça ?
Você concorda com isto? — vo·*sé* kon·*korr*·da kom *is*·to

Je (ne) suis (pas) d'accord avec…
Eu (não) concordo com … — é·ou (naoum) kon·*korr*·do kom …

Comment les gens ressentent-ils… ?
O que as pessoas acham …? — o ke as pé·*so*·as *a*·cham …

Comment protester contre… ?
Como podemos protestar contra …? — *ko*·mo po·*dé*·mos pro·tés·*tarr* *kon*·tra …

Comment soutenir… ?
Como podemos apoiar …? — *ko*·mo po·*dé*·mos a·po·*ïarr* …

émigration portugaise

Jusque dans les années 1980, le Portugal était un pays de forte émigration. De nombreux Portugais partaient s'installer en France, en Allemagne ou aux États-Unis. Aujourd'hui, la tendance semble s'inverser : les anciens émigrés, ou leurs descendants, rentrent au pays ; les citoyens des anciennes colonies viennent y chercher du travail. C'est ainsi que lorsque vous tentez de parler portugais au Portugal, beaucoup de gens vous répondent… en français !

avortement	*aborto* **m**	a·*borr*·to
bidonvilles	*favelas* (**Brés**) **f pl**	fa·*vé*·las
	barrio de lata (**Port**)	*baï*·ro de *la*·ta
chômage	*desemprego* **m**	dé·*zéïm*·pré·go
crime	*crime* **m**	*kri*·me
discrimination	*descriminação* **f**	dés·kri·mi·na·*saoum*
disparités sociales	*disparidade* **f** *social*	dis·pa·ri·*da*·de so·si·*aou*
distribution du revenu	*distribuição* **f** *de renda*	dis·tri·bou·i·*saoum* dé *rréïn*·da
drogues	*drogas* **f pl**	*dro*·gas
droits de l'homme	*direitos* **m pl** *humanos*	di·*réï*·tos ou·*ma*·nos
droits des animaux	*direitos* **m** *dos animais*	di·*réï*·tos dos a·ni·*maïs*
droits des travailleurs	*direitos* **m** *dos trabalhadores*	di·*réï*·tos dos tra·ba·llia·*do*·res
économie	*a economia* **f**	a é·ko·no·*mi*·a
éducation	*educação* **f**	é·dou·ka·*saoum*
égalité des chances	*direitos* **m pl** *iguais*	di·*réï*·tos i·*gouaïs*
environnement	*o meio ambiente* **m**	o *méï*·o am·bi·*éïm*·te
euthanasie	*euthanasia* **f**	é·ou·ta·*na*·zia
immigration	*imigração* **f**	i·mi·gra·*saoum*
mondialisation	*globalização* **f**	glo·ba·li·za·*saoum*
inégalité	*desigualdade* **f**	dé·zi·gouall·*da*·de

inflation	*inflação* f	in·fla·*saoum*
politique partisane	*política* f *partidária*	po·*li*·ti·ka parr·ti·*da*·ri·a
privatisation	*privatização* f	pri·va·ti·za·*saoum*
protection sociale	*justiça* f *social*	jous·*ti*·sa so·si·*aou*
racisme	*racismo* m	rra·*sis*·mo
sécurité de l'emploi	*segurança* f *no trabalho*	sé·gou·*ran*·sa no tra·*ba*·llio
sexisme	*machismo* m	ma·*chis*·mo

la révolution des Œillets, le 25 avril 1974

Lassés par les interminables et sanglantes guerres coloniales menées par le régime portugais en Angola et au Mozambique, plusieurs centaines d'officiers formèrent le Mouvement des Forces Armées (MFA, *Movimento das forças armadas*). Le 25 avril 1974, un coup d'État, presque sans effusion de sang, entraîna la chute de la dictature salazariste qui dominait le pays depuis 1933. On l'appela la révolution des Œillets, du nom des œillets rouges que les soldats victorieux placèrent au bout de leurs fusils.

environnement

o meio ambiente

Y a-t-il un problème de … ici ?
Aqui tem problema de …? — a·*ki* têïm pro·*blé*·ma de …

Que doit-on faire au sujet de… ?
O que deveria ser feito sobre …? — o ke dé·vé·*ri*·a sérr *féï*·to so·bre …

aliments génétiquement modifiés	*alimentos* m pl *geneticamente modificados*	a·li·*méïn*·tos gé·né·ti·ka·*méïn*·te mo·di·fi·*ka*·dous
chasse	*caça* f	*ka*·sa
couche d'ozone	*camada* f *de ozônio*	ka·*ma*·da de o·*zo*·ni·o
déchets toxiques	*resíduos* m pl *tóxicos*	rré·*zi*·douos *tok*·si·kos
déforestation	*desflorestamento* m	dés·flo·rés·ta·*méïn*·tou
écosystème	*eco-sistema* f	*é*·ko·sis·*té*·ma
énergie nucléaire	*energia nuclear* f	é·nérr·*ji*·a nou·klé·*arr*
espèces en voie d'extinction	*espécies* f pl *ameaçadas de extinção*	és·*pé*·siez a·mé·a·*sa*·das de és·tin·*saoum*
essais nucléaires	*teste* m *nuclear*	*tés*·té nou·klé·*arr*
hydroélectricité	*energia* f *hidroelétrica*	é·nérr·*ji*·a i·dro·é·*lè*·tri·ka
irrigation	*irrigação* f	i·rri·ga·*saoum*
pesticides	*pesticidas* f pl	pés·ti·*si*·das
pollution	*poluição* f	po·lou·i·*saoum*
programme de recyclage	*programa* f *de reciclagem*	pro·*gra*·ma de rré·si·*kla*·jëïm
protection de l'environnement	*conservação* f	kon·sér·va·*saoum*
ressources en eau	*abastecimento* m *de água*	a·bas·té·si·*méïn*·tou de *a*·goua
sécheresse	*seca* f	*sé*·ka

Est-ce… ?	*Esta é …*	*és*·ta è …
une forêt protégée	*uma floresta protegida*	*ou*·ma flo·*rés*·ta pro·té·*ji*·da
une espèce protégée	*uma espécie protegida*	*ou*·ma és·*pè*·sie pro·té·*ji*·da

sortir

sair

où sortir

para onde ir

Qu'y a-t-il à faire le soir ?

O que se tem para fazer à noite?	o ke se téïm *pa*·ra fa·*zérr* a *noï*·te

Qu'y a t-il… ?	*O que está acontecendo …?*	o ke és·*ta* a·kon·té·*séïn*·dou …
dans le coin	*aqui perto*	a·*ki pérr*·tou
aujourd'hui	*hoje*	*o*·je
ce soir	*à noite*	a *noï*·te
ce week-end	*neste final de semana*	*nés*·te fi·*naou* de sé·*ma*·na
Où puis-je trouver… ?	*Onde posso encontrar …?*	*on*·de *po*·so ëïn·kon·*trarr* …
un bar	*um bar*	oum barr
une discothèque	*um lugar para dançar*	oum lou·*garr pa*·ra dan·*sarr*
des lieux gays	*lugares gay*	lou·*ga*·res gaï
des endroits où manger	*lugares para comer*	lou·*ga*·res *pa*·ra ko·*mérr*
Existe-t-il un guide local… ?	*Existe algum guia de … dessa área?*	é·*zis*·te all·*goum gui*·a de … *dé*·sa *a*·ré·a
des concerts	*música*	*mou*·zi·ka
des films	*cinema*	si·*né*·ma
des sorties	*entretenimento*	ëïn·tré·té·ni·*méïn*·tou
spécial homosexuels	*de lugares gay*	de lou·*ga*·res gaï

J'ai envie d'aller…	*Estou com vontade de ir …*	és·*to* kon von·*ta*·de de irr …
dans un bar	*a um bar*	a oum barr
dans un bar à fado	*a um bar de fado*	a oum barr de *fa*·do
au café	*a um café*	a oum ka·*fè*
au concert	*a um show*	a oum chau
au karaoké	*a um karaoke*	a oum ka·ra·o·*ké*
à une fête	*a uma festa*	a *ou*·ma *fés*·ta
au spectacle	*a uma performance*	a *ou*·ma pérr·*forr*·man·se
au restaurant	*a um restaurante*	a oum rrés·taou·*ran*·te
en boîte de nuit	*a uma boate*	a *ou*·ma bo·*a*·te
voir un ballet	*ao balé*	aou ba·*lè*
voir un film	*ao cinema*	aou si·*né* ma
voir une pièce	*a uma obra*	a *ou*·ma *o*·bra

Pour en savoir plus sur les bars et les cafés, consultez le chapitre **se restaurer**, p. 149.

invitations

convites

Que faites-vous… ?	*O que você está fazendo …?*	o ke vo·*sé* és·*ta* fa·*zëin*·dou …
maintenant	*agora*	a·*go*·ra
ce soir	*hoje à noite*	*o*·je a *noï*·te
ce week-end	*neste final de semana*	*nés*·te fi·*naou* de sé·*ma*·na

Cela vous dirait d'aller… ?	*Você gostaria de ir …?*	vo·*sé* gos·ta·*ri*·a de irr …
bavarder quelque part	*bater um papo em algum lougar*	ba·*térr* oum *pa*·po ëim al·*goum* lou·garr
prendre un café	*tomar um café*	to·*marr* oum ka·*fè*
boire un verre	*beber alguma coisa*	bé·*bérr* all·*gou*·ma *koï*·za
manger	*jantar*	jan·*tarr*
vous promener	*caminhar*	ka·mi·*gnarr*

J'ai envie d'aller danser le/la… *Eu gostaria de dançar …* é·ou gos·ta·*ri*·a de dan·*sarr* …

- **samba** *samba* *sam*·ba
- **forró** *forró* fo·*rro*
- **gafieira** *gafieira* ga·fi·*ëï*·ra
- **lambada** *lambada* lam·*ba*·da

C'est ma tournée. *Minha vez.* *mi*·gna vez

Connaissez-vous un bon restaurant ?
Você conhece um bom restaurante? vo·*sé* ko·*gné*·se oum bom rrés·taou·*ran*·te

Voulez-vous m'accompagner au concert ?
Você quer vir ao show comigo? vo·*sé* kérr virr aou chau kom·*mi*·go

Nous donnons une fête.
Estamos dando uma festa. és·*ta*·mos *dan*·dou *ou*·ma *fés*·ta

Vous devriez venir.
Você deveria vir. vo·*sé* dé·vé·*ri*·a vir

répondre à une invitation

respondendo aos convites

Bien sûr !
Claro! *kla*·rou

Oui, ça me plairait beaucoup.
Sim, adoraria. sim a·do·ra·*ri*·a

C'est très gentil de votre part.
É muito gentil de sua parte. è *mouill*·tou jëïn·*til* de *sou*·a *parr*·te

Où allons-nous ?
Onde podemos ir? *on*·de po·*dé*·mos irr

Je ne peux malheureusement pas.
Não, infelizmente não posso. naoum in·fé·lis·*méïm*·te naoum *po*·so

Désolé, je ne sais pas chanter/danser.
Desculpe, mas eu não sei cantar/ dançar. — dés·*koul*·pe mas *é*·ou naoum séï kan·*tarr*/ dan·*sarr*

Pourquoi pas demain ?
Que tal amanhã? — ke taou a·ma·*gnin*

organiser un rendez-vous

organizando um encontro

À quelle heure nous retrouverons-nous ?
A que horas nos encontramos? — a ke *ô*·ras nos éïn·kon·*tra*·mous

Où allons-nous nous retrouver ?
Onde vamos nos encontrar? — *on*·de *va*·mos nós éïn·kon·*trarr*

Retrouvons-nous à…	*Vamos nos encontrar …*	*va*·mos nós éïn·kon·*trarr* …
(8) h	*às (oito) horas*	as (*oï*·tou) *ô*·ras
l'(entrée)	*na (entrada)*	na (éïn·*tra*·da)

Je viendrai te chercher.
Eu te pego. — *é*·ou te *pé*·gou

Êtes-vous prêt(e) ?
Você está pronto/ pronta? m/f — vo·*sé* és·*ta* *pron*·to/ *pron*·ta

Je suis prête(e).
Estou pronto/pronta. m/f — és·*to* *pron*·to/*pron*·ta

Je viendrai plus tard.
Eu vou mais tarde. — *é*·ou vo mais *tarr*·de

Où serez-vous ?
Onde você vai estar? — *on*·de vo·*sé* vai és·*tarr*

Si je ne suis pas là à (9) h, ne m'attendez pas.
Se eu não chegar até às (nove), não me espere mais. — se *é*·ou naoum ché·*garr* a·*te* as (*no*·ve) naoum me és·*pé*·re maïs

D'accord !
Tá bom! — ta bom

On se voit plus tard.
Te vejo depois. — te *vé*·jo de·*poïs*

À tout à l'heure/demain.
Até mais tarde/ amanhã. — a·*té* maïs *tarr*·de/ a·ma·*gnin*

Je vais attendre avec impatience.
Vou aguardar ansiosamente. — vo a·gouarr·*darr* an·si·o·za·*méïn*·te

Toutes mes excuses pour ce retard.
Desculpe o atraso. — dés·*koul*·pe o a·*tra*·zo

Ce n'est pas grave.
Não tem problema. — naoum téïm pro·*blé*·ma

musique brésilienne

Qui dit Brésil, dit musique. C'est, sans doute, la principale expression artistique du pays. Du fait, peut-être, de ses racines africaines, la musique brésilienne est un acte collectif, une *festa*, indissociable de la danse. Des genres musicaux comme le pagode, la samba, le *frevo*, le *forró* et la lambada ont chacun une danse qui leur correspond.

Nourrie des influences de trois continents, la musique populaire brésilienne s'est toujours distinguée par sa grande diversité. Ainsi, la *samba canção*, par exemple, est un mélange de boléro espagnol et de rythmes africains. La bossa-nova est dérivée de la musique nord-américaine, avec une dominante de jazz et de samba. Enfin, le tropicalisme (*tropicalismo*) est une synthèse d'influences qui vont de la bossa-nova et de la romance italienne au blues et au rock nord-américains. Aujourd'hui, le Brésil ne cesse de créer de nouvelles formes musicales originales.

Citons quelques musiciens incontournables : Jorge Ben, Antonio Carlos Jobim, Stan Getz, João Gilberto, Chico Buarque, Baden Powell, Gilberto Gil et Marisa Monte.

drogues

drogas

Je ne consomme pas de drogue.
Eu não uso drogas. — é·ou naoum *ou*·zo *dro*·gas

Je prends … de temps à autres.
Eu tomo … de vez em quando. — é·ou *to*·mo … de vez ëin *kouan*·do

Vous voulez une taffe ?
Você quer fumar um unzinho? — vo·*sé* kérr fou·*marr* oum oum·zi·gno

Avez-vous du feu ?
Você tem isqueiro? — vo·*sé* téïm is·*kéï*·ro

Lonely Planet déconseille à ses lecteurs l'usage de drogues, même les plus "douces", qui modifient le comportement.

rendez-vous

encontro

Ça vous dirait de sortir (demain) ?
Você quer fazer alguma coisa (amanhã)? — vo·sé kérr fa·zérr all·gou·ma koï·za (a·ma·gnin)

Volontiers.
Sim, adoraria. — sim a·do·ra·ri·a

Non, je ne peux pas.
Não, não posso. — naoum naoum po·so

Que voulez-vous faire (ce soir) ?
Onde você quer ir (hoje à noite)? — on·de vo·sé kérr irr (o·je a noï·te)

séduction

cantadas

Voulez-vous boire quelque chose ?
Você quer beber alguma coisa? — vo·sé kérr bé·bérr all·gou·ma koï·za

Vous ressemblez à quelqu'un que je connais.
Você parece com alguém que eu conheço. — vo·sé pa·ré·se kom all·guéïm ke é·ou ko·gné·so

Vous dansez vraiment bien.
Você dança super bem. — vo·sé dan·sa sou·pérr béïm

Que vous êtes beau/belle !
Você é lindo/linda! **m/f** — vo·sé è lin·do/lin·da

Puis-je… ?	*Posso …?*	po·so …
vous inviter à danser	*dançar com você*	dan·sarr kom vo·sé
m'asseoir ici	*sentar aqui*	séïm·tarr a·ki
vous raccompagner	*levar você em casa*	lé·varr vo·sè éïm ka·za

parler local

Il/Elle est…	*Ele/Ela é …*	é·le/é·la è …
géniale	*demais*	dé·*maïs*
sexy (Brés)/ bonne (très grossier au Portugal)	*tesão*	té·*saoum*
très sympa	*super legal*	*sou*·pérr lé·*gaou*

Quel canon !
Que gato/gata! **m/f** — ke *ga*·to/*ga*·ta

Il/Elle aime bien draguer.
Ele/Ela gosta de uma paquera. **m/f** — é·le/é·la *gos*·ta de u·ma pa·*ké*·ra

C'est un(e)…	*Ele/Ela é …*	é·le/é·la è …
enfoiré(e)	*um canalha* **m**	oum ka·*na*·llia
salope	*uma cadela* **f**	*ou*·ma ka·*dé*·la

refus

rejeições

Je suis ici avec mon/ma…	*Estou com minha/ meu …* **m/f**	és·*to* kom *mi*·gna *mé*·ou …
petit ami	*namorado* **m**	na·mo·*ra*·dou
petite amie	*namorada* **f**	na·mo·*ra*·da

Excusez-moi, je dois partir.
Me dá licença, eu tenho que ir embora. — me da li·*séïm*·sa *é*·ou *té*·gno ke irr ëïm·*bo*·ra

Je préfère pas.
Prefiro que não. — pré·*fi*·ro ke naoum

Non merci.
Não, obrigado/ obrigada. **m/f** — naoum o·bri·*ga*·dou/ o·bri·*ga*·da

tentatives d'approche

chegando perto

Vous me plaisez beaucoup.
Gostei muito de você. — gos·*téï mouill*·tou de vo·*sé*

Vous êtes super.
Você é muito legal. — vo·sé è *mouill*·tou lé·*gaou*

Puis-je t'embrasser ?
Posso te dar um beijo? — *po*·so te darr oum *béï*·jo

Voulez-vous entrer quelques instants ?
Você quer entrar um pouco? — vo·*sé* kérr ëïn·*trarr* oum *po*·ko

Voulez-vous un massage ?
Você quer uma massagem? — vo·*sé* kérr *ou*·ma ma·*sa*·jëïm

parler local

Ça ne m'intéresse pas.
Não estou interessado/interessada. **m/f** — naoum és·*to* in·té·ré·*sa*·do/in·té·ré·*sa*·da

Laissez-moi tranquille !
Me deixe em paz! — me *déï*·che ëïm pas

Dégage !
Sai fora! — saï *fo*·ra

Lâche-moi les baskets !
Dá um tempo! — da oum *téïm*·po

sexe

sexo

Embrasse-moi.
Me beija. — me *béï*·ja

J'ai envie de toi.
Eu quero você. — é·ou *ké*·ro vo·*sé*

Je voudrais te faire l'amour.
Eu quero fazer amor com você. — é·ou *ké*·ro fa·*zérr* a·*morr* kom vo·*sé*

Allons au lit.
Vamos para a cama. — *va*·mos *pa*·ra a *ka*·ma

As-tu un (préservatif) ?
Você tem (camisinha)? — vo·*sé* téïm (ka·mi·*zi*·gna)

Utilisons un (préservatif).
Vamos usar (camisinha). — *va*·mos ou·*zarr* (ka·mi·*zi*·gna)

Je ne veux pas le faire sans protection.
Não faço sem proteção. — naoum *fa*·so séïm pro·té·*saoum*

Touche-moi ici.
Me toca aqui. — me *to*·ka a·*ki*

Tu aimes ça ?
Você gosta disso? — vo·*sé* *gos*·ta *di*·so

Je (n')aime (pas) ça.
Eu (não) gosto disso. — é·ou (naoum) *gos*·to *di*·so

Je pense qu'on devrait en rester là.
Acho que devemos parar agora. — a·cho ke dé·*vé*·mos pa·*rarr* a·*go*·ra

Oh oui !	*Uau!*	ou·*aou*
Oh mon dieu !	*Ai meu Deus!*	aï *mé*·ou *dé*·ous
Que c'est bon.	*Que delícia.*	ke dé·*li*·sia
Doucement !	*Calma!*	*kal*·ma

plus vite	*mais rápido*	maïs *rra*·pi·do
plus fort	*mais forte*	maïs *forr*·te
plus lentement	*mais devagar*	maïs dé·va·*garr*
plus doucement	*mais suave*	maïs sou·*a*·ve

C'est la première fois.
É a minha primeira vez. — è a *mi*·gna pri·*méï*·ra vez

Ça aide d'avoir le sens de l'humour.
É bom ter senso de humor. — è bon térr *séïn*·so de ou·*morr*

Ne t'inquiète pas, je vais le faire moi-même.
Não se preocupe, eu mesmo/mesma faço. m/f — naoum se pré·o·*kou*·pe *é*·ou *més*·mo/*més*·ma *fa*·so

C'était…	*Foi …*	foï …
incroyable	*incrível*	in·*kri*·vél
bizarre	*estranho*	és·*tra*·gno
de la folie	*uma loucura*	*ou*·ma lo·*kou*·ra

Puis-je… ?	*Posso …?*	*po*·so …
t'appeler	*te ligar*	te li·*garr*
te revoir	*te encontrar*	te éïn·kon·*trarr*
demain	*amanhã*	a·ma·*gnin*
dormir ici	*dormir aqui*	dorr·*mirr* a·*ki*

amour

amor

Je t'aime.
Eu te amo. — *é*·ou te *a*·mo

Je trouve qu'on est bien ensemble.
Eu acho que nós somos ótimos juntos. — *é*·ou *a*·cho ke nos *so*·mos *o*·ti·mos *joun*·tos

Veux-tu… ?	*Você quer … comigo?*	vo·*sé* kérr … ko·*mi*·go
sortir avec moi	*sair*	sa·*irr*
vivre avec moi	*morar*	mo·*rarr*
m'épouser	*casar*	ka·*zarr*

reproches

problemas

Sors-tu avec quelqu'un d'autre ?
Você está saindo com outra pessoa? — vo·*sé* és·*ta* sa·*in*·dou kom *o*·tra pé·*so*·a

Nous sommes seulement amis.
Somos só amigos. — *so*·mos so a·*mi*·gos

Tu es avec moi pour le sexe, c'est tout.
Você está só me usando para sexo. — vo·*sé* és·*ta* so me ou·*zan*·dou *pa*·ra *sék*·so

Je ne pense pas que ça va marcher.
Acho que não está dando certo. — *a*·cho ke naoum és·*ta* *dan*·do *sérr*·to

On va trouver une solution.
Vamos tentar resolver. — *va*·mos téïn·*tarr* rré·sol·*vérr*

départ

indo embora

Je dois partir demain.
Eu tenho que ir embora amanhã. — *é*·ou *té*·gno ke irr éïm·*bo*·ra a·ma·*gnin*

Je garderai le contact.
Eu vou manter contato. — *é*·ou vo man·*térr* kon·*ta*·to

Tu vas me manquer.
Eu vou sentir sua falta. — *é*·ou vo séïn·*tirr* *sou*·a *fall*·ta

mots doux		
amorzão	a·morr·*zaoum*	grand amour
coração	ko·ra·*saoum*	cœur
meu bem	*mé*·ou béïm	mon doux ami
meu amor	*mé*·ou a·*morr*	mon amour
querido/ querida m/f	ké·*ri*·do/ ké·*ri*·da	chéri/ chérie

religion

religião

Quelle est ta religion ?
Qual é a sua religião? — kouaou è a *sou*·a rré·li·ji·*aoum*

Je ne suis pas croyant.
Não sou religioso/ religiosa. **m/f** — naoum so rré·li·ji·*o*·zou/ rré·li·ji·*o*·za

Je suis…	*Sou …*	so …
agnostique	*agnóstico/ agnóstica* **m/f**	ag·*nos*·ti·kou/ ag·*nos*·ti·ka
athée	*ateu/ateia* **m/f**	a·*téou*/a·*té*·ia
bouddhiste	*Budista*	bou·*dis*·ta
catholique	*Católico/ Católica* **m/f**	ka·*to*·li·ko/ ka·*to*·li·ka
chrétien	*Cristão/Cristã* **m/f**	kris·*taoum*/kris·*tan*
hindouiste	*Hindu*	in·*dou*
juif	*Judeu/ Judia* **m/f**	jou·*dé*·ou/ jou·*di*·a
musulman	*Muçulmano/ Muçulmana* **m/f**	mou·soul·*ma*·nou/ mou·soul·*ma*·na

Je (ne) crois (pas)…	*Eu (não) acredito em …*	*é*·ou (naoum) a·kré·*di*·to ëim …
à l'astrologie	*astrologia*	as·tro·lo·*ji*·a
au destin	*destino*	dés·*ti*·no
en Dieu	*acredito em Deus*	a·kré·*di*·to ëim *dé*·ous
au spiritisme	*espíritismo*	és·pi·ri·*tis*·mo

Puis-je … ici ?	*Posso … aqui?*	*po·so … a·ki*
Où puis-je… ?	*Onde posso …?*	*on·de po·so …*
assister à	*assistir*	*a·sis·tirr*
une messe	*uma missa*	*ou·ma mi·sa*
prier	*rezar*	*rré·zarr*
faire mes dévotions	*venerar*	*vé·né·rrarr*

héritage africain

Officiellement, le Brésil est un pays catholique, mais il se caractérise aussi par la variété et le syncrétisme de ses nombreuses autres religions. Historiquement, les grandes influences religieuses furent l'animisme indien, le catholicisme et les cultes africains. Les colons interdisaient aux esclaves de pratiquer leurs religions. Ces persécutions sont à l'origine du syncrétisme religieux. Afin de les contourner, les esclaves donnaient des noms et une apparence catholiques aux divinités africaines, inventant des ressemblances entre les figures catholiques et les *orixás* (esprits, divinités) du *candomblé*. Une façon détournée de vénérer leurs propres dieux derrière les représentations des saints catholiques. Le *candomblé* et l'*umbanda* sont les deux cultes les plus répandus.

Le *candomblé*, branche brésilienne du Vaudou, importé par les peuples Nago, Yoruba et Jeje, désignait à l'origine la danse en l'honneur des dieux. Ce culte prend des formes diverses selon les régions, s'adaptant aux influences de la chrétienté ou des croyances amérindiennes. À Bahia, le culte vaudou s'appelle *candomblé*, mais à Rio on dit *macumba,* en Amazonie et au Pará, *babassuê* ; à Pernambuco et Alagoas, *xangô* ; dans le Rio Grande do Sul, *pará* ou *batuque* ; dans le Maranhão le mot employé est *tambor*.

L'umbanda, la magie blanche, est un mélange de *candomblé* et de spiritisme, avec des origines angolaises et bantoues.

Le *quimbanda*, sorte de magie noire, est l'équivalent maléfique de l'*umbanda*. Ses rituels impliquent effusion de sang, sacrifices d'animaux et autres agissements malfaisants. Sa pratique est illégale.

différences culturelles

diferenças culturais

Est-ce une coutume locale ou nationale ?
Este é um costume local ou nacional? — és·te è oum kos·*tou*·me lo·*kaou* *o*·ou na·si·o·*naou*

Je ne voudrais pas vous offenser.
Não quero ofendê-lo/ofendê-la. m/f — naoum *ké*·ro o·féïn·*dé*·lo/o·féïn·*dé*·la

Je ne suis pas habitué(e) à cela.
Não estou acostumado/acostumada com isso. m/f — naoum és·*to* a·kos·tou·*ma*·do/a·kos·tou·*ma*·da kom *i*·so

Je préfère ne pas participer.
Prefiro não fazer parte. — pré·*fi*·ro naoum fa·*zérr parr*·te

Je vais essayer.
Vou experimentar. — vo és·pé·ri·méïn·*tarr*

Je ne voulais pas faire/dire quelque chose de déplacé.
Não tive intenção de fazer/dizer qualquer coisa errada. — naoum *ti*·ve in·téïn·*saoum* de fa·*zérr*/di·*zérr* koual·*kérr koï*·za é·*rra*·da

Désolé, ça va à l'encontre de…	*Me desculpe, mas é contra minha …*	me dés·*koul*·pe mas è *kon*·tra *mi*·gna …
mes croyances	*crença*	*krén*·sa
ma religion	*religião*	rré·li·ji·*aoum*

C'est…	*Isto é …*	*is*·to è …
différent	*diferente*	di·fé·*réïn*·te
amusant	*divertido*	di·vérr·*ti*·do
intéressant	*interessante*	in·té·ré·*san*·te

langues amérindiennes

Les langues amérindiennes, en particulier le Tupinambá, ont largement influencé le brésilien. Les mots *jabuti* (tortue d'eau), *jacaré* (alligator), et *piranha*, par exemple, sont d'origine Tupinambá, tandis que *abacaxi* (ananas), *mandioca* (farine de manioc), *caju* (noix de cajou) ou *tatu* (tatou) proviennent d'autres langues amérindiennes.

Au tout début de la colonisation, de nombreux colons et missionnaires portugais apprirent à parler le Tupinambá, langue pratiquée le long de la côte atlantique. Elle se répandit tellement, qu'on lui donna le nom de *Língua Brasilica* (langue brésilienne). Depuis, le Tupinambá a disparu. Le portugais n'est réellement devenu prédominant qu'à partir du milieu du XVIIIe siècle, avec l'expansion coloniale. Selon les historiens, il existait, avant l'arrivée des Portugais, plus de 500 langues. Aujourd'hui, il en reste moins de 200, la plupart menacées d'extinction. Le Guarani, parlé par plus de 30 000 personnes, semble néanmoins résister.

en parler

falar dos esportivos

Quel sport… ?	*Que esporte voce …?*	ke és·*porr*·te vo·*sé* …
suivez-vous	*acompanha*	a·kom·*pa*·gna
pratiquez-vous	*pratica*	pra·*ti*·ka
Je joue au…	*Eu jogo …*	*é*·ou *jo*·go …
basket	*basquete*	bas·*ké*·te
tennis	*tênis*	*té*·nis
volley	*vôlei*	*vo*·léï
Je pratique…	*Eu faço …*	*é*·ou *fa*·so …
l'athlétisme	*atletismo*	at·lé·*tis*·mo
le karaté	*karatê*	ka·ra·*té*
la plongée sous-marine	*mergulho*	mérr·*gou*·llio

Je m'intéresse…	*Eu acompanho …*	*é*·ou a·kom·*pa*·gno …
au football	*futebol*	fou·té·*bol*
à la course automobile	*corrida de caros*	ko·*rri*·da de *ka*·rous
à la corrida	*corrida de toros*	ko·*rri*·da de *to*·ros
au surf	*surfe*	*sourr*·fe
Je …	*Eu …*	*é*·ou …
fais du vélo	*ando de bicicleta*	*an*·do de bi·si·*klé*·ta
cours	*corro*	*ko*·rro
fais de la marche	*caminho*	ka·*mi*·gno

Vous trouverez les noms d'autres sports dans le **dictionnaire**.

Aimez-vous (le rugby) ?
Você gosta (de rugby)? — vo·*sé gos*·ta (de *rrou·gui·bi*)

Oui, beaucoup.
Sim, gosto muito. — sim *gos*·to *mouill*·tou

Pas vraiment.
Não muito. — naoum *mouill*·tou

J'aime bien le regarder.
Eu gosto de assistir. — é·ou *gos*·to de a·sis·*tirr*

Quel est votre… préféré(e) ?	*Qual é o seu … favorito?*	kouaou è o *sé*·ou … fa·vo·*ri*·to
sportif	*esportista*	és·*porr*·tis·ta
équipe	*time*	*ti*·me

but !

Où en est le jeu ?
Quanto está o jogo? — kouan·to és·*ta* o *jo*·go

match nul	*empate*	éïm·*pa*·te
zéro	*zero*	*zé*·ro
balle de match	*match point*	*mé*·ti *po*·in·ti

assister à un match

indo a um jogo

Cela vous dirait d'assister à un match ?
Você gostaria de ir a um jogo? — vo·*sé* gos·ta·*ri*·a de irr a oum *jo*·go

Quelle équipe soutenez-vous ?
Para quem você torce? — *pa*·ra kéïm vo·*sé torr*·se

Qui… ?	*Quem está …?*	kéïm és·*ta* …
joue	*jogando*	jo·*gan*·do
gagne	*ganhando*	ga·*gnan*·do
Ce match était… !	*Foi um jogo …!*	foï oum *jo*·go …
assommant	*chato*	*cha*·tou
lamentable	*ruim*	rrou·*im*
fantastique	*ótimo*	*o*·ti·mo

pratiquer un sport

praticando esporte

Voulez-vous jouer ?
Você quer jogar? — vo·*sé* kérr jo·*garr*

Puis-je me joindre à vous ?
Posso jogar com vocês? — *po*·so jo·*garr* kom vo·*séïs*

Bonne idée.
Seria ótimo. — sé·*ri*·a *o*·ti·mo

Je ne peux pas.
Não posso. — naoum *po*·so

Je suis blessé.
Estou machucado/machucada. **m/f** — és·*to* ma·chou·*ka*·do ma·chou·*ka*·da

Un point pour toi/moi.
Teu/Meu ponto. — *té*·ou/*mé*·ou *pon*·to

Envoie-la moi/Fais-moi une passe !
Chuta/Passa para mim! — *chou*·ta/*pa*·sa *pa*·ra mim

Tu es un bon joueur.
Você é um bom jogador. — vo·*sé* è oum bom jo·ga·*dorr*

Merci pour le match.
Obrigado/obrigada pelo jogo. **m/f** — o·bri·*ga*·do/o·bri·*ga*·da *pé*·lo *jo*·go

Où y a-t-il un bon endroit pour… ?	*Onde tem um bom lugar para …?*	*on*·de têïm oum bom lou·*garr pa*·ra …
pêcher	*pescar*	pés·*karr*
faire du cheval	*andar à cavalo*	an·*dar* a ka·*va*·lo
courir	*correr*	ko·*rrérr*
faire du ski	*esquiar*	és·kl·*arr*
faire du snorkeling	*fazer snorkel*	fa·*zérr* is·*norr*·kél
faire du surf	*surfar*	sour·*farr*

Où est le/la … le/la plus proche ?	*Onde fica … mais perto?*	*on*·de *fi*·ka … maïs *pérr*·to
terrain de golf	*o campo de golfe*	o *kam*·po de *gol*·fe
gymnase	*a ginástica*	a ji·*nas*·ti·ka
piscine	*a piscina*	a pi·*si*·na
court de tennis	*a quadra de tênis*	a *koua*·dra de *té*·nis

Quel est le prix par… ?	*Quanto custa por …?*	*kouan*·to *kous*·ta porr …
jour	*dia*	*di*·a
match	*jogo*	*jo*·go
heure	*hora*	*ô*·ra
visite	*visita*	vi·*zi*·ta

Puis-je louer… ?	*Posso alugar …?*	*po*·so a·lou·*garr* …
un ballon	*uma bola*	*ou*·ma *bo*·la
un vélo	*uma bicicleta*	*ou*·ma bi·si·*klé*·ta
un court	*uma quadra*	*ou*·ma *koua*·dra
une raquette	*uma raquete*	*ou*·ma rra·*ké*·te

Faut-il être membre pour entrer ?
Tem que ser membro para entrar? — têïm ke sér *mêïm*·brou *pa*·ra ëïn·*trarr*

Existe-t-il une séance pour les femmes ?
Tem uma seção só para mulheres? — têïm *ou*·ma sé·*saoum* so *pa*·ra mou·*llié*·res

Où sont les vestiaires ?
Onde ficam os vestiários? — *on*·de *fi*·kan os vés·ti·*a*·ri·os

plongée

mergulho

Où y a-t-il un site propice à la plongée ?
Onde tem um lugar bom para mergulho? — on·de téïm oum lou·*garr* bom*pa*·ra mérr·*gou*·llio

Y a-t-il une bonne visibilité ?
A visibilidade é boa? — a vi·zi·bi·li·*da*·de è *bo*·a

Quelle est la profondeur ?
Qual a profundidade? — kouaou a pro·foun·di·*da*·de

J'ai besoin de remplir mes bouteilles.
Preciso encher o tanque de ar. — pré·*si*·zo éïn·*chérr* ou *tan*·ke de arr

Est-ce une plongée… ?	*Este é um mergulho …?*	*és*·te è oum mérr·*gou*·llio …
à partir d'un bateau	*a partir de um barco*	a parr·*tirr* de oum *bar*·ko
depuis la côte	*litorâneo*	li·to·*ra*·né·o

Y a-t-il… ?	*Tem …?*	téïm …
du courant	*corrente*	ko·*rréïn*·te
des requins	*tubarão*	tou·ba·*raoum*
des baleines	*baleia*	ba·*lé*·ia
Je voudrais louer…	*Quero alugar …*	*ké*·ro a·lou·*garr* …
un gilet de sauvetage	*colete*	ko·*lé*·te
un équipement de plongée	*equipamento de mergulho*	é·ki·pa·*méïn*·tou de mérr·*gou*·llio
des palmes	*nadadeiras*	na·da·*dei*·ras
un masque	*máscara*	*mas*·ka·ra
un régulateur	*regulador*	rré·gou·la·*dorr*
un tuba	*snorkel*	is·*norr*·kel
une bouteille	*tanque*	*tan*·ke
une ceinture de plomb	*cinto com peso*	*sin*·to kom *pé*·zo
une combinaison de plongée	*roupa de borracha*	*rro*·pa de bo·*rra*·cha

Je voudrais…	*Gostaria de …*	gos·ta·*ri*·a de …
explorer des grottes	*explorar cavernas*	és·plo·*rar* ka·*vérr*·nas
explorer des épaves	*explorar navios naufragados*	és·plo·*rar* na·*vi*·os naou·fra·*ga*·dos
plonger de nuit	*fazer um mergulho noturno*	fa·*zérr* oum mérr·*gou*·llio no·*tour*·no
faire de la plongée avec bouteilles	*mergulhar com tanque*	mérr·gou·*lliarr* kom *tan*·ke
faire du snorkelling	*fazer snorkel*	fa·*zérr* is·*norr*·kél
participer à une promenade sous-marine	*fazer parte de um grupo de mergulho*	fa·*zérr parr*·te de oum *grou*·po de mérr·*gou*·llio
apprendre à plonger	*aprender a mergulhar*	a·préïn·*dérr* a mérr·gou·*lliarr*

Consultez également la rubrique **sports nautiques**, p. 133.

tauromachie

touradas

Qu'on soit pour ou contre, la corrida ou course de taureaux, sans mise à mort, est une institution au Portugal. Le cavalier *toureio a cavalo* et les *forcados* à pied en sont les vedettes.

taureau (non dressé)	*touro (bravo)*	to·*rou (bra*·ve)
torero	*toureiro*	to·*réï*·rou
arène	*praça de touros*	*pra*·sa de *to*·rous
charge (du taureau)	*investida*	in·vés·*ti*·da
cerner le taureau	*fechar o touro*	*fé*·char ou *to*·rou
banderilles	*os ferros/ bandarilhas*	os *fé*·rros/ ban·dé·*rri*·llias
planter les banderilles	*picar o touro*	*pi*·car ou *to*·rou
immobiliser le taureau	*pegar o touro*	pé·*garr* ou *to*·rou

sports extrêmes

esportes radicais

Je voudrais faire…	*Eu queria fazer …*	é·ou *ké*·ri·a fa·*zérr …*
du rappel	*rapel*	rra·*pél*
de la spéléologie	*exploração de cavernas*	és·plo·ra·*saoum* de ka·*vérr*·nas
du canyoning	*cagnoning*	*kan*·gno·ning
du vol libre	*vôo livre*	*vo*·o *li*·vre
du vélo de montagne (VTT)	*mountain bike*	*ma*·oun·tëïn *baï*·ki
du parapente	*parapente*	pa·ra·*péïn*·te
de l'escalade	*escalada*	és·ka·*la*·da
du parachutisme	*parasailing*	pa·ra·*séï*·ling
du parachutisme en chute libre	*skydiving*	is·kaï·*daï*·ving
du rafting	*rafting*	*rra*·fi·ting

Cet équipement est-il sûr ?
Este equipamento é seguro? — és·te é·ki·pa·*méïn*·tou è sé·*gou*·ro

C'est de la folie.
Isto é loucura. — *is*·to è lo·*kou*·ra

équitation

andando à cavalo

Combien coûte (1) heure d'équitation ?
Quanto é o passeio de (uma) hora? — *kouan*·to è o pa·*sé*·io de (*ou*·ma) *ô*·ra

Combien dure la promenade ?
Quanto tempo é o passeio? — *kouan*·to *téïm*·po è o pa·*sé*·io

Je (ne) suis (pas) un cavalier confirmé.
Eu (não) sou experiente. — é·ou (naoum) so és·pé·ri·*éïn*·te

Puis-je louer des bottes et une bombe ?
Posso alugar um chapéu e botas? — *po*·so a·lou·*garr* oum cha·*pè*·ou é *bo*·tas

cheval	*cavalo* m	ka·*va*·lo
poney	*pônei* m	*po*·néï
écurie	*estábulo* m	és·*ta*·bou·lo
panser	*tratar*	tra·*tarr*
bride	*rédea* f	*rrè*·déa
mors	*freio* m	*fré*·io
rênes	*rédeas* f pl	*rrè*·déas
selle	*sela* f	*sé*·la
étrier	*estribo* m	és·*tri*·bo
cravache	*chicote* m	chi·*ko*·te
pas	*andar*	an·*dar*
trot	*trote* m	*tro*·te
galop	*galope* m	ga·*lo*·pe

football

futebol

Qui joue pour (Flamengo) ?
Quem joga no (Flamengo)? — kéïm *jo*·ga nou (fla·*méïn*·go)

C'est un excellent (joueur).
Ele é um ótimo (jogador). — *é*·le è oum *o*·ti·mo (jo·ga·*dorr*)

Il a très bien joué dans le match contre (l'Argentine).
Ele jogou muito bem no jogo contra (a Argentina). — *é*·le *jo*·gou *mouill*·tou béïm no *jo*·go *kon*·tra (a arr·jéïn·*ti*·na)

Quelle équipe est en tête de la Ligue ?
Que time está na frente da liga? — ke *ti*·me és·*ta* na *fréïn*·te da *li*·ga

Quelle équipe fantastique/lamentable !
Que time ótimo/horrível! — ke *ti*·me *o*·ti·mo/o·*rri*·vél

ballon	*bola* f	*bo*·la
coach	*técnico* m	*ték*·ni·ko
corner	*escanteio* m	és·kan·*té*·io
supporter	*fã* m et f	fan
faute	*falta* f	*fall*·ta
coup franc	*bater a falta*	ba·*térr* a *fall*·ta
but (point)	*gol* m	goll
buts (cages)	*trave* f	*tra*·ve
gardien de buts	*goleiro* m	go·*léï*·ro
hors jeu	*lateral*	la·té·*raou*
penalty	*pênalti* m	*pé*·nall·ti
joueur	*jogador* m	jo·ga·*dorr*
carton rouge	*cartão* m *vermelho*	karr·*taoum* vérr·*mé*·llio
arbitre	*juiz* m	jou·*is*
attaquant	*atacante* m	a·ta·*kan*·te
remise en jeu	*bater a lateral*	ba·*térr* a la·té·*raou*
carton jaune	*cartão* m *amarelo*	karr·*taoum* a·ma·*ré*·lo

sports nautiques

esportes aquáticos

Puis-je réserver pour un cours ?
Posso marcar uma aula? — *po*·so marr·*karr ou*·ma *aou*·la

Puis-je louer (un)…	*Posso alugar …*	*po*·so a·lou·*garr* …
bateau	*um barco*	oum *bar*·ko
canoë	*uma canoa*	*ou*·ma ka·*no*·a
kayak	*um caiaque*	oum kaï·*a*·ke
gilet de sauvetage	*um colete salva-vidas*	oum ko·*lé*·te *sall*·va·*vi*·das
masque et tuba	*equipamento para fazersnorkel*	é·ki·pa·*méïn*·tou *pa*·ra fa·*zérr* is·*norr*·kél
des skis nautiques	*esqui aquático*	és·*ki* a·*koua*·ti·ko
une combinaison de plongée	*roupa de borracha*	*rro*·pa de bo·*rra*·cha

Y a-t-il… ?	*Tem …?*	téïm …
des récifs	*recifes*	rré·*si*·fez
des risques à se baigner	*algum risco na água*	all·*goum rris*·kou na *a*·goua
vagues	*ondas*	*on*·das

bateau à moteur	*barco* **m** *a motor*	*barr*·kou a mo·*torr*
rames	*remos* **m pl**	*rré*·mos
bateau à voile	*barco* **m** *a vela*	*barr*·kou a *vé*·la
planche de surf	*prancha* **f** *de surfe*	*pran*·cha de *sour*·fi
surf	*surfe* **m**	*sourr*·fi
vague	*onda* **f**	*on*·da
vent	*vento* **f**	*véïn*·tou
planche à voile	*windsurf* **m**	ouïn·di·*sour*·fi

Consultez également la rubrique **plongée**, p. 129.

randonnée

caminhada

Où puis-je… ?	*Onde posso …?*	on·de po·so …
acheter	*comprar*	kom·prarr
des provisions	*mantimentos*	man·ti·méïn·tous
trouver quelqu'un	*encontrar*	éïn·kon·trarr
qui connaisse	*alguém que*	all·géïm ke
le secteur	*conheça esta*	ko·gné·sa és·ta
	area	a·ré·a
trouver	*pegar um*	pé·garr oum
une carte	*mapa*	ma·pa
louer du matériel	*alugar*	a·lou·garr
de randonnée	*equipamento*	é·ki·pa·méïn·tou
	de caminhada	de ka·mi·gna·da
Quel/Quelle est… ?	*Qual é a …?*	kouaou è a …
le dénivelé	*altura*	all·tou·ra
	da subida?	da sou·bi·da
la distance	*distância*	dis·tan·sia
	do caminho	dou ka·mi·gnou

Faut-il un guide ?
Precisamos de um guia? pré·si·za·mos de oum gui·a

Existe-t-il des randonnées avec guide ?
Tem caminhadas com guia? téïm ka·mi·gna·das kom gui·a

Est-ce prudent ?
É seguro? è sé·gou·ro

Y a-t-il un abri ?
Tem abrigo? téïm a·bri·go

À quelle heure tombe la nuit ?
Quando escurece? kouan·do és·kou·ré·se

Faut-il prévoir …?	*Precisamos levar …?*	pré·si·*za*·mos lé·*varr* …
un duvet	*roupa de cama*	*rro*·pa de *ka*·ma
de la nourriture	*comida*	ko·*mi*·da
de l'eau	*água*	*a*·goua

Le sentier est-il… ?	*O caminho …?*	o ka·*mi*·gnou …
(bien) balisé	*é (bem) marcado*	è (béïm) marr·*ka*·dou
ouvert	*esta aberto*	és·*ta* a·*bérr*·tou
pittoresque	*é pitoresco*	è pi·to·*rrés*·kou

Quelle est l'itinéraire… ?	*Qual é a rota mais …?*	kouaou è a *rro*·ta maïs …
le plus facile	*fácil*	*fa*·sil
le plus intéressant	*interessante*	in·té·ré·*san*·te
le plus court	*curta*	*kourr*·ta

Où puis-je trouver… ?	*Onde posso encontrar …?*	*on*·de *po*·so ëïn·kon·*trarr* …
un terrain de camping	*a área de camping*	a *a*·ré·a de *kam*·ping
le village le plus proche	*cidade mais perto*	si·*da*·de maïs *pérr*·to
des douches	*um chuveiro*	oum chou·*véï*·rou
des toilettes	*um banheiro*	oum ba·*gnéï*·rou

D'où arrivez-vous ?
De onde você veio? — de *on*·de vo·*sé* *vé*·io

Combien de temps avez-vous mis ?
Quanto tempo leva? — *kouan*·to *téïm*·po *lé*·va

Ce sentier va-t-il à… ?
Este caminho leva para …? — és·te ka·mi·gno lé·va pa·ra

Puis-je passer par ici ?
Posso ir por aqui? — po·so irr porr a·ki

L'eau est-elle potable ?
A água é boa para beber? — a a·goua è bo·a pa·ra bé·bérr

Je suis perdu(e).
Estou perdido/perdida. **m/f** — és·to pérr·di·do/pérr·di·da

> **expressions courantes …**
>
> è pé·ri·go·zo
> *É perigoso.* — **C'est dangereux.**
>
> kou·i·da·do kom a rré·sa·ka
> *Cuidado com a ressaca!* — **Attention au ressac !**

plage

a praia

Où se trouve la plage… ?	*Onde fica a …?*	on·de fi·ka a …
la plus belle	*melhor praia*	mé·lliorr pra·ia
la plus proche	*praia mais perto*	pra·ia maïs pérr·to
nudiste	*praia de nudismo*	pra·ia de nou·dis·mo
publique	*praia pública*	pra·ia pou·bli·ka

panneaux indicateurs		
Proibido Mergulhar	pro·i·*bi*·do mér·gou·*lliarr*	**Plongée interdite**
Proibido Nadar	pro·i·*bi*·do na·*darr*	**Baignade interdite**

Combien coûte… ?	*Quanto custa …?*	*kouan*·to *kous*·ta …
une chaise longue	*uma cadeira*	*ou*·ma ka·*déï*·ra
un abri	*um abrigo*	oum a·*bri*·go
un parasol	*um guarda sol*	oum *gouarr*·da sol

météo

tempo

Que dit la météo ?
Como está o tempo? — *ko*·mo és·*ta* o *téïm*·po

Quel temps fera-t-il demain ?
Como estará o tempo amanhã? — *ko*·mo és·ta·*ra* o *téïm*·po a·ma·*gnin*

Le temps est…	*Está …*	és·*ta* …
nuageux	*nublado*	nou·*bla*·do
froid	*frio*	*fri*·o
beau	*bom*	bom
glacial	*um gelo*	oum *jé*·lou
chaud	*quente*	*kéïm*·te
pluvieux	*chovendo*	cho·*véïn*·dou
à la neige	*nevando*	né·*van*·dou
ensoleillé	*ensolarado*	éïn·so·la·*ra*·dou
tempéré	*ameno*	a·*mé*·nou
venteux	*ventando*	véïn·*tan*·dou

Où puis-je acheter… ?	*Onde posso comprar um …?*	on·de po·so kom·prarr oum …
un vêtement de pluie	*casaco de chuva*	ka·za·ko de chou·va
un parapluie	*guarda-chuva*	gouarr·da·chou·va

saisons

estacões do ano

l'été	*o verão* m	o vé·ra·oum
l'automne	*o outono* m	o ou·to·nou
l'hiver	*o inverno* m	o in·vér·nou
le printemps	*a primavera* f	a pri·ma·véï·ra
saison sèche	*época* f *de seca*	è·po·ka de sé·ka
saison humide	*época* f *de chuvas*	è·po·ka de chou·vas

plantes et animaux du Portugal

loup	*lobo* m	lo·bou
lynx	*lince* m	lin·ce
cerf	*veado/cervo* m	vé·a·dou/cér·vo
mouette	*gabiota* f	ga·bio·ta
rapace	*rapace* m	rra·pas
chêne-liège	*carvalho cortiça* m	karr·va·llio korr·ti·sa
eucalyptus	*eucalipto* m	eu·ca·lip·to

faune et flore

flora e fauna

Quel est… ?	*O que é …?*	o ke è …
cet animal	*aquele animal*	a·ké·le a·ni·maou
cette fleur	*aquela flor*	a·ké·la florr
cette plante	*aquela planta*	a·ké·la plan·ta
cet arbre	*aquela árvore*	a·ké·la arr·vo·re

À quoi ça sert ?
Para que serve? — pa·ra ke sérr·ve

Le fruit est-il comestible ?
Pode-se comer a fruta? — po·de·se ko·mérr a frou·ta

C'est… ?	*Isto …?*	is·to …
commun	*é comum*	è ko·moum
dangereux	*é perigoso*	è pé·ri·go·zo
une espèce en voie d'extinction	*está ameaçado/ameaçada de extinção* m/f	és·ta a·mé·a·sa·do/a·mé·a·sa·da de és·tin·saoum
vénéneux/venimeux	*é venenoso*	è vé·né·no·zo
protégé(e)	*está protegido/protegida* m/f	és·ta pro·té·ji·do/pro·té·ji·da

plantes et animaux du Brésil

ara	*arara* f	a·ra·ra
tamarin-lion	*mico leão* m	mi·ko lé·aoum
perroquet	*papagaio* m	pa·pa·ga·io
toucan	*tucano* m	tou·ka·no
boa	*boa* m	bo·a
tatou	*tatú* m	ta·tou

jacaranda (arbre à fleur du Brésil)
jacarandá f — ja·ka·ran·da

Victoria Amazonica (nénuphar géant, fleur nationale)
vitória-régia f — vi·to·ri·a·rré·gi·a

Le petit-déjeuner portugais se compose généralement de café, de pain, de fromage ou de jambon. Pour les autres repas, les Portugais consomment beaucoup de morue salée et séchée, tradition de pêche oblige. Le petit-déjeuner brésilien typique, plus copieux qu'au Portugal, est composé de café, de lait, de jus de fruit, de pain, de confiture, de fromage, de jambon et de fruits. Au Brésil, les haricots et le riz sont la base de l'alimentation traditionnelle. Bien sûr, les habitudes alimentaires changent.

vocabulaire de base

linuagem chave

petit-déjeuner	café **m** da manhã	ka·*fè* da ma·*gnin*
déjeuner	*almoço* **m**	aou·*mo*·so
dîner	*jantar* **m**	jan·*tarr*
repas léger	*lanche* **m**	*lan*·che
manger	*comer*	ko·*mérr*
boire	*beber*	bé·*bérr*
Je voudrais…, s'il vous plait.	*Gostaria de … Por favor.*	gos·ta·*ri*·a de … porr fa·*vorr*
Merci.	*Obrigado/ Obrigada.* **m/f**	o·bri·*ga*·dou/ o·bri·*ga*·da
J'ai faim !	*Estou faminto/ faminta!* **m/f**	*és*·to fa·*min*·to/ fa·*min*·ta

où se restaurer

encontrando um lugar para comer

Pouvez-vous me conseiller un…	*Você pode recomendar um …*	vo·*sé po*·de rré·ko·*méïn*·darr oum
bar	*bar*	barr
café	*café*	ka·*fè*
restaurant	*restaurante*	rrés·taou·*ran*·te

Quelle adresse me conseilleriez-vous pour… ?	*Onde você iria para …?*	on·de vo·*sé* i·*ri*·a *pa*·ra …
un repas de fête	*uma comemoração*	*ou*·ma ko·mé·mo·ra·*saoum*
un repas bon marché	*uma refeição barata*	*ou*·ma rré·féï·*saoum* ba·*ra*·ta
manger des spécialités locales	*especialidades locais*	és·pé·si·a·li·*da*·des lo·*kaïs*
Je voudrais réserver une table pour…	*Eu gostaria de reservar uma mesa para …*	*é*·ou gos·ta·*ri*·a de rré·zér·*varr ou*·ma *mé*·za *pa*·ra …
(2) personnes	*(duas) pessoas*	(*dou*·as) pé·*so*·as
(20) h	*(às oito) horas*	(as *oï*·tou) *o*·ras
Puis-je avoir…, s'il vous plaît.	*Eu queria …, por favor.*	*é*·ou ké·*ri*·a … porr fa·*vorr*
un menu enfant	*o cardápio de crianças*	o kar·*da*·piou de kri·*an*·sas
une demi-portion	*meia porção*	*mé*·ia porr·*saoum*
un menu en français	*o cardápio em francês*	o kar·*da*·piou éïm fran·*céïs*
une table pour (5)	*uma mesa para (cinco)*	*ou*·ma *mé*·za *pa*·ra (*sin*·kou)
la carte des boissons	*a lista de bebidas*	a *lis*·ta de bé·*bi*·das
le menu	*o cardápio*	o kar·*da*·pio
une table (non) fumeur	*mesa (não-) fumantes*	*mé*·za (naoum·) fou·*man*·tes

Servez-vous encore à manger ?
Vocês ainda estão servindo comida? — vo·*séïs* a *ïn*·da és·*taoum* sérr·*vin*·dou kou·*mi*·da

Combien de temps d'attente y a-t-il ?
A espera é de quanto tempo? — a és·*pé*·ra è de *kouan*·to *téïn*·pou

expressions courantes

a·*ki* és·*ta*	
Aqui está!	**Voici !**
és·*ta*·mos fé·*cha*·dos	
Estamos fechados.	**C'est fermé.**
és·*ta*·mos lo·*ta*·dos	
Estamos lotados.	**C'est complet.**
o ke *po*·so sérr·*vi*·los	
O que posso serví-los?	**Que puis-je vous servir ?**
on·de vo·*séïs* gos·ta·*rri*·an de séïn·*tarr*	
Onde vocês gostariam de sentar?	**Où souhaiteriez-vous vous asseoir ?**
oum mo·*méïn*·tou	
Um momento.	**Un instant.**

restaurant

restaurante

Au restaurant, adressez-vous au serveur et à la serveuse en les appelant *senhor* ou *senhora*.

Que me conseillez-vous ?
O que você recomenda? — o ke vo·*sé* rré·ko·*méïn*·da

Que contient ce plat ?
O que tem neste prato? — o ke téïm *nés*·te *pra*·tou

Je voudrais ceci.
Eu quero isto. — *é*·ou *ké*·rou *is*·tou

La préparation est-elle longue ?
Leva muito tempo para preparar? — *lé*·va *mouill*·tou *téïm*·pou *pa*·ra pré·pa·*rar*

Est-ce un self service ?
Nós mesmos nos servimos? — nos *més*·mos nos sérr·*vi*·mos

Le service est-il compris dans l'addition ?
O serviço está incluído na conta? — o sérr·*vi*·so és·*ta* in·klou·*i*·dou na *kon*·ta

Est-ce offert par la maison ?
É cortesia da casa? — è kor·té·*zi*·a da *ka*·za

Je voudrais…	*Eu quero …*	é·ou *ké*·rou …
une spécialité locale	*a especialidade local*	a és·pé·si·a·li·*da*·de lo·*kaou*
un repas somptueux	*uma refeição suntuosa*	*ou*·ma rré·féï·*saoum* soum·tou·*o*·za
du poulet	*o frango*	o *fran*·go
Je le voudrais avec/sans…	*Eu queria com/ sem …*	é·ou ké·*ri*·a kom/ séïm …
piment	*pimenta*	pi·*méïn*·ta
ail	*alho*	*a*·llio
huile	*óleo*	*o*·lio

expressions courantes

é·ou sou·*ji*·rou …
Eu sugiro … — **Je propose…**

ko·mo vo·*sé* gos·ta·*ri*·a ke *fo*·se ko·*zi*·do
Como você gostaria que fosse cozido? — **Quelle cuisson souhaitez-vous ?**

vo·*sé gos*·ta de …
Você gosta de …? — **Aimez-vous… ?**

à table

à mesa

Puis-je avoir…, s'il vous plaît ?	*Por favor traga …*	porr fa·*vorr* *tra*·ga …
une serviette	*uma toalha*	*ou*·ma to·*a*·llia
une serviette de table	*um guardanapo*	oum gouar·da·*na*·pou
un verre à vin	*uma taça de vinho*	*ou*·ma *ta*·sa de *vi*·gnou
l'addition	*a conta*	a *kon*·ta

parler gastronomie

falando sobre comida

J'ai beaucoup aimé ce plat.
Adorei este prato. — a·do·*réï és*·te *pra*·tou

J'adore la cuisine locale.
Adorei a cozinha local. — a·do·*réï* a ko·*zi*·gna lo·*kaou*

Quel délice !
Estava delicioso! — és·*ta*·va dé·li·si·*o*·zou

Mes compliments au chef.
Meus cumprimentos ao chefe. — *mé*·ous koum·pri·*méïn*·tos aou *ché*·fe

Je suis rassasié(e).
Estou satisfeito/ satisfeita. m/f — és·*to* sa·tis·*féï*·tou/ sa·tis·*féï*·ta

C'est…	*Está …*	és·*ta* …
(trop) froid	*(demais) frio*	(*dé*·maïs) *fri*·ou
épicé	*apimentado*	a·pi·méïn·*ta*·dou
excellent	*excelente*	é·sé·*léïn*·te

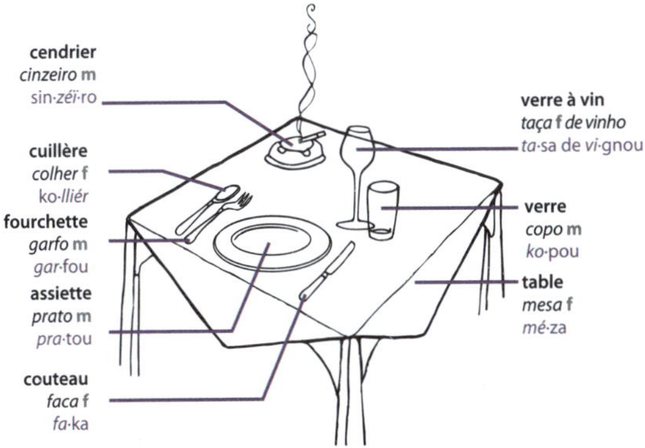

au menu...

aperitivos	a·pé·ri·*ti*·vos	amuse-gueules
sopas	*so*·pas	soupes
entradas	ëïn·*tra*·das	entrées
saladas	sa·*la*·das	salades
pratos principais	*pra*·tos prin·si·*païs*	plats principaux
sobremesas	so·bré·*mé*·zas	desserts
aperitivos	a·pé·ri·*ti*·vos	apéritifs
refrigerantes	rré·fri·jé·*ran*·tes	boissons sans alcool
bebidas destiladas	bé·*bi*·das dés·ti·*la*·das	boissons alcoolisées
cervejas	sérr·*vé*·jas	bières
vinhos espumantes	*vi*·gnos és·pou·*man*·tés	vins pétillants
vinhos brancos	*vi*·gnos *bran*·kos	vins blancs
vinhos tintos	*vi*·gnos *tin*·tos	vins rouges
vinhos de sobremesa	*vi*·gnos de so·bré·*mé*·za	vins à dessert
digestivos	di·jés·*ti*·vos	digestifs

petit-déjeuner

café da manhã

Quel est le petit-déjeuner typique ?
Como é um típico café da manhã? ko·mou è oum *ti*·pi·ko ka·*fè* da ma·*gnin*

bacon	*bacon* **m**	*béï*·kon
pain	*pão* **m**	paoum
beurre	*manteiga* **f**	man·*téï*·ga
gâteau	*bolo* **m**	*bo*·lou
céréales	*cereal* **m**	sé·ré·*aou*
pain au fromage	*pão* **m** *de queijo*	paoum de *kéï*·jou
assiette anglaise	*frios* **m**	*fri*·os
pain de maïs	*broa* **f** *de milho*	*bro*·a de *mi*·lliou

œufs…	*ovos …* **m**	o·vos …
à la coque	*quentes*	kéïn·tés
au plat	*fritos*	fri·tos
durs	*cozidos duros*	ko·zi·dos dou·ros
pochés	*pochés*	po·chèz
brouillés	*mexidos*	mé·chi·dos
jus de fruit	*suco* **m** *de frutas*	sou·ko de frou·tas
confiture	*geléia* **f**	jé·lè·ia
lait	*leite* **m**	léï·te
muesli	*muesli* **m**	mous·li
omelette	*omelete* **f**	o·mé·lé·te
bouillie d'avoine et de maïs	*mingau* **m** *(de aveia/maizena)*	min·gaou (de a·vé·ia/maï·zé·na)
pain grillé	*torrada* **f**	to·rra·da

Pour d'autres termes concernant le petit-déjeuner, consultez le chapitre **cuisiner**, p. 153, et le **lexique culinaire**, p. 159.

en-cas

refeições leves

Comment ça s'appelle ?
Como se chama isso? — ko·mo se cha·ma i·so

Je (en) voudrais…, s'il vous plaît.	*Eu queria …, por favor.*	é·ou ké·ri·a … porr fa·vorr
un morceau	*um pedaço*	oum pé·da·so
un sandwich	*um sanduiche*	oum san·dou·i·che
une tranche	*uma fatia*	ou·ma fa·ti·a
celui-là	*aquele*	a·ké·le
deux	*dois*	doïs

condiments

temperos

Avez-vous… ?	*Tem …?*	téïm …
de la sauce pimentée	*molho de pimenta*	*mo*·llio de pi·*méïn*·ta
du ketchup	*ketchup*	két·*chou*·pi
du poivre	*pimenta*	pi·*méïn*·ta
du sel	*sal*	saou
de la sauce tomate	*molho de tomate*	*mo*·llio de to·*ma*·te
du vinaigre	*vinagre*	vi·*na*·gre

Consultez le **lexique culinaire**, p. 159, pour d'autres condiments.

cuissons et préparations

métodos de preparo

Je le voudrais…	*Eu queria …*	*é*·ou ké·*ri*·a …
Je ne le veux pas…	*Eu não queria*	*é*·ou naoum ke ria
bouilli	*cozido/cozido* **m/f**	ko·*zi*·dou/ko·*zi*·da
rôti	*na brasa*	na *bra*·za
frit	*frito/frita em recipiente* **m/f**	*fri*·to/*fri*·ta éïm rré·si·*pi*·*éïn*·te
sauté	*frito/frita* **m/f**	*fri*·tou/*fri*·ta
grillé	*grelhado/grelhada* **m/f**	gré·*llia*·dou/gré·*llia*·da
à point	*ao ponto*	aou *pon*·tou
saignant	*mal passado/passada* **m/f**	maou pa·*sa*·dou/pa·*sa*·da
réchauffé	*requentado/requentada* **m/f**	rré·kéïn·*ta*·dou/rré·kéïn·*ta*·da
à la vapeur	*ao vapor*	aou va·*porr*
bien cuit	*bem passado/passado* **m/f**	béïm pa·*sa*·dou/pa·*sa*·da
avec la sauce à part	*com o molho separado*	kom o *mo*·llio sé·pa·*ra*·dou
sans…	*sem …*	séïm …

effluves appétissantes

Au Portugal, les cafés sont nombreux à servir non seulement à boire, mais également des spécialités salées et sucrées à grignoter. Les célèbres *queijadas* ou *pasteis* se dégustent accompagnées d'un verre de Porto. Il n'est pas rare que l'on vous propose des sardines grillées fraîchement pêchées.

queijada* f *de Sintra	quéï·*ja*·da de *sin*·tra	tartelette au flan
bolinhos de bacalhau	bo·*li* gnos ba·ka·*laou*	croquettes de morue
***croquettas* m**	kro·*ké*·tas	croquettes de viande

au bar

no bar

Pardon !
Com licença! — kom li·*séïn*·sa

Je voudrais…
Eu queria … — é·ou ké·*ri*·a …

C'est mon tour.
Eu sou o próximo/próxima. m/f — *é*·ou so o *pro*·si·mo/*pro*·si·ma

La même chose, s'il vous plaît.
O mesmo, por favor. — o *més*·mo porr fa·*vorr*

Sans glace, merci.
Sem gelo, obrigado/obrigada. m/f — séïm *jé*·lo o·bri·*ga*·dou/o·bri·*ga*·da

Je vous offre un verre.
Eu te pago uma bebida. — *é*·ou te *pa*·gou *ou*·ma bé·*bi*·da

Que désirez-vous ?
O que você quer? — o ke vo·*sé* kérr

C'est ma tournée.
É minha vez. — è *mi*·gna ves

Combien je vous dois ?
Quanto é? kouan·to è

Servez-vous à manger ?
Vocês servem refeições aqui? vo·séïs sérr·véïm rré·féï·soïnz a·ki

expressions courantes

a·cho ke ja ché·ga pa·ra vo·sé
Acho que já chega para você. **Je pense que vous avez assez bu.**

o ke vo·sé és·ta bé·ban·do
O que você está bebando? **Que voulez-vous boire ?**

oul·ti·mos pé·di·dos
Últimos pedidos. **Dernières commandes.**

boissons non alcoolisées

bebidas sem álcool

eau minérale…	*água mineral …*	a·goua mi·né·raou …
gazeuse	*com gás*	kom gas
plate	*sem gás*	séïm gas
jus d'orange	*suco de laranja*	sou·ko de la·ran·ja
boisson gazeuse	*refrigerante*	rré·fri·jé·ran·te
eau (chaude)	*água (quente)*	a·goua (kéïn·te)
(une tasse) de thé	*(xícara) de chá*	(chi·ka·ra) de cha
(une tasse) de café	*(xícara) de café*	(chi·ka·ra) de ka·fè
… avec (du lait)	*… com (leite)*	… kom (léï·te)
… sans (sucre)	*… sem (açúcar)*	… séïm (a·sou·karr)

boissons alcoolisées

bebidas alcóolicas

bière	*cerveja* f	sérr·*vé*·ja
Porto	*porto* m	*porr*·tou
champagne	*champanhe* f	cham·*pa*·gne
cocktail	*coquetel* m	ko·ké·*tél*

un verre de…	*uma dose de …*	*ou*·ma *do*·ze de …
gin	*gin*	jin
rhum	*rum*	rroum
tequila	*tequila*	té·*ki*·la
vodka	*vodka*	*vo*·di·ka
whisky	*whisky*	ou·*is*·ki
cachaça	*cachaça*	ka·*cha*·sa
un bouteille/ un verre de vin…	*uma garrafa/ taça de vinho …*	*ou*·ma ga·*rra*·fa/ *ta*·sa de *vi*·gno …
blanc	*branco*	*bran*·ko
rouge	*tinto*	*tin*·to
rosé	*rosé*	rro·*zè*
pétillant	*espumante*	és·pou·*man*·te
à dessert	*de sobremesa*	de so·bré·*mé*·za
un(e) … (de bière)	*… de cerveja*	… de sérr·*vé*·ja
verre	*um copo*	oum *ko*·po
demi pression	*um choppe*	oum *cho*·pi
petite bouteille	*uma garrafa pequena*	*ou*·ma ga·*rra*·fa pé·*ké*·na
grande bouteille	*uma garrafa grande*	*ou*·ma ga·*rra*·fa *gran*·de

boire un verre

bebendo

À votre santé !
Saúde! — sa·*ou*·de

C'est nickel.
Caiu bem. — ka·*i*·ou béïm

Un demi bien glacé !
Um chopinho bem gelado! — um cho·*pi*·gnou bém gé·*la*·do

Je crois bien que j'ai trop bu.
Acho que bebi mais do que deveria. — *a*·cho ke bé·*bi* maïs do ke dé·vé·*ri*·a

Je me sens pompette.
Estou me sentindo bêbado/bêbada. m/f — és·*to* me séïn·*tin*·do *bè*·ba·do/*bè*·ba·dau

Je me sens mal.
Estou me sentindo mal. — és·*to* me séïn·*tin*·dou maou

Où sont les toilettes ?
Onde é o banheiro? — *on*·de è o ba·*gnéï*·rou

Pourriez-vous m'appeler un taxi ?
Você pode chamar um táxi para mim? — vo·*sé* *po*·de cha·*marr* oum *tak*·si *pa*·ra mim

boissons locales

Portugal		
vinho verde	vi·gnou *vér*·de	vin blanc pétillant
porto	*porr*·tou	Porto
moscatel	mos·*ca*·tel	moscatel de Madère
Brésil		
água* f *de côco	*a*·goua de *ko*·ko	eau de noix de coco
***batida* f**	ba·*ti*·da	cocktail de *cachaça* et de fruit écrasé
***cachaça* f**	ka·*cha*·sa	eau de vie de canne à sucre
***caipirinha* f**	kaï·pi·*ri*·gna	cocktail de *cachaça* et de citron vert

faire les courses

comprando alimentos

Quelle est la spécialité locale ?
Qual é a especialidade local? — *koua* ou è a és·pé·si·a·li·*da*·de lo·*kaou*

Qu'est ce que c'est ?
O que é aquilo? — o ke è a·*ki*·lo

Puis-je goûter ?
Posso experimentar? — *po*·so és·pé·ri·méïn·*tarr*

Pouvez-vous me donner un sac, s'il vous plaît ?
Pode me dar uma bolsa, por favor? — *po*·de me darr ou·ma *bol*·sa porr fa·*vorr*

À combien est le (kilo de fromage) ?
Quanto é (o kilo do queijo)? — *kouan*·tou è (o *ki*·lo dou *kéï*·jou)

Combien ça coûte ?
Quanto custa? — *kouan*·tou *kous*·ta

présentation du produit

cuit(e)	*cozido/cozida* **m/f**	ko·*zi*·dou/ko·*zi*·da
traité(e)	*curado/curada* **m/f**	kou·*ra*·do/kou·*ra*·da
séché(e)	*seco/seca* **m/f**	*sé*·ko
frais/fraîche	*fresco/fresca* **m/f**	*frés*·ko/*frés*·ka
surgelé(e)	*congelado/ congelada* **m/f**	kon·jé·*la*·dou kon·jé·*la*·da
fumé(e)	*defumado/ defumada* **m/f**	dé·fou·*ma*·dou dé·fou·*ma*·da
cru(e)	*cru/crua* **m/f**	krou/*krou*·a

Je voudrais…	*Eu gostaria de …*	é·ou gos·ta·*ri*·a de …
(200) grammes	*(duzentas) gramas*	(dou·*zéïn*·tas) *gra*·mas
une livre	*meio kilo*	*mé*·io *ki*·lo
un kilo	*um kilo*	oum *ki*·lo
(2) kilos	*(dois) kilos*	(doïs) *ki*·los
une bouteille	*uma garrafa*	*ou*·ma ga·*rra*·fa
une douzaine	*uma dúzia*	*ou*·ma *dou*·zi a
une demi-douzaine	*meia dúzia*	*mé*·ia *dou*·zi·a
un bocal	*um vidro*	oum *vi*·dro
un paquet	*um pacote*	oum pa·*ko*·te
un morceau	*um pedaço*	oum pé·*da*·sou
(3) morceaux	*(três) pedaços*	(tréïs) pé·*da*·sos
une tranche	*uma fatia*	*ou*·ma fa·*ti*·a
(6) tranches	*(seis) fatias*	(séïs) fa·*ti*·as
une boîte de conserve	*uma lata*	*ou*·ma *la*·ta
(juste) un peu	*(só) um pouco*	(so) oum *po*·kou
plus	*mais*	maïs
un peu…	*um pouco …*	oum *po*·kou …
celui-là	*aquele*	a·*ké*·le
celui-ci	*este*	*és*·te

expressions courantes

maïs aou·*gou*·ma *koï*·za
Mais alguma coisa? — **Autre chose ?**

o ke vo·*sé* gos·ta·*ri*·a
O que você gostaria? — **Que désirez-vous ?**

po·so a·jou·*da*·lo/a·jou·*da*·la
Posso ajudá-lo/ajudá-la? **m/f** — **Puis-je vous aider ?**

saoum (*sin*·kou rré·*aïs*/*é*·ou·roz)
São (cinco Reais/euros). — **Ça fait (5 reals/euros).**

Moins.	*Menos.*	*mé*·nos
Un peu plus.	*Um pouco mais.*	oum *po*·ko maïs
Ça suffit.	*Chega.*	*ché*·ga
Auriez-vous… ?	*Vocês tem …?*	vo·*séïs* téïm …
quelque chose	*algo mais*	*aou*·go maïs
de moins cher	*barato*	ba·*ra*·tou
d'autres sortes	*outros tipos*	*o*·tros *ti*·pos
Où se trouve le rayon… ?	*Onde posso encontrar a seção de …?*	*on*·de *po*·so éïn·kon·*trarr* a sé·*saoum* de …
produits laitiers	*laticínios*	la·ti·*si*·nios
poissonnerie	*peixe*	*péï*·che
surgelés	*congelados*	kon·jé·*la*·dos
fruits et légumes	*frutas e legumes*	*frou*·tas e lé·*gou*·mes
viandes	*carne*	*kar*·ne
des volailles	*frango*	*fran*·go

ustensiles de cuisine

utensílios de cozinha

Puis-je vous emprunter un(e)… ?
Posso pegar um/uma … emprestado/ emprestada? m/f — po·so pé·*garr* oum/*ou*·ma … ëïm·prés·*ta*·dou/ ëïm·prés·*ta*·da

J'ai besoin d'un(e)…
Preciso de um/uma … m/f — pré·*si*·zo de oum/*ou*·ma …

assiette	*prato* m	*pra*·tou
bol	*tigela* f	ti·*jé*·la
casserole	*panela* f	pa·*né*·la
cuillère	*colher* f	ko·*lliérr*
couteau	*faca* f	*fa*·ka
four à micro-ondes	*microondas* m	*mi*·kro·*on*·das
	forno m	*forr*·no
fourchette	*garfo* m	*garr*·fou
grille-pain	*torradeira* f	to·rra·*déï*·ra
décapsuleur/ tire-bouchon	*abridor* m *de garrafas*	a·bri·*dor* de ga·*rra*·fas
planche à découper	*tábua* f *de cortar*	*ta*·boua de korr·*tarr*
poêle à frire	*frigideira* f	fri·ji·*déï*·ra
réfrigérateur	*geladeira* f	jé·la·*déï*·ra
tasse	*xícara* f	*chi*·ka·ra
ouvre-boîtes	*abridor* m *de latas*	*a*·bri·*dorr* de *la*·tas
verre	*copo* m	*ko*·po

commander

pedindo a comida

Y a-t-il un restaurant (végétarien) dans les environs ?
Tem um restaurante (vegetariana) aqui por perto? — téïm oum rrés·taou·*ran*·te (vé·jé·ta·ri·*a*·na) a·*ki* porr *pérr*·tou

Avez-vous des aliments… ?	*Você tem comida …?*	vo·*sé* téïm kou·*mi*·da …
halal	*halal*	a·*laou*
kasher	*kocher*	*ko*·chérr
végétariens	*vegetariana*	vé·jé·ta·ri·*a*·na
Je ne mange pas…	*Eu não como …*	*é*·ou naoum *ko*·mo …
de poisson	*peixe*	*péï*·che
de poulet	*frango*	*fran*·go
de viande (rouge)	*carne (vermellia)*	*kar*·ne (vérr·*mé*·llia)
Est-ce cuisiné dans/avec du… ?	*Isto é feito em/ com …?*	*is*·to è *féï*·to ëïm/ kom …
beurre	*manteiga*	man·*té*·ga
bouillon de poisson	*caldo de peixe*	*kaou*·dou de *péï*·che
de viande	*caldo de carne*	*kaou*·dou de *karr*·ne
Pourriez-vous préparer un repas sans… ?	*Você poderia preparar uma refeição sem …?*	vo·*sé* po·dé·*ri*·a pré·pa·*rarr ou*·ma rré·féï·*saoum* séïm …
œufs	*ovos*	*o*·vos
porc	*porco*	*porr*·kou
fruits de mer	*frutos do mar*	*frou*·tos dou marr
Est-ce… ?	*Isto é …?*	*is*·to è …
allégé en graisse	*de baixo teor de gordura*	de *baï*·cho té·*orr* de gorr·*dou*·ra
en sucre	*de baixo teor de açúcar*	de *baï*·cho té·*orr* de a·*sou*·karr
biologique	*orgânico*	orr·*ga*·ni·kou

décaféiné	*descafeinado*	dés·ka·fé·i·*na*·do
élevé en plein air	*de caipira*	kai·pi·ra
génétiquement modifié	*transgênico*	trans·*jé*·ni·ko
halal	*halal*	a·*laou*
kasher	*kocher*	*ko*·chérr
sans gluten	*sem glúten*	séïm *glou*·téïn
sans matière animale	*sem derivados de animais*	séïm dé·ri·*va*·dos de a·ni·*maïs*
sans sel	*sem sal*	séïm saou

allergies et régimes spéciaux

dietas especiais e alergias

Je suis un régime particulier.
Estou numa dieta especial *és*·to *nou*·ma di·*é*·ta és·pé·si·aou

Je suis …	*Eu sou …*	*é*·ou so …
bouddhiste	*Budista*	bou·*dis*·ta
hindouiste	*Hindu*	*in*·dou
juif	*Judeu/Judia* **m/f**	jou·*dé*·o/jou·*di*·a
musulman	*Muçulmano/ Muçulmana* **m/f**	mou·soul·*ma*·nou/ mou·soul·*ma*·na
végétalien	*vegitalista* **m et f**	vé·ji·ta·*lis*·ta
végétarien	*vegetariano/ vegetariana* **m/f**	vé·jé·ta·ri·*a*·no/ vé·jé·ta·ri·*a*·na

Je suis allergique à/au/aux…	*Eu sou alérgico/ alérgica à …* **m/f**	*é*·ou so a·*lérr*·ji·ko/ a·*lérr*·ji·ka a …
produits laitiers	*laticínios*	la·ti·*si*·nios
œufs	*ovos*	*o*·vos
la gélatine	*gelatina*	jé·la·*ti*·na
gluten	*glúten*	*glou*·téïn
miel	*mel*	mél
monoglutamate de sodium	*monoglutamato de sódio*	mo·no·glou·ta·*ma*·to de *so*·dio
l'arachide	*amendoims*	a·méïn·do·*ims*
fruits de mer	*frutos do mar*	*frou*·tos do marr

A

abacate m a·ba·*ka*·te *avocat*
abacaxí m a·ba·ka·*chi* *ananas*
abóbora f a·*bo*·bo·ra *citrouille*
açafrão m a·sa·*fraoum* *safran*
açaí m a·sa·*i* *fruit du palmier, de couleur violet foncé, au goût aqueux*
acarajé m a·ka·ra·*je* *boulette bahianaise de haricots bruns écrasés, farcie au* **vatapá***, puis frite dans l'huile de palme*
acebolado/acebolada m/f a·sé·bo·*la*·dou/a·sé·bo·*la*·da *oignon et ail frits dans l'huile d'olive avec du laurier, servi avec un steak*
acompagnamento m a·kom·pa·nia·*méïm*·tou *accompagnement*
açúcar m a·*sou*·karr *sucre*
— **mascavo** mas·*ka*·vo *sucre brun*
— **refinado** rré·fi·*na*·do/rré·fi·*na*·da *sucre raffiné*
adoçante m a·do·*san*·te *édulcorant*
agrião m a·gri·*aoum* *cresson*
água f *a*·goua *eau*
— **da nascente** *a*·goua da na·*séïn*·te *eau de source*
— **da torneira** *a*·goua da torr·*néï*·ra *eau du robinet*
— **mineral (com/sem gás)** *a*·goua mi·né·*raou* (kom/séïm gas) *minérale (plate/gazeuse)*
aguardente m a·gouarr·*déïn*·te *eau de vie de canne du Brésil* (**cachaça**)
aipo m *aï*·po *céleri*
alcachofra f aou·ka·*cho*·fra *artichaut*
alecrim m a·lé·*krim* *romarin*
alface m aou·*fa*·se *laitue*
alho m **porro** *a*·llio po·*rro* *poireau*
almoço m aou·*mo*·so *déjeuner*
almôndegas f pl aou·*mon*·dé·gaz *boulettes de viande (généralement du porc ou du bœuf), servies avec une sauce tomate*
ambrosia f am·bro·*zi*·a *dessert au jaune d'œuf sucré, monté en crème*
amêijoa f a·*méï*·jo·a *coque (mollusque)*
ameixa f a·*méï*·cha *prune*
amêndoa f a·*méïn*·doua *amande*
amendoim m a·méïn·dou·*im* *cacahuète, arachide*
amora f a·*mo*·ra *mûre*
angú m an·*gou* *sorte de polenta liquide*
cordeiro m korr·*déï*·rou *agneau*
arroz m a·*rroz* *riz*
— **cozido** a·*rroz* ko·*zi*·dou *riz cuisiné*
— **de carreteiro** a·*rroz* de ka·rré·*téï*·rou *plat de riz au bœuf demi-sel sauté, servi avec du manioc à la poêle*
— **de marisco** a·*rroz* de ma·*rris*·kou *sorte de paella aux fruits de mer sans viande, typiquement portugais*
— **integral** a·*rroz* in·té·*graou* *riz complet*
asa f *a*·za *aile*
— **assada** *a*·za a·*sa*·da *aile rôtie*
— **de frango** *a*·za de *fran*·gou *aile de poulet*
— **frita** *a*·za *fri*·ta *aile sautée*
aspargo m as·*par*·go *asperge*
atum m a·*toum* *thon*
avelã f a·vé·*lin* *noisette*
aves f pl *a*·vés *volailles*
avestruz m a·vés·*trous* *autruche*
azeite m a·*zéï*·te *huile d'olive*

azeitonas f pl a·zéï·*tou*·nas *olives*
— **pretas** a·zéï·*tou*·nas *pré*·tas *olives noires*
— **recheadas** a·zéï·*tou*·nas ré·ché·*a*·das *olives farcies*
— **sem caroço** a·zéï·*tou*·nas séïm ka·*rro*·so *olives dénoyautées*
— **verdes** *vérr*·dés *olives vertes*

B

bacaba f ba·*ka*·ba *fruit amazonien préparé avec du vin et des sirops*
bacalhau m ba·ka·*lliaou* *morue séchée et salée, plat national au Portugal, accompagné de pomme de terre*
— **assada** ba·ka·*lliaou* a *sa* da *morue au four*
— **na Braz** ba·ka·*lliaou* na braz *morue émiettée avec de l'oeuf*
— **na brasa** ba·ka·*lliaou* na *bra* za *morue grillée au charbon de bois*
banha f *ba*·gna *lard*
batata f **doce** ba·*ta*·ta *do*·se *patate douce*
batatas f pl ba·*ta*·tas *pommes de terre*
— **cozidas** ba·*ta*·tas ko·*zi*·das *pommes de terre à l'eau*
— **fritas** ba·*ta*·tas *fri*·tas *frites ou chips*
baunilha f baou·*ni*·llia *vanille*
bavaroise f ba·va·rrou·*a*·ze *crème battue, gélatineuse, avec des morceaux de fruits, ananas ou fraises*
bebida f bé·*bi*·da *boisson*
— **(sem) álcool** bé·*bi*·da (séïm) *aou*·kol *boisson (non) alcoolisée*
— **destilada** bé·*bi*·da dés·ti·*la*·da *boisson distillée*
— **gelada** bé·*bi*·da jé·*la*·da *boisson fraîche*
— **quente** bé·*bi*·da *kéïn*·te *boisson chaude*
beringela f bé·rin·*jé*·la *aubergine*
beterraba f bé·té·*rra*·ba *betterave*
bicarbonato m **de sódio** bi·ka·borr·*na*·tou de *so*·dio *bicarbonate de soude*

bife m *bi*·fe *filet de bœuf ou d'autres viandes, de volaille ou de poisson*
— **ao ponto** *bi*·fe aou *pon*·tou *viande cuite à point*
— **bem passado** *bi*·fe béïm pa·*sa*·dou *viande bien cuite*
— **de alcatra** *bi*·fe de aou·*ka*·tra *filet de rumsteack*
— **de atum** *bi*·fe de a·*toum* *steak de thon*
— **de filé** *bi*·fe de fi *lè* *aloyau*
— **de lombinho** *bi*·fe de lom·*bi*·gnou *filet de porc*
— **de vaca** *bi*·fe de *va*·ka *bifteak*
biscoitos m pl bis·*koï*·tos *biscuits*
bobó m **de camarão** bo·*bo* de ka·ma·*raoum* *ragoût de crevettes fraîches, de lait de coco, de* **dendê** *(huile), avec de la coriandre et de la purée de manioc*
bolachas f pl as bo·*la*·chas *galettes • biscuits*
bolinhos de bacalhau m pl bo·*li*·gnos de ba·ka·*lliaou* *croquettes de morue*
bolo m *bo*·lo *gâteau*
— **de aniversário** *bo*·lo de a·ni·verr·*sa*·riou *gâteau d'anniversaire*
— **de carne** *bo*·lo de *kar*·ne *pain de viande*
— **de casamento** *bo*·lo de ka·za·*méïm*·to *gâteau de mariage*
— **de chocolate** *bo*·lo de cho·ko·*la*·te *gâteau au chocolat*
— **de laranja** *bo*·lo de la·*ran*·ja *gâteau à l'orange*
— **de nozes** *bo*·lo de *no*·zés *gâteau aux noix*
— **rei** *bo*·lo rréï *brioche des rois, en couronne, avec des noix, des pignons, des amandes et des raisins secs, décorée de fruits confits*
bombons m pl bom·*boms* *bonbons*
brasa *bra*·za *voir* **na brasa**
brócolis m pl *bro*·ko·lis *broccoli*
bucho m *bou*·cho *tripe*
bufet m **de saladas frias** bou·*fé* de sa·*la*·das *fri*·as *buffet de salades froides de légumes, pâtes et haricots*

buritî m bou·ri·*ti* *fruit du palmier à la chair farineuse et au léger goût de pêche*

C

cabidela, à ka·bi·*dé*·la, a *les plats à base de sang ou d'abats de volaille*
cabrito m ka·*bri*·tou *chevreau*
cacau m ka·*kaou* *cacao • beurre de la cabosse de cacao*
— **chocolate quente** ka·*kaou* cho·ko·*la*·te *kéïm*·te *chocolat chaud*
caça f *ka*·sa *gibier*
cação m ka·*saoum* *viande de requin*
cachaça f ka·*cha*·sa *eau de vie de canne à sucre, forte, qui se consomme dans tout le Brésil*
café m ka·*fè* *café*
— **bica** ka·*fe* *bi* ka *café très serré* (**Port**)
— **com cheirinho** ka·*fe* kom chéï *ri* gnou *café avec un verre d'eau de vie* (**Port**)
— **com leite** ka·*fe* kom *léï*·te *café au lait*
— **descafeinado** ka·*fe* des·ka·fe·i·*na*·dou *café décaféiné*
— **em grão** ka·*fe* éïm graoum *café en grain*
— **galão** ka·*fe* ga·*lin* *café au lait dans un grand verre* (**Port**)
— **instantâneo** ka·*fe* ins·tan·*ta*·né·ou *café instantané*
— **moído** ka·*fe* mo·*i*·dou *café moulu*
— **pingado** ka·*fe* pin·*ga*·dou *noisette*
cafeteria f ka·fé·té·*ri*·a *brûlerie ou cafétéria*
cafezinho ka·fé·*zi*·gno *café noir serré* (**Brés**)
caipirinha f kai·pi·*ri*·gna *cocktail de* **cachaça,** *citron vert et sucre sur de la glace*
cajú m ka·*jou* *noix de cajou • tarte aux noix de cajou (la noix est dans le fruit qui sert à faire du jus)*
caldeirada f kaou·déï·*ra*·da *soupe épaisse, généralement au poisson*
caldo m *kaou*·do *soupe • bouillon*
— **de galinha** *kaou*·do de ga·*li*·gna *bouillon de poule*
— **verde** *kaou*·do *vérr*·de *soupe de pomme de terre avec* **couve** *et* **paio**
camarão m ka·ma·*raoum* *crevette*
— **á paulista** ka·ma·*raoum* a paou·*lis*·ta *crevettes fraîches entières sautées à l'huile d'olive avec de l'ail et du sel*
— **frito com alho** ka·ma·*raoum* *fri*·to kom *a*·llio *crevettes sautées avec de l'ail, parfois avec du piment*
canela f ka·*né*·la *canelle*
canja f *kan*·ja *soupe à base de bouillon, souvent un plat complet*
— **de galinha** *kan*·ja de ga·*li*·gna *soupe de poule*
carambola f ka·ram·*bo*·la *carambole*
caramelo m ka·ra·*mé*·lo *caramel • bonbon dur*
carangueijada f ka·ran·gouéï·*ja*·da *crabe cuit entier sur du sel, accompagné de piment et de* **farofa**
carne f *kar*·ne *viande*
— **assada** *kar*·ne a·*sa*·da *viande rôtie*
— **de porco** *kar*·ne de *porr*·kou *viande de porc*
— **de sol** *kar*·ne de sol *viande demi-sel, au goût fort, sautée à l'huile*
— **de vaca** *kar*·ne de *va*·ka *viande de bœuf*
— **picada** *kar*·ne pi·*ka*·da *viande hachée*
carneiro m karr·*néï*·rou *mouton*
cardápio m kar·*da*·piou *menu*
— **de vinhos** kar·*da*·piou de *vi*·gnos *cartes des vins*
carvão, no m et f kar·*vaoum*, no *grillé au charbon de bois*
caruru m ka·rou·*rou* *un des plats brésilien les plus populaires, d'origine africaine, fait de gombos, d'oignon, de sel, de crevettes séchées et d'huile de palme. Traditionnellement, on y ajoute un poisson de mer comme le mérou.*
casa, à moda da m et f *ka*·za, a *mo*·da da *comme à la maison*

casa f **de chá** ka·za de cha *salon de thé qui vend des douceurs et du café en plus du thé et des tisanes*
caseira/caseiro m/f ka·zéï·ra/ka·zéï·rou *comme à la maison*
castagnas f pl **de cajú** kas·ta·gnas de ka·jou *noix de cajou*
castanhas f pl **portugesas** (Brés) kas·ta·gnas porr·tou·gé·zas *noix*
cavalas f pl ka·va·las *maquereau*
casquinha f **de siri** kas·ki·gna de si·ri *crabe farci*
cebola f sé·bo·la *oignon*
cenoura f sé·no·ra *carotte*
cereal m sé·ré·aou *céréales en grains ou du petit-déjeuner*
cereja f sé·ré·ja *cerise*
cerveja f sérr·vé·ja *bière*
cervejaria f sérr·vé·ja·ri·a *bar à bières (sert aussi à manger)*
chá m cha *thé*
— **com limão** cha kom li·maoum *thé servi avec une tranche de citron*
— **de ervas** cha de érr·vas *tisane*
— **de erva doce** cha de érr·va do·se *tisane anisée (couramment donnée aux enfants au Brésil)*
— **de limão** cha de li·maoum *verre ou tasse d'eau chaude avec du citron*
— **preto** cha pré·to *thé noir*
— **verde** cha vérr·de *thé vert*
champanhe m chan·pa·gne *champagne*
chef m et f ché·fe *chef*
chocolate m cho·ko·la·te *chocolat*
— **ao leite** cho·ko·la·te aou léï·te *chocolat au lait*
— **branco** cho·ko·la·te bran·kou *chocolat blanc*
— **preto** cho·ko·la·te pré·to *chocolat noir*
choppe m cho·pi *grand verre de bière pression*
— **preto** cho·pi pré·to *bière brune*
chouriço m cho·ri·sou *saucisse à base de porc, aillé et épicée au piment rouge*
— **de sangue** cho·ri·sou de san·gue *sorte de boudin*
churrasco m chou·rras·kou *barbecue*
claras f pl **de ovos** kla·ras de o·vos *blancs d'œufs*
côco m ko·ko *noix de coco*
codorna f ko·dorr·na *caille*
coelho m ko·é·llio *lapin*
— **à caçador** ko·é·llio a ka·sa·dorr *"lapin sauce chasseur"– cuit au vin rouge et au vin blanc, avec des tomates*
— **ao vinha d'alho** ko·é·llio aou vi·gna da·llio *lapin cuit sur des tranches de pain frit, couvert d'oignon effilé et arrosé de Porto ou de vin blanc*
coentro m ko·éïm·trou *coriandre*
cogumelos m pl ko·gou·mé·los *champignons*
colorau m ko·lo·raou *paprika doux*
com tudo kom tou·do *avec tous les accompagnements*
compota f kom·po·ta *compote de fruit*
confeitaria f kom·féï·ta·ri·a *pâtisserie*
congelado/congelada m/f kom·jé·la·dou/kom·jé·la·da *surgelé*
conserva f kom·sérr·va *en conserve*
consomé m kom·so·mè *consommé*
corante m ko·ran·te *colorant*
cordeiro m korr·déï·rou *mouton*
costeleta f **de porco** kos·té·lé·ta de porr·kou *cotelette de porc*
couve f ko·ve *chou*
— **de Bruxelas** ko·ve de brou·che·las *choux de Bruxelles*
— **flor** ko·ve florr *chou-fleur*
coxinha f **de galinha** ko·chi·gna de ga·li·gna *rissoles de poule*
cozido m **(à brasileira)** ko·zi·do (a bra·si·léï·ra) *ragoût brésilien, à base de viande, de légumes, de haricots et de riz*
cozido/cozida m/f ko·zi·dou/ko·zi·da *cuit*

cozinha f ko·zi·gna *cuisine*
— **tradicional** tra·di·sio·naou *cuisine traditionnelle*
cravo m kra·vo *clous de girofle*
creme m kré·me *crème*
— **chantilly** kré·me chan·ti·li *crème chantilly*
— **de legumes** kré·me de lé·gou·mes *crème de légumes (soupe)*
— **pasteleiro** kré·me pas·té·léï·ro *crème à base d'œufs pour fourrer les pâtisseries*
croissant m kroua·san *croissant*
— **com chocolate** kroua·san kom cho·ko·la·te *pain au chocolat*
— **com creme** kroua·san kom kré·me *chausson à la crème*
— **com presunto** kroua·san kom pré·zoun·tou *croissant au jambon*
— **com queijo** kroua·san kom kéï·jou *croissant au fromage*
— **misto** kroua·san mis·to *croissant mixte, fromage et jambon*
croquete m kro·ké·te *croquette de viande*
cru/crua m/f krou/krou·a *cru*
curado/curada m/f kou·ra·dou/kou·ra·da *traité (fumé, salé, boucané...)*

D

damasco m da·mas·kou *abricot*
defumado/defumada m/f dé·fou·ma·dou/dé·fou·ma·da *fumé(e)*
dendê m déïn·de *huile de palme*
desossado/desossada m/f dé·zo·sa·do/dé·zo·sa·da *désossé(e)*
digestivo m di·jés·ti·vo *digestif*
dobradinha f do·bra·di·gna *tripes avec des haricots blancs et du riz*
doce m do·se *douceur, dessert, confiture*
— **de abóbora com requeijão** do·se de a·bo·bo·ra kom rré·kéï·jaoum *confiture de citrouille*
— **de goiaba** do·se de go·ï·a·ba *confiture de goyave*
— **de ovos** do·se de o·vos *bonbons au jaune d'œuf*
doces m pl **regionais** do·ses rré·jio·naïs *bonbons régionaux*
dourado m do·ra·dou *poisson d'eau douce du Brésil*

E

empada f ëïm·pa·da *chausson*
— **de carne** ëïm·pa·da de karr·ne *chausson à la viande*
— **de camarão** ëïm·pa·da de ka·ma·raoum *chausson aux crevettes*
— **de frango** ëïm·pa·da de fran·go *chausson au poulet*
— **de galinha** ëïm·pa·da de ga·li·gna *chausson à la poule*
— **de legumes** ëïm·pa·da de lé·gou·mes *chausson aux légumes*
empadão m ëïm·pa·daoum *grande* **empada**
enguia f ëïn·gui·a *anguille*
entrada f ëïn·tra·da *entrée*
erva-doce f érr·va·do·se *anis*
ervas f pl érr·vas *herbes*
— **aromáticas** érr·vas a·ro·ma·ti·kas *herbes aromatiques*
ervilhas f pl érr·vi·llias *petits pois*
escabeche m és·ka·bé·che *sauce à base de tomates, oignons, persil et ail, revenus avec du vinaigre, et servie avec du poisson*
escalopinho m és·ka·lo·pi·gno *petite pièce de choix de viande désossée*
espada f és·pa·da *espadon*
espanhola, à és·pa·gno·la, a *plat à la sauce tomate et oignon*
espaguete m és·pa·gué·te *spaghetti*
especialidade f **da casa** és·pé·sia·li·da·de da ka·za *spécialité de la maison*
especiarias f pl és·pé·sia·ri·as *épices*

espeto m és·*pé*·to *à la broche/ brochettes*
— **de camarão** és·*pé*·to de ka·ma·*raoum* *brochettes de crevettes*
— **de carne** és·*pé*·to de *kar*·ne *brochettes de bœuf*
— **de lula** és·*pé*·to de *lou*·la *brochettes d'encornets*
— **misto** és·*pé*·to *mis*·to *grillades variées • brochettes de veau et/ou de porc, intercalé de lard ou de bouts de saucisse, de poivron vert et d'oignon*
espinafre m és·pi·*na*·fre *épinard*
espumante m et f és·pou·*man*·te *vin pétillant*

F

faisão m fai·*saoum* *faisan*
farinha f **de trigo** fa·*ri*·gna de *tri*·go *farine de blé*
farinha f **de mandioca** fa·*ri*·gna de man·di·o·ka *farine de manioc*
farofa f fa·*ro*·fa *farine de manioc revenue dans l'huile avec de l'ail, du sel et parfois de la saucisse et des œufs*
favas f pl *fa*·vas *fèves*
feijão m féï·*jaoum* *haricots*
— **branco** féï·*jaoum* *bran*·ko *haricots blancs*
— **fradinho** féï·*jaoum* fra·*di*·gno *petit haricot noir ou brun*
— **manteiga** féï·*jaoum* man·*téï*·ga *haricot pois de sept ans*
— **preto** féï·*jaoum* *pré*·to *haricots noirs*
feijoada f féï·jo·*a*·da *le plat national du Brésil, à base de porc et de haricots noirs, servi avec du riz et de la farofa*
figado m *fi*·ga·do *foie*
figo m *fi*·go *figue*
filete m fi·*lé*·te *filet de poisson*
— **de pescada** fi·*lé*·te de pés·*ka*·da *filet de merlan pané et frit*

folhado m **de carne** fo·*llia*·dou de *karr*·ne *pâte feuilletée farcie à la viande*
folhado m **de salsicha** fo·*llia*·dou de saou·*si*·cha *pâte feuilletée farcie à la saucisse*
forno, ao *forr*·no, aou *au four*
framboesa f fram·bo·*é*·za *framboise*
frango m *fran*·go *poulet*
— **assado** *fran*·go a·*sa*·do *poulet sauté*
— **na brasa** *fran*·go na *bra*·za *poulet grillé, assaisonné à l'ail, au laurier, au paprika et à l'huile d'olive*
fresco/fresca m/f *frés*·ko/*frés*·ka *frais, froid*
frigideira f fri·ji·*déï*·ra *poêle à frire*
frio/fria m/f *fri*·o/*fri*·a *froid*
frito/frita m/f *fri*·to/*fri*·ta *frit*
frios m pl *fri*·os *viande froide*
fruta f *frou*·ta *fruit*
— **cristalizada** *frou*·ta kris·ta·li·*za*·da *fruit confit*
— **da época** *frou*·ta da *é*·po·ka *fruit de saison*
fruta-do-conde f *frou*·ta·do·*kom*·de *corossol*
frutas secas f pl *frou*·tas *sé*·kas *fruits secs*
folha m **do funcho** *fo*·llia do *foun*·cho *aneth*

G

galinha f ga·*li*·gna *poule*
— **caipira** ga·*li*·gna kai·*pi*·ra *poule élevée en plein air*
garrafa f ga·*rra*·fa *bouteille*
— **de meio litro** ga·*rra*·fa de *mé*·io *li*·tro *bouteille d'un demi-litre*
— **de um litro** ga·*rra*·fa de oum *li*·tro *bouteille de 1 litre*
— **pequena** ga·*rra*·fa pé·*ké*·na *petite bouteille*
gelatina f jé·la·*ti*·na *gélatine*
geléia f jé·*lè*·ia *gelée*
gelo m *jé*·lo *glaçon*

gemas f pl jé·mas *jaunes d'œufs*
gengibre m jéïm·ji·bre *gingembre*
goiaba f go·ia·ba *goyave*
goiabada f go·ia·ba·da *confiture de goyave*
grão (de bico) m graoum (de bi·ko) *pois chiche*
gratinado/gratinada m/f gra·ti·na·dou/gra·ti·na·da *gratiné(e)*
graviola f gra·vi·o·la *corossol*
grelhado/grelhada m/f gré·llia·dou/gré·llia·da *grillé(e)*
groselha f gro·zé·llia *groseille* • *sirop de groseille*
guarnecido/guarnecida m/f gouar·né·si·dou/gouar·né·si·da *garniture de chou-fleur, carottes et oignons au vinaigre et parfois d'olives*
guisado/guisada m/f gui·za·dou/gui·za·da *en ragoût*

H

hortaliça f or·ta·li·sa *légumes verts*
— **cozida** or·ta·li·sa ko·zi·da *légumes verts cuits à l'eau*
— **refogada** or·ta·li·sa rré·fo·ga·da *légumes verts revenus au beurre*
hortelã f or·té·lin *menthe*

I

inhame m i·gna·me *igname*
iogurte m i·o·gourr·te *yaourt*
— **líquido** i·o·gourr·te li·ki·do *yaourt liquide*
iscas f pl **de fígado** is·kas de fi·ga·dou *foie haché*

J

jaca f ja·ka *fruit du jaquier*
jambu m jam·bou *herbe brésilienne*
jantar m jan·tarr *dîner*
jardineira f jar·di·néï·ra *copieux ragoût de bœuf et de légumes*
javali m ja·va·li *sanglier*

L

lagosta f la·gos·ta *langouste/homard*
lagostim m la·gos·tin *écrevisses*
lanche m lan·che *goûter*
laranja f la·ran·ja *orange*
lata f la·ta *boîte de conserve*
lebre f lé·bre *lièvre*
legumes m pl lé·gou·mes *légumes*
leitão m léï·taoum *cochon de lait grillé au feu de bois*
leite m léï·te *lait*
— **condensado** léï·te kom·déïn·sa·dou *lait concentré*
— **gordo** léï·te gorr·do *lait entier*
— **desnatado** léï·te dés·na·ta·do *lait écrémé*
lesma f lés·ma *escargots*
licor m li·korr *liqueur*
limão m li·maoum *citron vert*
— **galego** li·maoum ga·lé·go *citron jaune*
língua f lin·goua *langue*
linguado m lin·goua·dou *sole*
— **à (la) Meunière** lin·goua·dou a (la) mo·ni·err *sole meunière*
linguiça f lin·goui·sa *longue et fine saucisse de porc à l'ail*
lombinho m **de porco** lom·bi·gno de porr·kou *fines tranches de filet de porc*
lombo m **de porco assado** lom·bo de porr·ko a·sa·do *longe de porc rôtie*
louro m lo·ro *laurier*
lula f lou·la *encornet, calmar*
— **à Sevilhana** lou·la a sé·vi·llia·na *anneaux de calmars frits accompagnés d'une mayonnaise*
— **recheada** lou·la rré·ché·a·da *petits encornés farcis de riz, tomates et persil*

M

maçã f ma·sin *pomme*
— **assada** ma·sin a·sa·da *pomme au four*

maduro/madura m/f ma·dou·ro/ ma·dou·ra *mûr (fruit)*
maionese f ma·io·né·ze *mayonnaise*
mamão m ma·maoum *papaye*
mandioca f man·di·o·ka *manioc • cassave*
— **frita** man·di·o·ka fri·ta *manioc frit • encas fréquent dans les cafés (Brésil)*
moda, à mo·da, a *à la mode*
manga f man·ga *mangue*
manjerona f man·jé·ro·na *marjolaine*
manteiga f man·téï·ga *beurre*
maracujá m ma·ra·kou·ja *fruit de la passion*
margarina f marr·ga·ri·na *margarine*
marisco m ma·ris·ko *crustacé*
marmelada f marr·mé·la·da *pâte de coing*
marisqueira f ma·ris·kéï·ra *restaurant de fruits de mer*
massa f ma·sa *pâte*
— **folhada** ma·sa fo·llia·da *pâte feuilletée*
medalhão m mé·da·lliaoum *médaillon de viande ou de poisson*
mel m mél *miel*
melaço m mé·la·so *mélasse*
melancia f mé·lan·si·a *pastèque*
melão m mé·laoum *melon*
— **com presunto** mé·laoum kom pré·zoun·to *melon servi avec des lamelles de jambon cru*
mercado m mérr·ka·do *marché*
merenda f mé·réïn·da *snack • déjeuner léger • en-cas*
merengue m mé·réïn·gue *meringue*
mexilhões m pl mé·chi·llio·ïns *moules*
mil folhas m pl mil fo·llias *millefeuilles*
milho m **doce** mi·llio do·se *maïs sucré*
minimercado m mi·ni·mérr·ka·do *petite épicerie ouverte tard le soir*
mini-prato m mi·ni·pra·to *toute petite portion*
miolos m pl mi·o·los *cervelle*
miudos m pl mi·ou·dos *abats*
moda f **da casa** mo·da da ka·za *"comme à la maison" – concerne généralement un plat de viande accompagné de riz, de frites, de salade et d'un œuf au plat*
moelas f pl as mo·é·las *gésiers de poulet*
molho m mo·llio *sauce • vinaigrette*
— **branco** mo·llio bran·ko *sauce blanche*
— **de caramelo** mo·llio de ka·ra·mé·lo *sauce au caramel*
— **de cocktail** mo·llio de ko·ki·tél *sauce à base de mayonnaise, de sauce tomate, et d'un peu de whisky*
— **de manteiga** mo·llio de man·téï·ga *sauce au beurre*
— **verde** mo·llio vérr·de *sauce aux oignons émincés, à l'ail, au poivron rouge, au persil, au vinaigre et à l'huile d'olive, accompagnant le poisson ou le poulpe*
molusco m mo·lous·ko *palourde*
moqueca f mou·ké·ka *cuisine bahianaise • sauce ou plat à base d'huile de palme et de lait de coco, cuit dans un plat en terre*
moqueca f **(de peixe) capixaba** mo·ké·ka (de péï·che) ka·pi·cha·ba *plat de poisson traditionnellement cuit dans un plat en terre*
morangos m pl mo·ran·gos *fraises*
morcela f morr·sé·la *sorte de boudin*
moscatel f mos·ka·tél *moscatel (vin doux)*
mostarda f mos·tarr·da *moutarde*

N

na brasa na bra·za *grillé au charbon de bois*
na chapa na cha·pa *cuit sur une plaque chauffante*
na pedra na pé·dra *pierrade (viande ou poisson)*
nabo m na·bo *navet*
nêspera f nés·pé·ra *nèfle*
novilho m no·vi·llio *veau*
noz f noz *noix*

O

óleo m o·llio *huile*
— de amendoim o·llio de a·méïn·do·*in* *huile d'arachide*
— de cozinha o·llio de ko·*zi*·gna *huile de cuisson*
— de girassol o·llio de ji·ra·*sol* *huile de tournesol*
— de milho o·llio de *mi*·llio *huile de maïs*
— de soja o·llio de *so*·ja *huile de soja*
— vegetal o·llio vé·jé·*taou* *huile végétale*
omelete m o·mé·*lé*·te *omelette*
orégano m o·*rè*·ga·no *origan*
ostra f *os*·tra *huître*
ovas f pl **(de pescada)** *o*·vas (de pés·*ka*·da) *œufs de poissons (colin)*
ovo m *o*·vo *œuf*
— cozido *o*·vo ko·*zi*·do *œuf à la coque*
— frito *o*·vo *fri*·to *œuf au plat*
— mexido *o*·vo mé·*chi*·do *œuf brouillé*
— poché *o*·vo po·*chè* *œuf poché*

P

pá f pa *paleron de bœuf*
padaria f pa·da·*ri*·a *boulangerie*
paio m *pa*·yo *saucisse de filet de porc fumée*
palmier m paou·mi·*err* *palmier (pâtisserie)*
panqueca f pan·*ké*·ka *crêpe/galette*
— de galigna pan·*ké*·ka de ga·*li*·gna *galette farcie à la poule*
— de legumes pan·*ké*·ka de lé·*gou*·mes *galette de légumes*
pão m paoum *pain*
— com linguiça paoum kom lin·*goui*·sa *pain roulé, farci à la saucisse*
— da casa paoum da *ka*·za *"pain maison"*
— de centeio paoum de séïn·*te*·io *pain de seigle léger*
— de forma paoum de *forr*·ma *une miche de pain*
— de-ló paoum de *lo* *pain de mie*
— de milho paoum de *mi*·llio *pain de maïs*
— de trigo integral paoum de *tri*·go in·té·graou *pain de blé complet*
— doce paoum *do*·se *pain sucré à la crème, au glaçage ou au sucre*
— integral paoum in·té·*graou* *pain complet*
papa f **de milho** *pa*·pa de *mi*·llio *bouillie de maïs*
papos-de-anjo m pl *pa*·pos·dé·*an*·jo *petits feuilletés aux œufs et au sirop de sucre*
passas f pl *pa*·sas *raisins secs*
pastéis m pl pas·*téïs* *pâtisseries*
— de bacalhau pas·*téïs* de ba·ka·*lliaou* *beignets de morue avec de la pomme de terre écrasée, du persil, de l'oignon et du sel, typiquement portugais*
pastel m pas·*tél* *pâtisserie*
pastelaria f pas·té·la·*ri*·a *pâtisserie (magasin)*
pato m *pa*·to *canard*
— no tucupi *pa*·to no tou·kou·*pi* *canard rôti et aillé, cuit dans du* **tucupi**
pé m **de porco com feijão branco** pe de *porr*·ko kom féï·*jaoum bran*·ko *pieds de porc cuisinés avec des haricots blancs*
peito m **de frango** *péï*·to de *fran*·go *blanc de poulet*
peixada m péï·*cha*·da *poisson au bouillon avec des légumes et des tomates*
peixe m *péï*·che *poisson*
— assado no forno *péï*·che a·*sa*·do nou *forr*·nou *poisson au four*
— frito *péï*·che *fri*·to *poisson frit*
pepino m pé·*pi*·no *concombre*
pêra f *pé*·ra *poire*
peru m pé·*rou* *dinde*
pescada f pés·*ka*·da *merlan*
pescadignas f pl pés·ka·*di*·gnas *friture de petits merlans*
pêssego m *pé*·sé·go *pêche*

petiscos m pl pé·*tis*·kos *amuse-gueules (saucisse, fromage et olives, manioc frit et frites)*
picagna f pi·*ka*·gna *fine tranche de rumsteak*
picante pi·kan·te *toute sauce épicée ou piquante*
pimenta f pi·*méïn*·ta *poivre*
— **branca** pi·*méïn*·ta *bran*·ka *poivre blanc*
— **do reino** pi·*méïn*·ta do *rréï*·no *poivre noir*
pimentão m pi·méïn·*taoum* *piment (doux) • poivron*
— **assado** pi·méïn·*taoum* a·*sa*·do *poivron au four*
— **verde** pi·méïn·*taoum verr*·de *poivron vert*
— **vermelho** pi·méïn·*taoum* vérr·*mé*·llio *poivron rouge*
pignão m pi·*gnaoum* *pomme de pin*
pirarucu m pi·ra·rrou·*kou* *poisson répandu en Amazonie*
— **ao forno** pi·ra·rrou·*kou* aou *forr*·no *pirarucu cuit au four avec du citron*
poché m po·*che* *poché*
polpa f *pol*·pa *pulpe*
— **de fruta** *pol*·pa de *frou*·ta *pulpe de fruit*
— **de tomate** *pol*·pa de to·*ma*·te *pulpe de tomate*
polvo m *pol*·vo *poulpe*
porco m *porr*·ko *porc*
porco a alentajana *por* cou a a·lén·té·*ja*·na *porc aux palourdes, typique du Portugal*
posta f *pos*·ta *filet de poisson*
Porto *porr*·tou *apéritif portugais*
— **vintage** *porr*·tou vin·*ta*·ge *Porto millésimé*

prato m *pra*·to *plat*
— **de verão** *pra*·to de vé·*raoum* *salade de fruit, courante à Rio de Janeiro*
— **do dia** *pra*·to do *di*·a *plat du jour*
— **feito (PF)** *pra*·to *féï*·to (pé·é·fe) *menu*
— **principal** *pra*·to prin·si·*paou* *plat principal*
presunto m pré·*zoun*·tou *jambon fumé*
pudim m pou·*din* *pudding*
— **de leite condensado** pou·*din* de *léï*·te kom·déïm·*sa*·do *dessert au lait concentré, semblable à la crème au caramel*
— **de ovos** pou·*din* de o·vos *pudding aux œufs*
pupugna f pou·*pou*·gna *fruit charnu d'Amazonie, riche en vitamines, qui se mange avec le café*

Q

queijo m *kéï*·jo *fromage*
— **de cabra** *kéï*·jo de *ka*·bra *fromage au lait de chèvre*
— **de ovelha** *kéï*·jo de o·*vé*·llia *fromage au lait de brebis*
— **de vaca** *kéï*·jo de *va*·ka *fromage au lait de vache*
— **quente** *kéï*·jo *kéïn*·te *fromage fondu*
queijadas de Sintra kéï·*ja* das de *sin* tra *petites tartelettes sucrées au fromage, semblables à du flan*
quibe m *ki*·be *boulette frite*

R

rabanadas ra ba na das *pain perdu, spécialité de Noël au Portugal*
recheado/recheada m/f rré·ché·*a*·do/ rré·ché·*a*·da *farci*
recheio m rré·*chéï*·o *farci/fourré*
refeição f rré·féï·*saoum* *repas*
— **rápida** rré·féï·*saoum rra*·pi·da *repas rapide • fast food*
refogado m rré·fo·*ga*·do *friture au beurre*

refrigerante m rré·fri·jé·*ran*·te *boisson gazeuse (non alcoolisée)*
repolho m rré·*po*·llio *chou pommé ou cabus*
— **roxo** rré·*po*·llio *rro*·cho *chou rouge*
rim m rrin *rognons*
risole m rri·*zo*·le *rissole (chausson de pâte feuilletée farci et frit)*
— **de camarão** rri·*zo*·le de ka·ma·*raoum* *rissole aux crevettes*
— **de carne** rri·*zo*·le de *karr*·ne *rissole à la viande*
— **de frango** rri·*zo*·le de *fran*·go *rissole au poulet*
rodízio m rro·*di*·zio *barbecue brésilien avec des brochettes de viandes variées et un buffet de salades froides*
rosbife m rros·*bi*·fe *rosbif*

S

sal m saou *sel*
salada f sa·*la*·da *salade*
— **de alface** sa·*la*·da de aou·*fa*·se *laitue*
— **de atum** sa·*la*·da de a·*toum* *salade de thon, pomme de terre, petits pois, carottes, œufs durs, assaisonnée d'une vinaigrette à l'huile d'olive et au vinaigre*
— **de bacalhau com feijão fradigno** sa·*la*·da de ba·ka·*lliaou* kom féï·*jaoum* fra·di·gno *salade de morue salée, séchée et émiettée et de haricots, assaisonnée d'une vinaigrette à l'huile d'olive et au vinaigre*
— **de feijão fradigno** sa·*la*·da de féï·*jaoum* fra·di·gno *salade de haricots, accommodée d'oignon, d'ail, d'huile d'olive et de vinaigre et saupoudrée d'œuf dur émietté et de persil*
— **de tomate** sa·*la*·da de to·*ma*·te *salade de tomates à l'oignon, parfumée à l'origan*
— **mista** sa·*la*·da *mis*·ta *salade mixte (tomate, laitue et oignons)*
— **palmito** sa·*la*·da paou·*mi*·to *salade de cœurs de palmiers*
— **russa** sa·*la*·da *hou*·sa *salade de pommes de terre, petits pois, carottes et mayonnaise*
salgadinho m saou·ga·*di*·gnos *petits amuse-gueules*
salgado/salgada m/f saou·*ga*·do/ saou·*ga*·da *salé(e)*
salmão m saou·*maoum* *saumon*
— **defumado** saou·*maoum* dé·fou·*ma*·do *saumon fumé*
salpicão m saou·pi·*kaoum* *saucisse de porc fumée, à l'ail, au laurier et parfois au vin*
salsa f saou·*sa* *persil*
salsicha f saou·*si*·cha *saucisse*
sálvia f *saou* via *sauge*
sanduiche m *san*·dou·i·che *sandwich*
sardignas f sarr·*di*·gnas *sardines*
—**assada** sarr·*di*·gnas a·*sa*·das *sardines grillées à la braise, traditionnelles au Portugal*
seco/seca m/f sé·ko/sé·ka *sec/sèche • séché(e)*
sobremesa f so·bré·*mé*·za *dessert • confiture*
sognos m pl *so*·gnos *beignets saupoudrés de sucre et de canelle*
sopa f *so*·pa *soupe*
— **de feijão** *so*·pa de féï·*jaoum* *soupe de haricots secs ou autres légumes secs*
— **de feijão fradigno** *so*·pa de féï·*jaoum* fra·*di*·gno *soupe aux fradignos et aux saucisses*
— **de legumes** *so*·pa de lé·*gou*·més *soupe de légumes*
— **de peixe** *so*·pa de *péï*·che *soupe de poisson, dans un bouillon aux tomates et oignons, servie sur une tranche de pain*
— **do dia** *so*·pa do *di*·a *soupe du jour*
— **juliana** *so*·pa jou·li·*a*·na *soupe de julienne de légumes*
sorvete m sorr·*vé*·te *crème glacée*
suco m *sou*·ko *jus*
— **de laranja natural** *sou*·ko de la·*ran*·ja na·tou·*raou* *orange pressée*

T

tacacá f ta·ka·*ka* *plat indien aux crevettes séchées, au poivre,* **jambu** *et manioc*
tamboril m tan·bo·*ril* *lotte*
tamarindo m ta·ma·*rin*·do *tamarin*
torta f **de amêndoa** *torr*·ta de a·*méïn*·doua *tarte aux amandes*
torta f **de maçã** torr·ta de ma·*sin* *tarte aux pommes*
tomate m to·*ma*·te *tomate*
tomilho m to·*mi*·llio *thym*
torrada f to·*rra*·da *pain grillé*
torresmo m to·*rres*·mo *couenne de porc grillée (amuse-gueule chaud ou froid)*
toucigno m tou·*si*·gno *bacon*
— **defumado** tou·*si*·gno de·fou·*ma*·do *bacon fumé*
— **salgado** tou·*si*·gno saou·*ga*·do *bacon salé*
trança f *tran*·sa *pâtisserie nappée d'un mélange de noix de coco et de morceaux de noix*
tremoços m pl tre·*mo*·sos *haricots jaunes salés, en conserve, servis en amuse-gueules*
tripa f *tri*·pa *tripe*
truta f *trou*·ta *truite*
tucupi m tou·kou·*pi* *sauce au jus de manioc et au* **jambu**
tutu m **á mineira** tou·*tou* a mi·*néï*·ra *pâte de haricot, de bacon grillé et de farine de manioc, généralement servie avec du chou cuit*

U

uvas f pl *ou*·vas *raisin*
uvas passas f pl *ou*·vas pa·sas *raisins secs*

V

vatapá m va·ta·*pa* *plat composé de crevette séchée, de noix de cajou et de poisson, assaisonné de poivre et de sauce tomate*
veado m ve·*a*·do *chevreuil*
vinagre m vi·*na*·gre *vinaigre*
vigna m **d'alho** *vi*·gna *da*·llio *viande marinée dans du vin ou du vinaigre, de l'huile d'olive, de l'ail et du laurier*
vigno m *vi*·gno *vin*
— **branco** *vi*·gno *bran*·ko *vin blanc*
— **da casa** *vi*·gno da *ka*·za *vin du patron*
— **dão** *vi*·gno *da o* *vin rouge du Portugal*
— **da região** *vi*·gno da rre·ji·*aoum* *vin de la région*
— **quente** *vi*·gno *kéïm*·te *vin chaud*
— **rosé** *vi*·gno rro·*zè* *vin rosé*
— **tinto** *vi*·gno *tin*·to *vin rouge*
— **verde** *vi*·gno *verr*·de *vin "vert" – léger et pétillant, généralement blanc, existe aussi en rouge ou rosé*
vitamina f vi·ta·*mi*·na *fruits battus au lait*
vitela f vi·*té*·la *veau*

X

xerém chouriço m che·*réïm* cho·*ri*·so *bouillie de maïs servie avec des crustacés, du porc ou d'autres viandes*
xinxim de galigna m chin·*chin* de ga·*li*·gna *morceaux de poulet à l'ail, au sel et au citron*

l'essentiel

essencial

Au secours, on m'agresse !
Socorro, estou sendo assaltado/assaltada! **m/f** — so·ko·rro és·to séïn·dou a·saou·ta·do/a·saou·ta·da

Arrêtez, au voleur !
Pega ladrão! — pé·ga la·draoum

Puis-je utiliser votre téléphone ?
Posso usar seu telefone? — po·so ou·zarr sé·ou té·lé·fo·ne

C'est une urgence.
É uma emergência. — è ou·ma é·mérr·jéïn·si·a

Appelez la police !
Chame a polícia! — cha·me a po·li·si a

Appelez un médecin !
Chame um médico! — cha·me oum mè·di·ko

Appelez une ambulance !
Chame uma ambulância! — cha·me ou·ma am·bou·lan·si·a

Pourriez-vous m'aider, s'il vous plaît ?
Você pode ajudar, por favor? — vo·sé po·dé a·jou·darr porr fa·vorr

Je suis perdu(e).
Estou perdido/perdida. **m/f** — és·to pérr·di·dou/pérr·di·da

Est-ce dangereux par ici ?
Aqui é perigoso? — a·ki è pé·ri·go·zo

Où sont les toilettes ?
Onde tem um banheiro? — on·de téïm oum ba·gnéï·rou

Je suis malade.
Estou doente. és·*to* do·*ëïn*·te

Elle est en train d'accoucher.
Ela está tendo um bebê é·la és·*ta* *téïn*·do oum bé·*bé*

Mon/ma … est malade.	*… está doente.*	… és·*ta* do·*ëïn*·te
fille	*Minha filha*	*mi*·gna *fi*·llia
amie	*Minha amiga*	*mi*·gna a·*mi*·ga
ami	*Meu amigo*	*mé*·ou a·*mi*·gou
fils	*Meu filho*	*méou* *fi*·lliou

Il/elle fait une…	*Ele/Ela está tendo …*	é·le/é·la es·*ta* *téïn*·dou …
réaction allergique	*uma reação alérgica*	*ou*·ma rré·a·*saoum* a·*lérr*·ji·ka
crise d'asthme	*um ataque de asma*	oum a·*ta*·ke de *as*·ma
crise d'épilepsie	*um ataque epilético*	oum a·*ta*·ke é·pi·*lè*·ti·ko
crise cardiaque	*um ataque cardíaco*	oum a·*ta*·ke karr·*di*·a·ko

panneaux indicateurs

Delegacia de Polícia	dé·lé·ga·*sia* de po·*li*·sia	Poste de police
Hospital	os·pi·*taou*	Hôpital
Polícia	po·*li*·sia	Police
Pronto Socorro	*pron*·to so·*ko*·rro	Urgences/ Premiers secours

URGENCES

police

polícia

Où se trouve le poste de police ?
Onde é a delegacia de polícia? — on·de è a dé·lé·ga·*sia* de po·*li*·si a

Téléphonez à la police touristique, s'il vous plaît.
Por favor telefone para a Polícia de Turistas. — porr fa·*vorr* té·lé·*fo*·ne *pa*·ra a po·*li*·sia de tou·*ris*·tas

Je voudrais porter plainte.
Eu quero fazer uma queixa. — é·ou *ké*·ro fa·*zérr* *ou*·ma *kéï*·cha

Il/elle a essayé de me…	*Ele/Ela tentou me …*	é·le/é·la téïn·*to* me …
violer	*estrupar*	és·trou·*parr*
voler	*roubar*	rro·*barr*
J'ai été…	*Eu fui …*	é·ou *fou*·i …
Il/elle a été…	*Ele/Ela foi …*	é·le/é·la foï …
agressé(e)	*agredido/agredida* **m/f**	a·gré·*di*·do/a·gré·*di*·da
violé(e)	*estrupado/estrupada* **m/f**	és·trou·*pa*·do/és·trou·*pa*·da
volé(e)	*assaltado/assaltada* **m/f**	a·saou·*ta*·do/a·saou·*ta*·da
On m'a volé…	*… foi roubado/roubada.* **m/f**	… foï rro·*ba*·do/rro·*ba*·da
ma carte de crédit	*Meu cartão* **m** *de crédito*	*mé*·ou karr·*taoum* de *krè*·di·to
mon argent	*Meu dinheiro* **m**	*mé*·ou di·*gnéï*·rou
mon portefeuille	*Minha carteira* **f**	*mi*·gna kar·*téï*·ra

On m'a volé…	*… foram roubados/ roubadas.* **m/f pl**	… *fo*·ran rro·*ba*·dos/ rro·*ba*·das
mes bagages	*Minhas bolsas* **f pl**	*mi*·gnas *bol*·sas
mes papiers	*Meus papéis* **m pl**	*mé*·ous pa·*peïs*
mes chèques de voyage	*Meus travellers cheques* **m pl**	*mé*·ous tra·ve·*ler chè*·kés

ce que la police pourra dire…

Vous êtes accusé(e) de…
Você está sendo acusado/ acusada de … **m/f** — vo·*se* és·*ta séïn*·dou a·kou·*za*·dou/ a·kou·*za*·da de …

Il/elle est accusé(e) de…
Ele/Ela está sendo acusado/ acusada de … **m/f** — *é*·le/*é*·la és·*ta séïn*·dou a·kou·*za*·dou/ a·kou·*za*·da de …

agression	*agressão*	a·gré·*saoum*
troubler l'ordre public	*perturbar a paz*	pérr·tour·*barr* a pas
ne pas avoir de visa	*não ter visto*	naoum térr *vis*·to
avoir séjourner ici après expiration de votre visa	*ter ultrapassado o seu visto*	térr oul·tra·pa·*sa*·do o *sé*·ou *vis*·to
posséder des substances illégales	*posse de substâncias ilegais*	*po*·se de sou·bis·*tan*·sias i·lé·*gaïs*
vol à l'étalage	*furto*	*four*·to
vol	*roubo*	*rro*·bou

C'est une amende pour…	*É uma multa de …*	è *ou*·ma *moul*·ta de …
stationnement illégal	*estacionamento*	és·ta·si·o·na·*méïn*·tou
excès de vitesse	*velocidade*	vé·lo·si·*da*·de

J'ai perdu... *Perdi ...* pérr·*di* ...

mon sac à dos *minha mochila* mi·gna mo·*chi*·la

mon sac à main *minha bolsa de mão* mi·gna *bol*·sa de maoum

mon passeport *meu passaporte* *mé*·ou pa·sa·*porr*·te

C'est lui/elle.
Foi ele/ela. foï *é*·le/*é*·la

Je suis assuré(e).
Eu tenho seguro. é·ou *té*·gno sé·*gou*·ro

De quoi suis-je accusé(e) ?
Do que estou sendo acusado/acusada? **m/f** do ke és·*to séïn*·dou a·kou·*za*·do/a·kou·*za*·da

Je m'excuse.
Desculpe. dés·*koul*·pe

Je ne savais pas que je faisais quelque chose de mal.
Eu não sabia que estava fazendo algo errado. é·ou naoum sa·*bi*·a ke és·*ta*·va fa·*zéïn*·dou *aou*·go é·*rra*·dou

Ce n'est pas moi qui ai fait ça.
Eu não fiz isso. é·ou naoum fis *i*·so

Puis-je payer une amande sur place ?
Posso pagar a multa na hora? *po*·so pa·*garr* a *moul*·ta na *ô*·ra

Puis-je passer un coup de téléphone ?
Posso fazer uma ligação? *po*·so fa·*zérr ou*·ma li·ga·*saoum*

Puis-je avoir un avocat (qui parle français) ?
Posso ter um advogado (que fale francês?) *po*·so térr oum ad·vo·*ga*·do (ke *fa*·le fran·*céïs*)

Ce médicament est pour mon usage personnel.
Esta medicação é para uso pessoal. — *és*·ta mé·di·ka·*saoum* è *pa*·ra *ou*·zo pé·so·*aou*

J'ai une ordonnance pour ce médicament.
Eu tenho receita médica para esta droga. — é·ou *té*·gno rré·*séï*·ta *mè*·di·ka *pa*·ra *és*·ta *dro*·ga

Je (ne) comprends (pas).
Eu (não) entendo. — é·ou (naoum) ëin·*téïn*·dou

Je voudrais contacter…	*Eu quero entrar em contato com a …*	é·ou *ké*·ro ëin·*trarr* ëim kon·*ta*·to kom a …
mon consulat	*meu consulado*	*mé*·ou kon·sou·*la*·dou
mon ambassade	*minha embaixada*	*mi*·gna ëim·baï·*cha*·da

comme le dit le proverbe…

A mentira tem pernas curtas.
a méïn·*ti*·ra téïm *pérr*·nas *kour*·tas — Un mensonge a les pattes courtes.

Mais vale um pássaro na mâo que dois voando.
maïs *va*·le oum *pa*·sa·ro na maoum ke doïs *voan*·dou — Mieux vaut un oiseau dans la main que deux qui volent.

consulter un professionnel de santé

consultar um profissional da saúde

Où se trouve le/la … le/la plus proche ?	*Onde fica … mais perto?*	*on*·de *fi*·ka … maïs *pérr*·to
pharmacie (de nuit)	*a farmácia (noturna)*	a farr·*ma*·sia (no·*tour*·na)
dentiste	*o dentista*	o déïn·*tis*·ta
médecin	*o médico*	o *mè*·di·ko
service des urgences	*o pronto socorro*	o *pron*·to so·*ko*·rro
hôpital	*o hospital*	o os·pi·*taou*
centre médical	*a clínica médica*	a *kli*·ni·ka *mè*·di·ka
optométriste	*o optometrista*	o op·to·mé·*tris*·ta

J'ai besoin d'un médecin (qui parle français).
Eu preciso de um médico (que fale francês). — é·ou pré·*si*·zo de oum *mè*·di·ko (ke *fa*·le fran·*céïs*)

Pourrais-je voir une femme médecin ?
Posso ver uma médica? — *po*·so vérr *ou*·ma *mè*·di·ka

Le médecin peut-il se déplacer ?
O médico pode vir aqui? — o *mè*·di·ko *po*·de virr a·*ki*

Existe-t-il un numéro pour les urgences ?
Tem um número para emergência? — téïm oum *nou*·mé·ro *pa*·ra é·mérr·*jéïn*·sia

ce que le médecin pourra dire…

Quel est le problème ?
Qual é o problema? — kaou è o pro·*blé*·ma

Où avez-vous mal ?
Onde dói? — *on*·de *do* i

Avez-vous de la température ?
Você tem febre? — vo·*sé* téïn *fé*·bre

Ça fait combien de temps que vous êtes comme ça ?
Há quanto tempo você está assim? — a *kouan*·tou *téïn*·puo vo·*sé* és·*ta* a·*sim*

Cela vous est-il déjà arrivé ?
Você já teve isso antes? — vo·*sé* ja *té*·ve *i*·so an·*tés*

Avez-vous des relations sexuelles ?
Você está sexualmente ativo/ativa? **m/f** — vo·*sé* és·*ta* sék·sou·aou·*méïn*·te a·*ti*·vo/a·*ti*·va

Avez-vous eu des rapports sexuels non protégés ?
Você fez sexo sem proteção? — vo·*sé* fés *sék*·so séïn pro·té·*saoum*

Est-ce que vous… ?	*Você …?*	vo·*sé* …
buvez	*bebe*	*bé*·be
fumez	*fuma*	*fou*·ma
vous droguez	*usa drogas*	*ou*·za *dro*·gas

Êtes-vous… ?	*Você …?*	vo·*sé* …
allergique à quelque chose	*é alérgico/alérgica à alguma coisa* **m/f**	è a·*lèrr*·ji·ko/a·*lèrr*·ji·ka a aou·*gou*·ma *koï*·za
sous traitement	*está tomando remédio*	és·*ta* to·*man*·dou rré·*mè*·dio

Depuis combien de temps êtes-vous en voyage ?
Quanto tempo você vai viajar? — *kouan*·to *téïm*·po vo·*sé* vaï vi·a·*jarr*

Vous devez être hospitalisé(e).
Você precisa ser internado/internada num hospital. **m/f** — vo·*sé* pré·*si*·za serr in·térr·*na*·do/in·térr·*na*·da noum os·pi·*taou*

ce que le médecin pourra dire…

Faites-vous ausculter en rentrant chez vous.
Você deverá checar isto quando voltar para casa. — vo·*sé* dé·vé·*ra* ché·*karr* *is*·to *kouan*·do vol·*tarr* *pa*·ra *ka*·za

Vous devriez rentrer chez vous pour suivre un traitement.
Você deveria voltar para casa para tratamento. — vo·*sé* dé·vé·*ri*·a vol·*tarr* *pa*·ra *ka*·za *pa*·ra tra·ta·*méïn*·to

Vous êtes hypochondriaque.
Você é hipocondríaco/hipocondríaca. **m/f** — vo·*sé* è i·po·kon·*dri*·a·kou/i·po·kon·*dri*·a·ka

Je suis à court de médicament.
Estou sem remédio. — és·*to* séïn rré·*mè*·di·io

C'est mon médicament habituel.
Este é meu remédio habitual. — *és*·te è *mé*·ou rré·*mè*·dio a·bi·tou·*aou*

Mon fils pèse (20 kilos).
Meu filho pesa (vinte kilos). — *méou* *fi*·llio *pé*·za (*vin*·te *ki*·los)

Ma fille pèse (20 kilos).
Minha filha pesa (vinte kilos). — *mi*·gna *fi*·llia *pé*·za (*vin*·te *ki*·los)

Quel est le bon dosage ?
Qual é a dosagem correta? — kaou è a do·za·*jéïn* ko·*rré*·ta

Je ne veux pas de transfusion sanguine.
Eu não quero uma transfusão de sangue. — *é*·ou naoum *ké*·ro *ou*·ma trans·fou·*zaoum* de *san*·ge

Utilisez une seringue neuve, s'il vous plaît.
Por favor use uma seringa nova. — porr fa·*vorr* *ou*·ze *ou*·ma sé·*rin*·ga *no*·va

J'ai ma propre seringue.
Eu tenho minha própria seringa. — *é*·ou *té*·gno *mi*·gna *pro*·pri·a sé·*rin*·ga

Je suis vacciné(e) contre…	*Eu fui vacinado/ vacinada contra …* **m/f**	é·ou *fou*·i va·si·*na*·do/ va·si·*na*·da *kon*·tra …
l'hépatite A/B/C	*hepatite A/B/C*	é·pa·*ti*·te a/bé/cé
la fièvre jaune	*febre amarela*	*fé*·bre a·ma·*ré*·la
Il/elle est vacciné(e) contre…	*Ele/Ela foi vacinado/ vacinada contra …* **m/f**	é·le/*é*·la foï va·si·*na*·dou/ va·si·*na*·da *kon*·tra …
le tétanos	*tétano*	*té*·ta·no
la typhoïde	*tifo*	*ti*·fo
J'ai besoin de…	*Eu preciso de …*	é·ou pré·*si*·zo de …
nouvelles lentilles de contact	*novas lentes de contato*	*no*·vas *léïn*·tés de kon·*ta*·to
nouvelles lunettes	*novos óculos*	*no*·vos *o*·kou·los

Mon ordonnance prescrit…
Minha receita médica é … — *mi*·gna rré·*séï*·ta *mè*·di·ka è …

Combien ça va coûter ?
Quanto vai custar? — *kouan*·to vaï kous·*tarr*

Puis-je avoir un reçu pour l'assurance que j'ai souscrite ?
Posso pegar um recibo para meu seguro? — *po*·so pé·*garr* oum rré·*si*·bo *pa*·ra *mé*·ou sé·*gou*·ro

symptômes et condition physique

sintomas e estado de saúde

Je suis malade.
Estou doente. — és·*to* do·*ëïn*·te

Mon ami(e) est malade.
Meu amigo está doente. m — *mé*·ou a·*mi*·go és·*ta* do·*ëïn*·te
Minha amiga está doente. f — *mi*·gna a·*mi*·ga és·*ta* do·*ëïn*·te

Mon fils est malade.
Meu filho está doente. — *mé*·ou *fi*·llio és·*ta* do·*ëïn*·te

Ma fille est malade.
Minha filha está doente. — *mi*·gna *fi*·llia és·*ta* do·*ëïn*·te

J'ai mal ici.
Aqui dói. — a·*ki* do i

Je suis déshydraté(e).
Estou desidratado/desidratada. m/f — és·*to* dé·zi·dra·*ta*·dou/dé·zi·dra·*ta*·da

Je n'arrive pas à dormir.
Eu não consigo dormir. — *é*·ou naoum kon·*si*·gou dorr·*mirr*

Je me suis blessé.
Fui machucado. m — *fou*·i ma·chou·*ka*·do

Il/elle s'est blessé(e).
Ele/Ela está machucado/machucada. m/f — *é*·le/*é*·la és·*ta* ma·chou·*ka*·do/ma·chou·*ka*·da

J'ai vomi.
Fui vomitando. — *fou*·i vo·mi·*tan*·do

Je me sens…	*Estou me sentindo …*	és·*to* me séïn·*tin*·do …
angoissé(e)	*ansioso/ ansiosa* **m/f**	an·si·*o*·zo/ an·si·*o*·za
bizarre	*estranho/ estranha* **m/f**	és·*tra*·gno/ és·*tra*·gna
déprimé(e)	*deprimido/ deprimida* **m/f**	dé·pri·*mi*·dou/ dé·pri·*mi*·da
faible	*fraco/fraca* **m/f**	*fra*·ko/*fra*·ka
mieux	*melhor*	mé·*lliorr*
moins bien	*pior*	pi·*orr*

J'ai…	*Estou me sentindo …*	és·*to* me séïn·*tin*·do …
la chair de poule	*com tremedeira*	kom tré·mé·*déï*·ra
la nausée	*enjoado/ enjoada* **m/f**	éïn·jo·*a*·do/ éïn·jo·*a*·da
tantôt chaud tantôt froid	*com calor e com frio*	kon ka·*lorr* e kon *fri*·o
le tournis	*tonto/tonta* **m/f**	*ton*·to/*ton*·ta

Je pense que c'est à cause du traitement que je prends.
Acho que é este remédio que estou tomando. — *a*·cho ke è *és*·te rré·*mè*·dio ke és·*to* to·*man*·do

Je suis un traitement pour…
Estou tomando remédio para … — és·*to* to·*man*·do rré·*mè*·dio *pa*·ra …

Il/elle suit un traitement pour…
Ele/Ela está tomando remédio para … — *é*·le/*é*·la és·*ta* to·*man*·do rré·*mé*·dio *pa*·ra …

J'ai…
Tenho … — *té*·gno …

Il/elle a…
Ele/Ela tem … — *é*·le/*é*·la téïn …

J'ai eu (récemment)…
(Recentemente) Tive … — (rré·séïn·té·*méïn*·te) *ti*·ve …

Il/elle a eu (récemment)…
Ele/Ela (recentemente) teve … — *é*·le/*é*·la (rré·séïn·té·*méïn*·te) *té*·ve …

de l'asthme	*asma* **f**	*as*·ma
du diabète	*diabete* **f**	di·a·*bé*·te
la diarrhée	*diarréia* **f**	di·a·*rrè*·ia
des douleurs	*dor* **f**	dorr
de la fièvre	*febre* **f**	*fé*·bre
mal à la gorge	*dor* **f** *de garganta*	dorr de gar·*gan*·ta
mal à la tête	*dor* **f** *de cabeça*	dorr de ka·*bé*·sa
la nausée	*náusea* **f**	*naou*·zé·a
un rhume	*resfriado* **f**	rrés·fri·*a*·do

santé au féminin

saúde da mulher

(Je crois que) Je suis enceinte.
(Acho que) Estou grávida. (*a*·cho ke) és·*to gra*·vi·da

Je prends la pilule.
Estou tomando a pílula. és·*to* to·*man*·do a *pi*·lou·la

Ça fait (6) jours/semaines que je n'ai pas eu mes règles.
Não fico menstruada há (seis) dias/semanas. naoum *fi*·ko méïns·trou·*a*·da a (séïs) *di*·as/sé·*ma*·nas

J'ai senti une boule ici.
Notei um caroço aqui. no·*téï* oum ka·*ro*·so a·*ki*

ce que le médecin pourra dire...

Utilisez-vous une méthode contraceptive ?
Você está usando algum método anticoncepcional? vo·*sé* és·*ta* ou·*zan*·do aou·*goum mè*·to·do an·ti·kon·*sép*·sio·naou

Êtes-vous réglée ?
Você está menstruanda? vo·*sé* és·*ta* méïns·trou·*an*·da

Êtes-vous enceinte ?
Você está grávida? vo·*sé* és·*ta gra*·vi·da

De quand datent vos dernières règles ?
Quando foi sua última menstruação? *kouan*·do foï *sou*·a *oul*·ti·ma méïns·trou·a·*saoum*

Vous êtes enceinte.
Você está grávida. vo·*sé* és·*ta gra*·vi·da

Il me faut…	*Eu preciso …*	é·ou pré·*si*·zo …
un test de grossesse	*fazer um teste de gravidez*	fa·*zérr* oum *tés*·te de gra·vi·*déz*
un contraceptif	*de anticoncepcional*	de an·ti·kon·*sép*·sio·naou
la pilule du lendemain	*a pílula do dia seguinte*	a *pi*·lou·la do *di*·a sé·*guéin*·te

allergies

alergias

Pour ce qui concerne les allergies alimentaires, consultez le chapitre **végétariens/régimes spéciaux,** p. 158.

J'ai une allergie cutanée.
Eu tenho alergia de pele. é·ou *té*·gno a·lérr·*ji*·a de *pé*·le

Je suis allergique à…	*Tenho alergia à …*	*té*·gno a·lérr·*ji*·a a …
Il/elle est allergique à/aux…	*Ele/Ela é alérgico/ alérgica à …* **m/f**	*é*·le/*é*·la è a·*lèrr*·ji·ko/ a·*lèrr*·ji·ka a …
antibiotiques	*antibióticos*	an·ti·bi·*o*·ti·kos
anti-inflammatoires	*anti-inflamatórios*	an·ti·im·fla·ma·*to*·ri·os
l'aspirine	*aspirina*	as·pi·*ri*·na
piqûres d'abeilles	*abelhas*	a·*bé*·llias
la codéine	*codeína*	ko·dé·*i*·na
la pénicilline	*penicilina*	pé·ni·si·*li*·na
pollen	*pólem*	*po*·léïn
médicaments à base de sulfure	*drogas à base de súlfura*	*dro*·gas a *ba*·ze de *soul*·fou·ra

inhalateur	*respirador* **m**	rrés·pi·ra·*dorr*
injection/piqûres	*injeção* **f**	im·jé·*saoum*
antihistaminiques	*antiestamínico* **m**	an·ti·és·ta·*mi*·ni·ko

les parties du corps

partes do corpo

Mon/ma … me fait mal.
Meu/Minha … dói. m/f — *mé*·ou/*mi*·gna … *do* i

Je ne peux pas bouger mon/ma…
Não consigo mover meu/minha … m/f — naoum kon·*si*·go mo·*vérr* *mé*·ou/*mi*·gna …

Mon/ma … est enflé(e).
Meu … está inchado. m — *mé*·ou … és·*ta* in·*cha*·dou
Minha … está inchada. f — *mi*·gna … és·*ta* in·*cha*·da

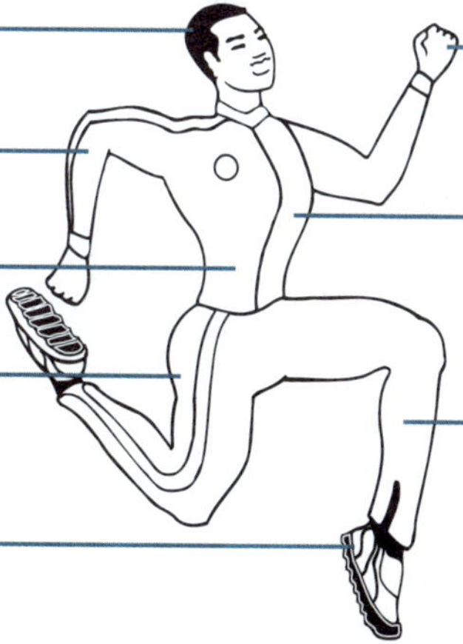

médecines douces

tratamentos alternativos

Je n'utilise pas la (médecine occidentale).
Eu não uso (medicina ocidental). — é·ou naoum *ou*·zo (mé·di·*si*·na o·si·déïn·*taou*)

Je préfère… — *Eu prefiro …* — é·ou pré·*fi*·ro …

Puis-je voir quelqu'un qui pratique… ? — *Posso ver alguém que pratica …* — *po*·so vérr aou·*géïn* ke pra·*ti*·ka …

- **l'acupuncture** — *acupuntura* — a·kou·poum·*tou*·ra
- **la naturopathie** — *naturapatia* — na·tou·ro·pa·*ti*·a
- **la réflexologie** — *reflexologia* — rré·flék·so·lo·*ji*·a

à la pharmacie

farmácia

J'ai besoin de quelque chose pour…
Preciso de alguma coisa para … — pré·*si*·zo de aou·*gou*·ma *koï*·za *pa*·ra …

Faut-il une ordonnance pour… ?
Preciso de receita médica para …? — pré·*si*·zo de rré·*séï*·ta *mè*·di·ka *pa*·ra …

J'ai une ordonnance.
Eu tenho receita médica. — *é*·ou *té*·gno rré·*séï*·ta *mè*·di·ka

Combien de fois par jour ?
Quantas vezes ao dia? — *kouan*·tas *vé*·zés aou *di*·a

Cela donne-t-il le tournis ?
Isto vai me deixar tonto/tonta? **m/f** — *is*·to vaï me déï·*charr* *ton*·to/*ton*·ta

URGENCES

antiseptique	*anti-séptico* **m**	an·ti·*sép*·ti·ko
contraceptifs	*anti-concepcional* **m**	an·ti·kon·*sép*·sio·naou
analgésiques	*analgésicos* **m pl**	a·naou·*jé*·zi·kos
thermomètre	*termômetro* **m**	térr·*mo*·mé·tro
sels de réhydratation	*sais* **m pl** *de hidratação*	saïs de i·dra·ta·*saoum*

expressions courantes

dou·as vé·zés porr *di*·a (as rré·féï·soïns)
Duas vezes por dia (às refeições). — **Deux fois par jour (au cours des repas).**

vo·*sé* ja to·*mo* i·so *an*·tes
Você já tomou isso antes? — **Avez-vous déjà pris ceci ?**

vo·*sé* téïn ke to·*marr* *tou*·do
Você tem que tomar tudo. — **Vous devez suivre le traitement jusqu'au bout.**

chez le dentiste

dentista

J'ai…	*Eu tenho …*	*é*·ou *té*·gno …
une dent cassée	*um dente quebrado*	oum *déïn*·te ké·*bra*·do
une carie	*uma cárie*	*ou*·ma *ka*·ri·e
mal aux dents	*dor de dente*	dorr de *déïn*·te

J'ai perdu un plombage.
Perdi uma obturação. pérr·*di* *ou*·ma ob·tou·ra·*saoum*

Mon dentier est cassé.
Minha dentadura está quebrada. *mi*·gna déïn·ta·*dou*·ra és·ta ké·*bra*·da

Mes gencives me font mal.
Minha gëinivas dói. *mi*·gna jëin·*ji*·vas do i

Je ne veux pas la faire arracher.
Eu não quero extrair. é·ou naoum *ké*·ro és·tra·*irr*

Aïe !
Au! aou

J'ai besoin… *Preciso …* pré·*si*·zo …
d'une anesthésie *de analgésico* de a·naou·*jè*·zi·ko
d'un plombage *de uma obturação* de *ou*·ma ob·tou·ra·*saoum*

expressions courantes

a·bre bëïm *Abra bem.*	**Ouvrez grand.**
ëïn·*cha*·goue *Enxágue.*	**Rincez.**
morr·de *Morde.*	**Mordez ceci.**
naoum se *mé*·cha *Não se mexa.*	**Ne bougez pas.**
naoum vaï do·*érr* *na*·da *Não vai doer nada.*	**Ça ne va pas faire mal.**

TOURISME RESPONSABLE

À l'heure des grands débats sur l'avenir de la planète, la question des effets du tourisme se pose avec de plus en plus d'insistance. L'une des réponses dans le cadre de vos voyages consiste à faire en sorte que votre impact sur l'environnement, les cultures régionales et l'économie locale soit aussi positif que possible. Voici quelques phrases basiques pour vous aider…

différences culturelles et communication

J'aimerais apprendre un dialecte régional.

Eu gostaria de aprender algo do seu dialeto local.	é·ou gos·ta·*ri*·a de a·prén·*dérr aou*·go do *sé*·ou di·a·*lè*·to lo·*kaou*

Voulez-vous que je vous apprenne un peu de français ?

Você gostaria que eu te ensine algo em francês?	vo·*sé* gos·ta·*rri*·a ke *é*·ou te én·*si*·ne *aou*·go ëïm fran·*sés*

Je respecte vos coutumes.

Eu respeito os seus costumes.	*é*·ou rés·*péï*·to os *sé*·ous kos·*tou*·més

problèmes de société

À quelles difficultés est confrontée cette communauté ?

Que tipo de problemas a comunidade está enfrentando?	ke *ti*·po de pro·*blé*·mas a ko·mou·ni·*da*·de és·*ta* én·frén·*tan*·do

instruction	*analfabetismo* m	a·nal·fa·bé·*tis*·mo
pauvreté	*pobreza* f	po·*bré*·za
déforestation	*desmatamento* m	dés·ma·ta·*mén*·to

Existe-t-il des programmes de bénévolat dans la région ?

Tem algum programa voluntário a disposição na redondeza? — téïm aou·*goum* pro·*gra*·ma vo·loun·*ta*·ryo a dis·po·zi·*saoum* na ré·don·*dé*·za

J'aimerais proposer mes compétences.

Eu gostaria de voluntariar com minha especialização. — *é*·ou gos·ta·*ri*·a de vo·loun·ta·ri·*arr* kom *mi*·gna és·pé·sya·li·za·*saoum*

environnement

Votre compagnie a-t-elle une politique écologique ?

A sua empresa tem algum acordo de preservação do meio-ambiente? — a *sou*·a ëïm·*pré*·za téïm aou·*goum* a·*korr*·do de pré·zerr·va·*saoum* do *méï*·o an·bi·*én*·te

Où puis-je recycler ceci ?

Onde posso reciclar isto? — *on*·de *po*·so ré·si·*klarr* *is*·to

transports

Peut-on s'y rendre en transport public ?

Podemos chegar lá de transporte público? — po·*dé*·mos ché·*garr* la de trans·*porr*·te *pou*·bli·ko

Peut-on s'y rendre à vélo ?

Podemos ir até lá de bicicleta? — po·*dé*·mos irr a·*tè* la de bi·si·*klé*·ta

Je préfère y aller à pied.

Eu prefiro caminhar até lá. — *é*·ou pré·*fi*·ro ka·mi·*gnyarr* a·*tè* la

hébergement

Existe-t-il des logements écologiques par ici ?

Tem alguma hospedagem ecológica por aqui? — téïm aou·*gouma* os·pé·*da*·géïm é·ko·*lô*·gi·ka porr a·*ki*

J'aimerais loger dans un hôtel géré localement.

Eu gostaria de me hospedar em um hotel de proprietários locais.	é·ou gos·ta·*ri*·a dé mé os·pé·*darr* ëïm oum o·*tél* de pro·pri·é·*ta*·ryos lo·*kaïs*

Puis-je arrêter l'air conditionné et ouvrir la fenêtre ?

Posso desligar o ar condiçionado e abrir a janela?	*po*·so dés·li·*garr* o arr kon·di·syo·*na*·do é a·*brirr* a ja·*nè*·la

Ce n'est pas la peine de changer mes draps, ils sont propres.

Não prescisa trocar os meus lençóis, ainda estão limpos.	naoum pré·*si*·za tro·*karr* os *mé*·ous lén·*sôys* a·*in*·da és·*taoum lim*·pos

achats

Où puis-je acheter des objets/souvenirs produits localement ?

Onde posso comprar produtos/souvenirs locais?	*on*·de *po*·so kom·*prarr* pro·*dou*·tos/sou·vé·*nirs* lo·*kaïs*

Est-ce que vous vendez des produits du commerce équitable ?

Você vende produtos de comércio justo?	vo·*sé vén*·de pro·*dou*·tos de ko·*mèrr*·syo *jous*·to

Est-ce que c'est fait à partir de...?	*Isto é feito com ...?*	*i*·sto è *féï*·to kom ...
corail	*coral*	ko·*raou*
bois produit localement	*madeira local*	ma·*déï*·ra lo·*kaou*

alimentation

Pouvez-vous me dire quels plats traditionnels je dois goûter ?

Você pode me dizer quais comidas tradicionais eu devo experimentar?	vo·*sé po*·de me di·*zérr* kouaïs ko·*mi*·das tra·di·syo·*naïs é*·ou *dé*·vo és·pé·ri·men·*tarr*

Vendez-vous... ?	*Você vende ...?*	vo·*sé vén*·de ...
des produits alimentaires locaux	*alimentos produzidos localmente*	a·li·*mén*·tos pro·dou·*zi*·dos lo·kaou·*mén*·te
des produits bio	*produtos orgânicos*	pro·*dou*·tos orr·*ga*·ni·kos

visites touristiques

Est-ce que votre compagnie... ?	*A sua empresa ...?*	a *sou*·a éïm·*pré*·za ...
donne de l'argent pour les causes humanitaires	*doa dinheiro para a comunidade*	*do*·a di·*gnéï*·ro *pa*·ra a ko·mou·ni·*da*·de
fait appel à des guides locaux	*tem guias turisticos locais*	téïm *gi*·as tou·*ris*·ti·kos lo·*kaïs*
propose des visites de commerces locaux	*leva a estabele-cimentos de proprietarios locais*	*lé*·va a és·ta·bé·lé·si·*men*·tos de pro·pri·é·*ta*·ryos lo·*kaïs*

Est-ce que le guide parle... ?	*O guia fala ...?*	o *gui*·a *fa*·la ...
apalai	*Apalai*	a·pa·*laï*
arara	*Arara*	a·*ra*·ra
bororo	*Bororó*	bo·ro·*rô*
canela	*Canela*	ka·*né*·la
caraja	*Carajá*	ka·ra·*ja*
guarani	*Guaraní*	goua·ra·*ni*
terena	*Terena*	té·*ré*·na
tucano	*Tucano*	tou·*ka*·no

J'aimerais louer les services d'un guide local.

Eu gostaria de contratar um guia local. — é·ou gos·ta·*ri*·a de kon·tra·*tarr* oum *gui*·a lo·*kaou*

Proposez-vous des circuits culturels ?

Tem excursões culturais? — téïm és·*kourr*·sïns koul·tou·*raïs*

DICTIONNAIRE > français/portugais-brésilien

Les mots et les expressions de ce dictionnaire sont classés par ordre alphabétique. Pour rechercher une expression, rendez-vous au premier mot (par exemple : **chaussures de randonnée** *botas para caminhadas*, est classée à "chaussures").

Le genre des mots sera indiqué par m, f ou n. Le pluriel des noms sera désigné par pl. Dans le cas où un mot peut être à la fois un nom ou un verbe, et le genre n'est pas indiqué, il s'agira d'un verbe.

Pour le vocabulaire relatif à la cuisine locale, consultez le **lexique culinaire**, p. 159.

A

à bord *a bordo* a borr·do
à côté de *ao lado de* aou la·do de
à elle *dela* dé·la
à gauche (direction) *(à) esquerda* f (a) es·kerr·da
à l'étranger *exterior* es·te·ri·orr
à l'intérieur/dedans *dentro* dén·tro
à la coque (cuisson) *mole* mo·le
à lui *dele* dé·le
à travers *através* a·tra·vès
abeille *abelha* f a·bé·llia
abricot *damasco* m da·mas·ko
accident *acidente* m a·si·déïn·te
acheter *comprar* kom·prarr
activiste *ativista* m et f a·ti·vis·ta
acupuncture *acupuntura* f a·kou·poum·tou·ra
adapteur (électrique) *adaptador* m a·da·pi·ta·dorr
addition (facture) *conta* f kon·ta
admettre *admitir* a·di·mi·tirr
administration *administração* f a·d·mi·nis·tra·saoum
adresse *endereço* m ëïm·dé·ré·so
adulte *adulto/adulta* m/f a·doul·to/a·doul·ta
aérobique *aeróbica* f a·é·ro·bi·ka
aéroport *aeroporto* m a·é·ro·porr·tou
affaires *negócios* m pl né·go·sios
— **courantes** *assuntos* m pl *atuais* a·soun·tos a·tou·aïs
affamé *faminto/faminta* m/f fa·min·to/fa·min·ta
affiche *cartaz* m karr·taz
affranchissement *postagem* f pos·ta·jéïm
Afrique *África* f a·fri·ka
âge *idade* f i·da·de
agence de voyage *agência* f *de viagens* a·jén·sia de vi·a·jéms
agenda *diário* m di·a·rio
agent immobilier *agente* m et f *imobiliário* a·jéïn·te i·mo·bi·li·a·rio
agneau *ovelha* f o·vé·llia
agréable *bacana* ba·ka·na
agriculture *agricultura* f a·gri·koul·tou·ra
aide *ajuda* f a·jou·da
aider *ajudar* a·jou·darr
aiguille (couture) *agulha* f a·gou·llia
• **(seringue)** *agulha* f a·gou·llia
ail *alho* m a·llio
ailes *asas* f pl a·zas
aimer (amour) *amar* a·marr
• **(apprécier)** *gostar* gos·tarr
air *ar* m arr
air conditionné *ar* m *condicionado* arr kon·di·sio·na·dou
alcool *álcool* m aou·kol
alimenter *alimentar* a·li·mén·tarr
aliments pour bébé *comida* f *de bebê* ko·mi·da de be·bé
allée *corredor* m ko·rré·dorr
Allemagne *Alemanha* f a·lé·ma·gna
aller *ir* irr
— **simple** *ida* f i·da

aller-retour (billet) *ida e volta* *i*·da e *vol*·ta
allergie *alergia* **f** a·lérr·*ji*·a
Allô. *Alô.* a·*lo*
allocation chômage *seguro social* **m** sé·*gou*·ro so·si·*aou*
allumettes *fósforos* **m pl** *fos*·fo·ros
alpinisme *alpinismo* **m** aou·pi·*nis*·mo • *montanhismo* **m** mon·ta·*gnis*·mo
altitude *altitude* **f** aou·ti·*tou*·de
amande *amêndoa* **f** a·*méïm*·doua
amant *amante* **m et f** a·*man*·te
ambassade *embaixada* **f** ém·baï·*cha*·da
ambassadeur *embaixador/embaixadora* **m/f** éïm·baï·cha·*dorr*/éïm·baï·cha·*do*·ra
amende (contravention) *multa* **f** *moul*·ta
ami *amigo/amiga* **m/f** a·*mi*·go/a·*mi*·ga
amour *amor* **m** a·*morr*
ampoule (cloque) *bolha* **f** *bo*·llia • **(électrique)** *lâmpada* **f** *lan*·pa·da
amusant *divertido/divertida* **m/f** di·vérr·*ti*·do/di·vérr·*ti*·da
ananas *abacaxi* **m** a·ba·ka·*chi*
anarchiste *anarquista* **m et f** a·narr·*kis*·ta
ancien *ancião/anciã* **m/f** an·si·*aoum*/an·si·*in*
anémie *anemia* **f** a·né·*mi*·a
Anglais *Inglês* **m** in·*glés*
Angleterre *Inglaterra* **f** in·gla·*té*·rra
animal *animal* **m et f** a·ni·*maou*
anneau *anel* **m** a·*nél*
année *ano* **m** *a*·no
anniversaire *aniversário* **m** a·ni·vérr·*sa*·rio
annonce *anúncio* **m** a·*noum*·si·o
annuaire téléphonique *lista* **f** *telefônica* *lis*·ta té·lé·*fo*·ni·ka
annuler *cancelar* kan·sé·*larr*
antalgique *analgésico* **m** a·naou·*gé*·zi·ko
antibiotiques *antibióticos* **m pl** an·ti·bi·*o*·ti·kos
antinucléaire *antinuclear* an·ti·nou·klé·*arr*
antique *antigo/antiga* **m/f** an·*ti*·go/an·*ti*·ga
antiseptique *anti-séptico* **m** an·ti·*sép*·ti·ko
août *agosto* a·*gos*·to
appareil auditif *aparelho* **m** *de surdez* a·pa·*ré*·llio de sourr·*des*
appartement *apartamento* **m** a·parr·ta·*méïn*·to
appel en PCV *ligação* **f** *à cobrar* li·ga·*saoum* a ko·*brarr*
appendice (intestin) *apêndice* **m** a·*péïm*·di·se
apporter *trazer* tra·*zérr*
apprécier *gostar* gos·*tarr* • **apprécier (quelqu'un)** *gostar (de alguém)* gos·*tarr* (de aou·*géïm*)
apprendre *aprender* a·prén·*dérr*
approvisionnement *provisões* **f pl** pro·vi·*zoïns*
après *depois* dé·*poïs*
après-demain *depois* **m** *de amanhã* dé·*poïs* de a·ma·*gnin*
après-midi *tarde* **f** (*es*·ta) *tarr*·de • **cet après-midi** *esta tarde* **f** *és*·ta *tarr*·de
après-shampoing *pós barba* **m** pos *barr*·ba
arachide *amendoim* **m** a·mén·do·*im*
araignée *aranha* **f** a·*ra*·gna
arbitre *juiz/juiza* **m/f** jou·*is*/jou·*i*·za
arbre *árvore* **f** *arr*·vo·re
archéologique *arqueológico/arqueológica* **m/f** arr·ké·o·*lo*·ji·ko/arr·ké·o·*lo*·ji·ka
architecte *arquiteto/arquiteta* **m/f** arr·ki·*té*·to/arr·ki·*té*·ta
architecture *arquitetura* **f** ar·ki·té·*tou*·ra
argent (métal) *prata* **f** *pra*·ta
argent *dinheiro* **m** di·*gnéï*·ro
armoire *armário* **m** arr·*ma*·rio
aromathérapie *aromaterapia* **f** a·ro·ma·té·ra·*pi*·a
arrestation *prender* préïn·*derr*
arrêt cardiaque *parada* **f** *cardíaca* pa·*ra*·da karr·*di*·a·ka
arrêt de bus *ponto* **m** *de ônibus* *pon*·to de *o*·ni·bous
arrêter *parar* pa·*rarr*
Arrêtez ! *Pare!* *pa*·re
arrivée *chegada* **f** ché·*ga*·da • **arrivées** *chegadas* **f pl** ché·*ga*·das

arriver *chegar* ché·*garr*
arrondi *redondo/redonda* **m/f** rré·*don*·do/ rré·*don*·da
art *arte* **f** *arr*·te • **galerie d'art** *galeria* **f** *de arte* ga·lé·*ri*·a de *arr*·te
artisanat *artesanato* **m** arr·té·za·*na*·to
artiste *artista* **m et f** ar·*tis*·ta
— **de rue** *artista* **m et f** *de rua* ar·*tis*·ta de *rrou*·a
arts martiaux *artes* **f pl** *marciais* *arr*·tés mar·si·*ais*
ascenceur *elevador* **m** é·lé·va·*dorr*
Asie *Ásia* **f** *a*·zia
asperge *aspargo* **m** as·*parr*·go
aspirine *aspirina* **f** as·pi·*ri*·na
assassin *assassinar* a·sa·si·*narr*
assassinat *assassinato* **m** a·sa·si·*na*·to
asseoir *sentar* sén *tarr*
assoiffé *sedento/sedenta* **m/f** sé·*dén*·to/sé·*dén*·ta
assurance *seguro* **m** sé·*gou*·ro
asthme *asma* **f** *as*·ma
atelier *oficina* **f** o·fi·*si*·na
athlétisme *atletismo* **m** at·lé·*tis*·mo
atmosphère *atmosfera* **f** a·ti·mos·*fé*·ra
attaque *ataque* **m** a·*ta*·ke • **(santé)** *derrame* **m** dé·*rra*·me
attendre *esperar* és·pé·*rarr*
atypique *atípico/atípica* **m/f** a·*ti*·pi·ko/ a·*ti*·pi·ka
au chômage *desempregado/ desempregada* **m/f** dé·zém·pré·*ga*·do/ dé·zém·pré·*ga*·da
au fond *fundo* *foung*·do
au revoir *Tchau/Adeus* **m** ti·*chaou*/ a·*dé*·ous
au secours ! *Socorro!* so·*ko*·ho
au sujet de *sobre* *so*·bre
aube *madrugada* **f** ma·drou·*ga*·da
auberge de jeunesse *albergue* **m** *da juventude* aou·*bérr*·ge da jou·ven·*tou*·de
aubergine *beringela* **f** bé·ring·*jé*·la
aucun *nenhum* né·*llioum*
• **aucun d'entre eux** *nenhum deles* né·*llioum dé*·les
au-dessus *sobre* *so*·bre
aujourd'hui *hoje* *o*·ji
aussi *também* tam·*béïm*
Australie *austrália* **f** aous·*tra*·lia
autel *altar* **m** aou·*tarr*
automne *outono* **m** o·*to*·no
autoroute *auto estrada* **f** *au*·to és·*tra*·da
autre *outro/outra* **m/f** o·tro/o·tra
avant *antes* *an*·tés
avant-hier *antes* **m** *de ontem* *an*·tés de *on*·téïm
avarié(e) (nourriture) *estragado/ estragada* **m/f** és·tra·*ga*·do/és·tra·*ga*·da
avec *com* kon
avenue *avenida* **f** a·vé·*ni*·da
avion *avião* **m** a·vi·*aoum*
aviron *remo* **m** *rré*·mo
avocat (justice) *advogado/advogada* **m/f** a·di·vo·*ga*·do/a·di·vo·*ga*·da
• **(fruit)** *abacate* **m** a·ba·*ka*·te
avoine *aveia* **f** a·*vé*·a
avoir *ter* térr
— **besoin** *precisar* pré·si·*zarr*
— **le tournis** *tonto/tonta* **m/f** *ton*·to/*ton*·ta
— **un rhume** *estar resfriado* **m/f** és·*tarr* rrés·fri·*a*·do
avortement *aborto* **m** a·*borr*·to
avril *abril* a·*bril*

B

babysitter *babá* **f** ba·*ba*
bacon *bacon* **m** *béï*·kon
bagage *bagagem* **f** ba·*ga*·jéïm
• **bagages abandonnés** *achados e perdidos* **m pl** a·*cha*·dos e pérr·*di*·dos
• **étiquette à bagages** *etiqueta* **f** *de bagagem* é·ti·*ké*·ta de ba·ga·*jéïm*
• **poids limite des bagages** *limité* **m** *de peso* li·*mi*·te de *pé*·zo
• **réclamations** *requerimento* **m** *de bagagem* rré·ké·ri·méïn·to de ba·*ga*·jéïm
bague *anel* **m** a·*nél*
baignoire *banheira* **f** ba·*gnéï*·ra
baiser *beijo* **m** *béï*·jo
balcon *varanda* **f** va·*ran*·da
balle *bola* **f pl** *bo*·la
— **de golf** *bola* **f** *de golfe* *bo*·la de *gol*·fi

ballet *balé* **m** ba·*lè*
ballon *bola* **f** *bo*·la
banane *banana* **f** ba·*na*·na • **(sacoche)** *pochete* **f** po·*ché*·te
bandage *curativo* **m** kou·ra·*ti*·vo
bande vidéo *fita* **f** *de vídeo* *fi*·ta de *vi*·dé·o
banlieue *bairro* **m** *bai*·rro
banque *banco* **m** *ban*·ko • **billet de banque** *nota* **f** *no*·ta • **compte en banque** *conta* **f** *bancária* *kon*·ta ban·*ka*·ria
baptême *batismo* **m** ba·*tis*·mo
bar *bar* **m** barr • **travail dans un bar** *trabalho* **m** *em bar* tra·*ba*·llio ëïm barr
barbier *barbeiro* **m** bar·*béï*·rou
bas *baixo/baixa* **m/f** *bai*·cho/*bai*·cha • *meias* **f pl** *finas* *méï*·as *fi*·nas
baseball *baseball* **m** *béï*·ze·bol
basket-ball *basquete* **m** bas·*ké*·te
bateau *barco* **m** *bar*·ko • **(navire)** *navio* **m** na·*vi*·o
— **à moteur** *barco* **m** *à motor* *bar*·ko a mo·*torr*
batterie *bateria* **f** ba·té·*ri*·a
battre (les cartes) *dar* darr
battue (pour une boisson) *batida* **f** ba·*ti*·da
baume pour les lèvres *bálsamo* **m** *para lábios* *baou*·sa·mo *pa*·ra *la*·bios
bavarder *conversar* kon·vérr·*sarr*
beau *bonito/bonita* **m/f** bo·*ni*·to/bo·*ni*·ta
beaucoup *muito/muita* **m/f** *mouill*·to/*mouill*·ta
beau-père *sogro* **m** *so*·gro
bébé *bebê* **m et f** bé·*bé* • **aliments pour bébé** *comida* **f** *de bebê* ko·*mi*·da de bé·*bé* • **talc pour bébé** *talco* **m** *taou*·ko
belle-mère *sogra* **f** *so*·gra
belvédère *mirante* **m** mi·*ran*·te
bermuda *bermuda* **f** bérr·*mou*·da
bestiole (insecte) *bicho* **m** *bi*·cho
betterave *beterraba* **f** bé·té·*rra*·ba
beurre *manteiga* **f** man·*téï*·ga
bible *bíblia* **f** *bi*·blia
bibliothèque *biblioteca* **f** bi·bli·o·*té*·ka
bien *bem* **m** béïm
bientôt *em breve* ëïm *bré*·ve
bière *cerveja* **f** sérr·*vé*·ja
bifteck *bife* **m** *bi*·fe
bijouterie *joalheria* **f** jo·a·llié·*ri*·a
bilan (commercial) *balanço* **m** ba·*lan*·so
billet *bilhete* **m** bi·*llié*·te
billet de banque *nota* **f** *no*·ta
billetterie *máquina* **f** *de vender passagem* *ma*·ki·na de *vén*·dérr pa·*sa*·jéïm • *bilheteria* **f** bi·llié·té·*ri*·a
biscuit *biscoito* **m** bis·*koï*·tou • **biscuit apéritif** *biscoito* **m** *d'água* bis·*koï*·to *da*·goua
blague *piada* **f** pi·*a*·da
blanc *branco/branca* **m/f** *bran*·ko/*bran*·ka
blanchisserie *área* **f** *de serviço* *a*·ré·a de sérr·*vi*·so
blessure *ferimento* **m** fé·ri·*mén*·to
bleu (couleur) *azul* a·*zoul*
bloqué *bloqueado/bloqueada* **m/f** blo·ké·*a*·do/blo·ké·*a*·da
bois *madeira* **f** ma·*day*·ra
— **à brûler** *lenha* **f** *lé*·gna
boisson *bebida* **f** bé·*bi*·da
— **gazeuse** *refrigerante* **m** rré·fri·jé·*ran*·te
boîte *caixa* **f** *kaï*·cha
— **aux lettres** *caixa* **f** *de correio* *kai*·cha de ko·*rréï*·o
— **de conserve** *lata* **f** *la*·ta
bol *tigela* **f** ti·*jé*·la
bon/bonne *bom/boa* **m/f** bon/*bo*·a
bonbon *bala* **f** *ba*·la • **bonbons** *doces* **m pl** *do*·sés
bonne sœur *freira* **f** *fréï*·ra
botanique *botânico* bo·*ta*·ni·ko
botaniste *botânico/botânica* **m/f** bo·*ta*·ni·ko/bo·*ta*·ni·ka
bottes *botas* **f pl** *bo*·tas
bouche *boca* **f** *bo*·ka
boucher *açougueiro/açougueira* **m/f** a·so·*géï*·ro/a·so·*géï*·ra
boucherie *açougue* **m** a·*so*·gue

bouchons d'oreilles *tampões* **m** *de ouvido* tan·*po* ïns de o·*vi*·do
boucles d'oreilles *brincos* **m pl** *bring*·kos
Bouddhiste *Budista* bou·*dis*·ta
boue *lama* **f** *la*·ma
bougie *vela* **f** *vé*·la
bouillon *caldo* **m** *kaou*·do
boulangerie *padaria* **f** pa·da·*ri*·a
boulot *emprego* **m** ém·*pré*·go
boursier *pensionista* **m et f** péïn·sio·*nis*·ta
bouteille *garrafa* **f** ga·*rra*·fa
— **d'eau** *garrafa* **f** *d'água* ga·*rra*·fa *da*·goua
boutique d'occasions *loja* **f** *de segunda mão* *lo*·ja de sé·*goun*·da maoum
boutons *botões* **m pl** bo·*toïns*
boxe *boxe* **m** *bo*·ki·si
brandy *brandy* **m** *bran*·di
bras *braço* **m** *bra*·so
brillant *brilhante* bri·*llian*·te
briquet *isqueiro* **m** is·*kéï*·ro
broccoli *brocolis* **m pl** *bro*·ko·lis
brochure *brochura* **f** bro·*chou*·ra
bronchite *bronquite* **f** bron·*ki*·te
brosse à cheveux *escova* **f** és·*ko*·va
brosse à dents *escova* **f** *de dentes* és·*ko*·va de *dén*·tés
brosser (les cheveux) *escova* **f** és·ko·va
brouillé (mélangé) *mexido/mexida* **m/f** mé·*chi*·do/mé·*chi*·da
brûlé *queimado/queimada* **m/f** kéï·*ma*·do/kéï·*ma*·da
brûlure *queimadura* **f** kéï·ma·*dou*·ra
brumeux *nebuloso/nebulosa* **m/f** né·bou·*lo*·zo/né·bou·*lo*·za
bruyant *barulhento/barulhenta* **m/f** ba·rou·*lliéïn*·to/ba·rou·*lliéïn*·ta
buffet *buffet* **m** bou·*fe*
bureau *escritório* **m** és·kri·*to*·rio
— **de poste** *correio* **m** ko·*rréï*·o
bus (régional) *ônibus* **m** *o*·ni·bous
• **(urbain)** *ônibus* **m** *o*·ni·bous
• **arrêt de bus** *ponto* **m** *de ônibus* *pon*·to de *o*·ni·bous • **station de bus** *rodoviária* **f** rro·do·vi·*a*·ria
but (sport) *gol* **m** gol

C

cabine d'essayage *provador* **m** pro·va·*dorr*
cabine téléphonique *telefone* **m** *público* té·lé·*fo*·ne *pou*·bli·ko
cacahuète *amendoim* **m** a·méïn·do·*in*
cacao *cacau* **m** ka·*kaou*
cachet *pílula* **f** *pi*·lou·la
cadeau *presente* **m** pré·*zén*·te
— **de mariage** *presente* **m** *de casamento* pré·*zen*·te de ka·za·*mén*·to
cadenas *cadeado* **m** ka·dé·*a*·do
• **(serrure)** *tranca* **f** *tran*·ka
cafard *barata* **f** ba·*ra*·ta
café (boisson) *café* **m** ka·*fè*
caisse *caixa* **m et f** *kaï*·cha
— **enregistreuse** *caixa* **f** *registradora* *kaï*·cha rré·gis·tra·*do*·ra
calculatrice *calculadora* **f** kaou·kou·la·*do*·ra
caleçons (courts) *ciroula* **f** sé·*ro*·la
calendrier *calendário* **m** ka·léïn·*da*·rio
caméra *câmera* **f** *ka*·mé·ra
camion *caminhão* **m** ka·mi·*gnaoum*
campagne *interior* **m** ing·té·ri·*orr*
camper *acampar* a·kam·*parr*
camping (terrain de) *acampamento* **m** a·kan·pa·*méïn*·to
• **magasin de matériel de camping** *loja* **m** *de acampamento* *lo*·ja de a·kam·pa·*méïn*·tou
Canada *Canadá* **m** ka·na·*da*
canard *pato/pata* **m/f** *pa*·to/*pa*·ta
cancer *câncer* **m** *kan*·sérr
canif *canivete* **m** ka·ni·*vé*·te
caractère *tom* **m** tom
caravane *caravan* **f** ka·ra·*van*
carnet de notes *caderno* **m** ka·*dérr*·no
carotte *cenoura* **f** sé·*no*·ra
carte *mapa* **f** *ma*·pa
— **bancaire** *cartão* **m** *de crédito* karr·*taoum* de *kré* di·to
— **d'embarquement** *boarding pass* **m** *borr*·ding pas
— **d'identité** *carteira* **f** *de identidade* kar·*téï*·ra de i·dém·ti·*da*·de

— **postale** *cartão* **m** *postal* karr·*taoum* pos·*taou*
— **routière** *mapa* **f** *da estrada* *ma*·pa da és·*tra*·da
— **téléphonique** *cartão* **m** *telefônico* karr·*taoum* té·lé·*fo*·ni·ko
cartes (à jouer) *cartas* **f pl** *karr*·tas
carton *caixa* **f** *de papelão* *kaï*·cha de pa·pé·*laoum*
cartouche de gaz *cartucho* **m** *de gás* karr·*tou*·cho de gas
cascade *cachoeira* **f** ka·cho·*éï*·ra
casino *casino* **m** ka·*si*·no
casque *capacete* **m** ka·pa·*sé*·te
cassé *quebrado/quebrada* **m/f** ké·*bra*·do/ ké·*bra*·da
casser *quebrar* ké·*brarr*
cassette *fita* **f** *cassete* *fi*·ta ka·*sè*·te
cathédrale *catedral* **f** ka·té·*draou*
catholique *Católico/Católica* **m/f** ka·*to*·li·ko/ka·*to*·li·ka
CD *CD* **m** se·*dé*
ce soir *hoje à noite* *o*·ji a *noï*·te
ceci *este/esta* **m/f** *és*·te/*és*·ta
ceinture de sécurité *cinto* **m** *de segurança* *sin*·to de sé·gou·*ran*·sa
célèbre *famoso/famosa* **m/f** fa·*mo*·zo/fa·*mo*·za
célibataire *solteiro/solteira* **m/f** sol·*téï*·ro/sol·*téï*·ra
cendre *cinza* *sin*·za
cendrier *cinzeiro* **m** sin·*zéï*·ro
cent *cem* sém
centimes (Brés) *centavos* **m pl** séïn·*ta*·vos
centimètre *centímetro* **m** sén·*ti*·mé·tro
centre *centro* **m** *sén*·tro
— **commercial** *chopping centre* **m** *cho*·ping *séïn*·térr
— **d'appel** *central* **f** *telefônica* sén·*traou* té·lé·*fo*·ni·ka
centre-ville *centro* **m** *da cidade* *séïn*·tro da si·*da*·de
céramique *cerâmica* **f** sé·*ra*·mi·ka
céréales *cereal* **m** sé·ré·*aou*
cerise *cereja* **f** sé·*ré*·ja
certificat *certificado* **m** sérr·ti·fi·*ka*·do
— **de naissance** *certidão* **f** *de nascimento* sérr·ti·*daoum* de na·si·*méïn*·tou
cet après-midi *esta tarde* **f** *és*·ta *tarr*·de
chaîne *corrente* **f** ko·*rrém*·te
— **de montagnes** *cordilheira* **f** korr·di·*lliéï*·ra
chaise *cadeira* **f** ka·*déï*·ra
— **d'enfant** *cadeira* **f** *de criança* ka·*déï*·ra de kri·*an*·sa
— **haute** *cadeira* **f** *para refeição* ka·*déï*·ra *pa*·ra rré·féï·*saoum*
chambre *câmara* **f** ka·ma·ra
• *quarto* **m** *kouarr*·to
— **à air** *câmara* **f** *de ar* *ka*·ma·ra de arr
— **double** *quarto* **m** *de casa* *kouarr*·to de ka·*zaou*
champignon *cogumelo* **m** ko·gou·*mé*·lo
championnats *campeonatos* **m pl** kan·pé·o·*na*·tos
chance *sorte* **f** *sorr*·te • **bonne chance !** *boa sorte!* boa sor·te
• **(opportunité)** *oportunidade* **f** o·porr·tou·ni·*da*·de
chanceux *sortudo/sortuda* **m/f** sorr·*tou*·do/sorr·*tou*·da
change de devise *câmbio* **m** *de valores* *kan*·bio de va·*lo*·rés
changer *trocar* tro·*karr*
chanson *canção* **f** kan·*saoum*
chanter *cantar* kan·*tarr*
chanteur *cantor/cantora* **m/f** kan·*torr*/kan·*to*·ra
chapeau *chapéu* **m** cha·*pé*·ou
chaque *cada* *ka*·da
chargeur de batterie *recarregador* **m** *de bateria* ré·ka·rré·ga·*dorr* de ba·té·*ri*·a
charmant *charmoso/charmosa* **m/f** charr·*mo*·zo/charr·*mo*·za
chasse *caça* **f** *ka*·sa
chat *gato/gata* **m/f** *ga*·to/*ga*·ta
châtaigne *castanha* **f** *portuguesa* kas·*ta*·gna porr·tou·*gué*·za
château *castelo* **m** kas·*té*·lo
chaud *morno/morna* **m/f** *morr*·no/ *morr*·na • *quente* *kéïn*·te
chauffage *aquecimento* **m** a·ke·si·*mén*·to
chaussée *calçada* **f** kaou·*sa*·da
chaussette *meia* **f** *méï*·a

chaussure *sapato* m sa·*pa*·to
• **chaussures de randonnée** *botas f para caminhadas* *bo*·tas *pa*·ra ka·mi·*gna*·das
chef *chefe* m et f *de cozinha* *ché*·fe de ko·*zi*·gna
chemin *caminho* m ka·*mi*·gno
chemise *camisa* f ka·*mi*·za
chèque (banque) *cheque* m *ché*·ke
• **par chèque** *descontar (um cheque)* dés·kon·*tarr* (oum *ché* ke)
— **de voyage** *travellers cheques* m pl tra·ve·*ler* *ché*·kes
cher/chère *caro/cara* m/f *ka*·ro/*ka*·ra
cheval *cavalo* m ka·*va*·lo • **monter à cheval** *andar à cavalo* an·*darr* a ka·*va*·lo
cheveux *cabelo* m ka·*bé*·lo
cheville *tornozelo* m torr·no·*zé*·lo
chèvre *bode* m *bo*·de
chewing-gum *goma* f *de mascar* *go*·ma de mas·*karr*
chien *cachorro* m/f ka·*cho*·rro
— **d'aveugle** *cão-guia* m kaoum·*gui*·a
chiffres *número* m *nou*·m
chiropracteur *quiroprático/quiroprática* m/f ki·ro·*pra*·ti·ko/ki·ro·*pra*·ti·ka
chocolat *chocolate* m cho·ko·*la*·te
choisir *escolher* és·ko·*llierr*
chose *coisa* f *koï*·za
chou *repolho* m ré·*po*·llio
chou-fleur *couve flor* f *ko*·ve florr
chrétien *Cristão/Cristã* m/f kris·*taoum*/kris·*tin*
chute *queda* f *ké*·da
cidre *cidra* f *si*·dra
ciel *céu* m *sé*·ou
cigare *charuto* m cha·*rou*·to
cigarette *cigarro* m si·*ga*·rro
cinéma *cinema* m si·*né*·ma
circulation *tráfico* m *tra*·fi·ko
cirque *circo* m *sirr*·ko
ciseaux *tesoura* f té·*zo*·ra
citoyenneté *cidadania* f si·da·da·*ni*·a
citron *limão* m li·*maoum*
— **vert** *limão* m li·*maoum*
citrouille *abóbora* f a·*bo*·bo·ra

classe (catégorie) *classe* f *kla*·se
• **système de classes** *sistema f de classes* sis·*té*·ma de *kla*·sés
— **affaires** *business class* f bi·zi·*nes* klas
— **économique** *classe f econômica* *kla*·se é·ko·*no*·mi·ka
classique *clássico/clássica* m/f *kla*·si·ko/*kla*·si·ka
clavier *teclado* m té·*kla*·do
clé *chave* f *cha*·ve
client *cliente* m et f kli·*éïn*·te
clignotant (véhicule) *indicador* m in·di·ka·*dorr*
climatiseur *condicionador* m kon·di·sio·na·*dorr*
clôture *cerca* f *sérr*·ka
coach *técnico/técnica* m/f *té*·ki·ni·ko/*té*·ki·ni·ka
cochon *porco/porca* m/f *porr*·ko/*porr*·ka
code postal *código* m *postal* *ko*·di·go pos·*tow*
cœur *coração* m ko·ra·*saoum*
coffre *cofre* m *ko*·fre
coiffeur *cabeleireiro/cabeleireira* m/f ka·bé·léï·*réï*·ro/ka·bé·léï·*réï*·ra
coiffeur-barbier *barbeiro* m bar·*béï*·rou
coin *esquina* f és·*ki*·na
colère *raiva* f *raï*·va
• **je suis en colère** *estou com raiva* m/f és·*to* kom *raï*·va
collants *meia* f *calça* *méï*·a *kaou*·sa
colle *cola* f *ko*·la
collègue *colega* m et f ko·*lé*·ga
collier *colar* m ko·*larr*
colline *morro* m *mo*·ho
colis postal *encomenda* f éïm·ko·*méïn*·da
combat *luta* f *lou*·ta
combien *quanto* *kouan*·to
comédie *comédia* f ko·*mé*·dia
commande (restaurant) *pedido* m pé·*di*·do
commémoration *comemoração* f ko·mé·mo·ra·*saoum*
commencer *começar* ko·mé·*sarr*
comment *como* *ko*·mo
commerce *comércio* m ko·*mérr*·sio

communication *comunicação* **f** ko·mou·ni·ka·*saoum*
communion *comunhão* **f** ko·mou·*gnaoum*
communiste *comunista* **m et f** ko·mou·*nis*·ta
compagnie (société) *companhia* **m et f** kon·pa·*gna*
— **aérienne** *linha aérea* **f pl** *li*·gna a è·ré·a
compagnon *companheiro/companheira* **m/f** kon·pa·*gnéï*·ro/kon·pa·*gnéï*·ra
compas *compasso* **m** kon·*pa*·so
comprendre *comprinder* kon·pré·in·*dérr*
compte en banque *conta* **f** *bancária* *kon*·ta ban·*ka*·ria
compter *contar* kon·*tarr*
comptoir (bar) *balcão* **m** baou·*kaoum*
concert *chow* **m** chaou
concombre *pepino* **m** pé·*pi*·no
conduire *dirigir* di·ri·*jirr*
confession *confissão* **f** kon·fi·*saoum*
confirmer (une réservation) *confirmar* kon·firr·*marr*
confiserie *confeitaria* **f** kon·féï·ta·*ri*·a
confiture (gelée) *geléia* **f** jé·*lé*·ia
• **(marmelade)** *marmelada* **f** marr·mé·*la*·da
confortable *confortável* kon·forr·*ta*·vel
conjonctivite *conjuntivite* **f** kon·joun·ti·*vi*·te
connection (téléphonique) *conecção* **f** ko·né·ki·*saoum*
conseil *conselho* **m** kon·*sé*·llio
conservateur *conservador/conservadora* **m/f** kon·sérr·va·*dorr*/kon·sérr·va·*do*·ra
consigne *guarda* **m** *volumes* *gouar*·da vo·*lou*·més
constipation *constipação* **f** kons·ti·pa·*saoum*
constructeur *construtor* **m** kons·trou·*tor*
consulat *consulado* **m** kon·sou·*la*·do
consultation *consulta* **f** kon·*soul*·ta
contraceptif *anticoncepcional* **m** an·ti·kon·sép·sio·*naou*
contrat *contrato* **m** kon·*tra*·to
contrôle à distance (télécommande) *controle* **m** *remoto* kon·*tro*·le rré·*mo*·to

construire *construir* kons·trou·*irr*
corde *corda* **f** *korr*·da
corps *corpo* **m** *korr*·po
correct *correto/correta* **m/f** ko·*rré*·to/ ko·*rré*·ta
corrompu *corrupto/corrupta* **m/f** kou·*rrou*·pi·to/kou·*rrou*·pi·ta
cosse (gousse) *vagem* **f** *va*·jéïm
côte (géographique et physique) *costa* **f** *kos*·ta • **(viande)** *costela* **f** kos·*té*·la
côté *lado* **m** *la*·do
coton *algodão* **m** aou·go·*daoum*
coton-tige *cotonete* **m** ko·to·*né*·te
couche *fralda* **f** *fraou*·da
— **d'ozone** *camada* **f** *de ozônio* ka·*ma*·da de o·*zo*·gno
coucher du soleil *pôr* **m** *do sol* porr do sol
couches (bébé) *fralda* **f** *fraou*·da
couchette *leito* **m** *léï*·to
coudre *costurar* kos·tou·*rarr*
couleur *cor* **f** korr
coup de soleil *queimado/queimada* **m/f** *de sol* kéï·*ma*·do/kéï·*ma*·da de sol
coupable *culpado/culpada* **m/f** koul·*pa*·do/koul·*pa*·da
Coupe du Monde *Copa do Mundo* **f** *ko*·pa do *moun*·do
coupe-ongles *cortador* **m** *de unhas* korr·ta·*dorr* de *ou*·gnas
couper *cortar* korr·*tarr*
couple *par* **m** parr
coupon *cupom* **m** kou·*pon*
cour (justice) *corte* **f** *korr*·te
courageux *corajoso/corajosa* **m/f** ko·ra·*jo*·zo/ko·ra·*jo*·za
courant (électricité) *corrente* **f** ko·*rrén*·te
courgette *abobrinha* **f** a·bo·*bri*·gna
courrier *correspondência* **f** ko·rrés·pon·*déïn*·sia
— **par voie de surface** *correspondência* **f** *via terrestre* ko·rrés·pon·*den*·sia *vi*·a té·*rrés*·tre
courir *correr* ko·*rrérr*
courroie de ventilateur *correia* **f** ko·*rréï*·a
course (sport) *corrida* **f** ko·*rri*·da
— **à pied** *corrida* **f** ko·*rri*·da
court(e) *curto/curta* **m/f** *kour*·to/*kour*·ta

court de tennis *quadra* **f** *de tênis* koua·dra de té·nis
courtiser *namorar* na·mo·rarr
couscous *cuscuz* **m** *marroquino* kous·kous ma·rro·ki·no
couteau *faca* **f** fa·ka
coûter *custar* kous·tarr
couturier *alfaiate* **m** aou·fa·ia·te
couvent *convento* **m** kon·vén·to
couvercle *tampa* **f** tan·pa
couverts *talheres* **m pl** ta·llié·rés
couverture *cobertor* **m** ko·bérr·torr
crâne *crânio* **m** kra·gno
crayon *lápis* **m** la·pis
crèche *creche* **f** kré·che
crème *creme* **m** kréme
— **à bronzer** *loção* **f** *de bronzear* lo·saoum de bron·zé·arr
— **à raser** *creme* **m** *de barbear* kré·me de barr·bé·arr
— **aigre** *creme* **m** *azedo* kré·me a·zé·do
— **glacée** *sorvete* **m** sorr·vé·te
crevaisson *furo* **m** fou·ro
crevette rose *camarão* **m** ka·ma·raoum
cricket (sport) *cricket* **m** kri·ké·ti
crier *gritar* gri·tarr
crise cardiaque *ataque* **m** *de coração* a·ta·ke de ko·ra·saoum
croire *crer* krérr
croix *cruz* **f** krous
cru(e) *cru/crua* **m/f** krou/krou·a
cueillette des fruits *colheita* **f** *de frutas* ko·lliéï·ta de frou·tas
cuillère *colher* **f** ko·lliérr
— **à thé** *colher* **f** *de chá* ko·lliérr de cha
cuir *couro* **m** ko·ro
— **chevelu** *couro* **m** *cabeludo* ko·ro ka·bé·lou·do
cuisine *cozinha* **f** ko·zi·gna
cuisiner *cozinhar* ko·zi·gnarr
cuisinier *cozinheiro/cozinheira* **m/f** ko·zi·gnéï·ro/ko·zi·gnéï·ra
cuisinière (fourneau) *fogão* **m** fo·gaoum
cure-dents *palito* **m** *de dentes* pa·li·to de dén·tes
curriculum vitae *currículum* **m** kou·rri·kou·loum
curry *caril* **m** ka·ril
CV *CV* **m** sé·vé
cybercafé *Internet café* **m** in·térr·né·ti ka·fè
cyclisme *ciclismo* **m** si·klis·mo
cycliste *ciclista* **m et f** si·klis·ta
cystite *cistite* **f** sis·ti·te

D

d'ici (1 heure) *dentro de (uma hora)* dénm·tro de (ou·ma ô·ra)
d'occasion *de segunda mão* de sé·goun·da maoum • **boutique d'occasions** *loja* **f** *de segunda mão* lo·ja de sé·goun·da maoum
Danemark *Dinamarca* **f** di·na·marr·ka
dangereux *perigoso/perigosa* **m/f** pé·ri·go·zo/pé·ri·go·za • *inseguro/insegura* **m/f** in·sé·gou·ro/in·sé·gou·ra
danse *dança* **f** dan·sa
danser *dançar* dan·sarr
date *data* **f** da·ta
— **de naissance** *data* **f** *de nascimento* da·ta de na·si·mén·to
datte (fruit) *tâmara* **f** ta·ma·ra
de dos (position) *de costas* de kos·tas
de droite (politique) *direitista* di·réï·tis·ta
de gauche (politique) *esquerdista* és·kérr·dis·ta
de nouveau *novamente* no·va·méïm·te
début *começo* **m** ko·mé·so
décalage horaire *diferença* **f** *de horário* di·fé·réïn·sa de o·ra·rio
décapsuleur *abridor* **m** *de garrafas* a·bri·dorr de ga·rra·fas • **tire-bouchon**
décembre *dezembro* de·zém·bro
déchets nucléaires *resíduo* **m** *nuclear* rré·zi·dou·o nou·klé·arr
déchets toxiques *resíduo* **m** *tóxico* rré·zi·douo tok·si·ko
décider *decidir* dé·si·dir
dedans *adentro* a·dén·tro
défectueux *defeituoso/defeituosa* **m/f** dé·féï·tou·o·zo/dé·féï·tou·o·za

déforestation *desflorestamento* **m** dés·flo·rés·ta·*mén*·to
dégrés (température) *graus* **m pl** graous
dehors *fora* *fo*·ra
déjà *já* ja
déjeuner *almoço* **m** aou·*mo*·so
délié(e) *solto/solta* **m/f** *sol*·to/*sol*·ta
demain *amanhã* a·ma·*gnin*
• **demain après-midi** *amanhã à tarde* a·ma·*gnin* a *tarr*·de • **demain matin** *amanhã de manhã* a·ma·*gnin* de ma·*gnin* • **demain soir** *amanhã à noite* a·ma·*gnin* a *noï*·te
demander (quelque chose) *pedir* pé·*dirr*
démangeaison *coceira* **f** ko·*séï*·ra
démocratie *democracia* **f** dé·mo·kra·*si*·a
démonstration *demonstração* **f** dé·mons·tra·*saoum*
dent *dente* **m** *dén*·te • **dents** *dentes* **m pl** *dén*·tés
dentelle *renda* **f** *rén*·da
dentifrice *pasta* **f** *de dentes* *pas*·ta de *dén*·tés
dentiste *dentista* **m et f** dén·*tis*·ta
déodorant *desodorante* **m** dé·zo·do·*ran*·te
départ *partida* **f** parr·*ti*·da • **départs (aéroport)** *portão* **m** *de partida* porr·*taoum* de parr·*ti*·da
dépendance *dependência* **m** *dé*·*pén*·*dèn*·*sia*
dépôt *depósito* **m** dé·po·zi·to
depuis *desde* *dés*·de
dérailleur *câmbio* **m** *de marcha* *kan*·bio de *marr*·cha
dernier *último/última* **f** *oul*·ti·mo/ *oul*·ti·ma • **dernière (la semaine)** *passada (semana)* **f** pa·*sa*·da (sé·*ma*·na)
derrière (anatomie) *traseiro* **m** tra·*zéï*·rou
derrière *atrás* a·*tras*
dés *dados* **m pl** *da*·dos
descendant *descendente* **m et f** dé·sén·*déïm*·te
désert *deserto* **m** dé·*zérr*·to
design *design* **m** design
désirer *desejar* dé·zé·*jarr*
désister *desistir* dé·zis·*tirr*
dessert *sobremesa* **f** so·bré·*mé*·za
dessous *abaixo* a·*baï*·cho
destination *destino* **m** dés·*ti*·no
détaillé *listado/listada* **m/f** lis·*ta*·do/lis·*ta*·da
détails *detalhes* **m pl** dé·*ta*·lliés
deux fois *duas vezes* *dou*·as *vé*·zés
deuxième *segundo/segunda* **m/f** sé·*goun*·do/sé·*goun*·da
devant *em frente* éïm *fréïn*·te • *na frente de* na *frén*·te de
deviner *adivinhar* a·di·vi·*gnarr*
devoir *dever* dé·*vérr*
diabète *diabetes* **f** di·a·*bé*·tés
diaphragme *diafragma* **m** di·a·*fra*·gui·ma
diapositive *slide* **m** is·*laï*·de
diarrhée *diarréia* **f** di·a·*rreï*·a
dictionnaire *dicionário* **m** di·sio·*na*·rio
dieu *deus* **m** *dé*·ous
différent *diferente* di·fé·*rrén*·te
difficile *difícil* di·*fi*·sil
dimanche *domingo* **m** do·*min*·go
dinde *perú* **m** pé·*rou*
dîner *jantar* **m** jan·*tarr*
dire *dizer* di·*zérr*
direct *direto/direta* **m/f** di·*ré*·to/di·*ré*·ta
directeur *diretor/diretora* **m/f** di·ré·*torr*/di·ré·*to*·ra
discount *desconto* **m** dés·*kon*·to
discrimination *discriminação* **f** dis·kri·mi·na·*saoum*
discuter *discutir* dis·kou·*tirr*
diseur de bonne aventure *vidente* **m et f** vi·*dén*·te
disque *disco* **m** *dis*·ko
— **dur (ordinateur)** *disk* **m** disk
distributeur automatique de billets (DAB) *caixa* **m** *automático* *kai*·cha aou·to·*ma*·ti·ko
divers *diversos/diversas* **m/f pl** di·*vérr*·sos/ di·*vérr*·sas
• **(plusieurs)** *vários/várias* **m/f** *va*·rios/ *va*·rias
documentaire *documentário* **m** do·kou·mén *ta*·rio
doigt *dedo* **m** *dé*·do
dollar *dólar* **m** *do*·larr
donner *dar* darr

dormir *dormir* dorr·mirr
dos (anatomie) *costas* **f** kos·tas • **de dos (position)** *de costas* de kos·tas
douanes *alfândega* **f** al·fan·dé·ga
double *duplo/dupla* **m/f** dou·plo/dou·pla
douche *chuveiro* **m** chou·véï·ro
douleur *dor* **f** dorr
douloureux/douloureuse *doloroso/dolorosa* **m/f** do·lo·ro·zo/do·lo·ro·za
douzaine *dúzia* **f** dou·zya
drame *drama* **m** dra·ma
drap *lençol* **m** léïn·saou
drapeau *bandeira* **f** ban·day·ra
drogue *droga* **f** dro·ga
droit *direto/direta* **m/f** di·ré·to/di·ré·ta • **(correct)** *correto/correta* **m/f** ko·rré·to/ko·rré·ta
droite (direction) *(à) direita* **f** (a) di·réï·ta • **de droite (politique)** *direitista* di·réï·tis·ta
droits civils *direitos* **m pl** *civis* di·réï·tos si·vis
droits de l'homme *direitos* **m pl** *humanos* di·réï·tos ou·ma·nos
drôle *engraçado/engraçada* **m/f** én·gra·sa·do/én·gra·sa·da
dur *duro/dura* **m/f** dou·ro/dou·ra • **(œuf)** *cozido/cozida* **m/f** ko·zi·do/ko·zi·da
DVD *DVD* **m** dé·vé·dé

E

eau *água* **f** a·gwa
— **chaude** *água* **f** *quente* a·gwa kéïn·te
— **du robinet** *água* **f** *da torneira* a·goua da torr·néï·ra
— **minérale** *água* **f** *mineral* a·goua mi·né·raou
— **plate** *água* **f** *sem gás* a·goua sém gas
échange *troca* **f** tro·ka
échangé *trocado* **m** tro·ka·do
échanger *trocar* tro·karr
échecs *xadrez* **m** cha·drés
échiquier *tabuleiro* **m** *de xadrez* ta·bou·lé·ro de cha·dr¨és
école *escola* **f** és·ko·la
— **secondaire** *segundo grau* **m** sé·goun·do graou
Écosse *Escócia* **f** és·ko·sia
écouter *escutar* és·kou·tarr
écran total (crème) *proteção* **f** *contra sol* pro·té·saoum kon·tra sol
écrire *escrever* és·kré·vérr
écrivain *escritor/escritora* **m/f** és·kri·torr/és·kri·to·ra
eczéma *eczema* **m** é·ki·zé·ma
éditeur *editor/editora* **m/f** é·di·torr/é·di·to·ra
édition *editoração* **f** é·di·to·ra·saoum
éducation *educação* **f** é·dou·ka·saoum
égalité *igualdade* **f** i·gouaou·da·de
— **des chances** *oportunidades* **f pl** *iguais* o·porr·tou·ni·da·dés i·goua·is
église *igreja* **f** i·gré·ja
égoïste *egoísta* é·go·is·ta
élection *eleição* **f** é·léï·saoum
électricité *eletricidade* **f** é·lé·tri·si·da·de
éloigné *remoto/remota* **m/f** rré·mo·to/rré·mo·ta
elle *ela* é·la
embarquer (avion, bateau, etc.) *subir a bordo* sou·birr a borr·do
embrasser *beijar* béï·jarr
embrayage *embreagem* **f** éïm·bré·a·jéïm
empêcher *evitar* é·vi·tarr
employé *empregado/empregada* **m/f** ém·pre·ga·do/ém·pré·ga·da
— **de bureau** *escriturário/escriturária* **m/f** és·kri·tou·ra·rio/és·kri·tou·ra·ria
employeur *empregador/empregadora* **m/f** ém·pré·ga·dorr/ém·pré·ga·do·ra
emprunter *emprestar* éïm·prés·tarr
en bas *embaixo* éïm·bai·cho
en colère *zangado/zangada* **m/f** zan·ga·do/zan·ga·da
en espèces (argent) *em espécie* éïn és·pè·sie
en recommandé *registrado* rré·jis·tra·do
en-cas *lanche* **m** lan·che
en-dessous *em baixo* éïm bai·cho
enceinte *grávida* **f** gra·vi·da
encombré *lotado/lotada* **m/f** lo·ta·do/lo·ta·da

endormi *sonolento/sonolenta* m/f so·no·*lén*·to/so·no·*lén*·ta
énergie nucléaire *energia* f *nuclear* é·nérr·*ji*·a nou·klé·*arr*
enfant *criança* m et f kri·*an*·sa
• **s'occuper d'enfants** *cuidado* m *da criança* koui·*da*·do de kri·*an*·sa
— **gâté** *mimalho/mimalha* m/f mi·*ma*·llio/mi·*ma*·llia
enfermé à clé *trancado/trancada* m/f tran·*ka*·do/tran·*ka*·da
enflé *inchaço* m in·*cha*·so
ennui *tédio* m *té*·dio
• **je m'ennuie** *entediado/entediada* m/f ëïn·té·di·*a*·do/ëïm·té·di·*a*·da
• **c'est ennuyeux** *é chato* è *cha*·to
ennuyant *entediante* ëïn·té·di·*an*·te
énorme *enorme* é·*norr*·me
enregistrement *gravação* f gra·va·*saoum*
• **comptoir d'enregistrement** *check in* m ché·*kin*
enregistrer *gravar* gra·*varr*
enseignant *professor/professora* m/f pro·fé·*sorr*/pro·fé·*so*·ra
ensemble *junto/junta* m/f *joun*·to/*joun*·ta
ensoleillé *ensolarado/ensolarada* m/f én·so·la·*ra*·do/én·so·la·*ra*·da
entendre *escutar* és·kou·*tarr*
enterrement *enterro* m én·*té*·rro
entorse *torcimento* m • *deslocamento* m torr·si·*mén*·to • des·lo·ka·*mén*·to
entre *entre* *ëïn*·tre
entrer *entrar* ëïm·*trarr*
enveloppe *envelope* m én·vé·*lo*·pe
environnement *meio* m *ambiente* *méï*·o an·bi·*ëïn*·te
envoi en recommandé *correio* m *registrado* ko·*rréï*·o rré·jis·*tra*·do
envoyer *enviar* én·vi·*arr*
épais *grosso/grossa* m/f *gro*·so/*gro*·sa
épaule *ombro* m pl *om*·bro
épicerie *mantimentos* m pl man·ti·*mén*·tos • *mercearia* f mérr·sé·a·*ri*·a
— **fine** *delicatessen* f dé·li·ka·*té*·sén
épilepsie *epilepsia* f é·pi·lé·pi·*si*·a
épinard *espinafre* m és·pi·*na*·fre
épouse *esposa* f és·*po*·za
épuisé *esgotado/esgotada* m/f és·go·*ta*·do/és·go·*ta*·da
équipe *time* m *ti*·me
équipement *equipamento* m é·ki·pa·*mén*·to
— **de plongée** *equipamento* m *de mergulho* é·ki·pa·*mén*·to de mérr·*gou*·llio
équitation *cavalgada* f ka·val·*ga*·da
erreur *erro* m *é*·ho
escalator *escada rolante* f és·*ka*·da rro·*lan*·te
escalier *escadaria* f és·ka·da·*ri*·a
escargot *lesma* f *lés*·ma
escarpé *íngreme* *ing*·gré·me
escrime *esgrima* f és·*gri*·ma
espace *espaço* m és·*pa*·so
Espagne *Espanha* f és·*pa*·gna
espèces menacées d'extinction *espécies* f pl *ameaçadas de extinção* és·*pé*·siés a·mé·a·*sa*·das de és·tin·*saoum*
essais nucléaires *teste* m *nuclear* *tés*·te nou·klé·*arr*
essayer *tentar* tén·*tarr*
essence *gasolina* f ga·zo·*li*·na • *petróleo* m pé·*tro*·llio
est (direction) *leste* m *lés*·te
estomac *estômago* m és·*to*·ma·go
et *e* é
étage *andar* m an·*darr*
étagère *prateleira* f pra·té·*léï*·ra
état civil *estado* m *civil* és·*ta*·do si·*vil*
été *verão* m vé·*raoum*
éteindre *abraçar* a·bra·*sarr*
étoile *estrela* f és·*tré*·la
• **(quatre-)étoiles** *(quatro) estrelas* f pl (*koua*·tro) és·*tré*·las
étrange *estranho/estranha* m/f és·*tra*·gno/és·*tra*·gna
étranger *estrangeiro/estrangeira* m/f és·tran·*jéï*·ro/és·tran·*jéï*·ra
être (permanent) *ser* sérr
être (temporaire) *estar* és·*tarr*
— **d'accord** *concordar* kon·korr·*darr*
étudiant *estudante* m et f és·tou·*dan*·te
euro *euro* m *é*·ou·ro
Europe *Europa* f é·ou·*ro*·pa

euthanasie *eutanásia* f é·ou·ta·*na*·zia
éviter *evitar* é·vi·*tarr*
examen sanguin *exame* m *de sangue* é·*za*·me de *san*·ge
excellent *excelente* é·sé·*léïn*·te
exclu *excluído/excluída* m/f és·klou·*i*·do/és·klou·*i*·da
excursion *excursão* f és·kourr·*saoum*
exemple *exemplo* m é·*zéïm*·plo
expérience *experiência* f és·pé·ri·*éïn*·sia
— **professionnelle** *experiência* f *de trabalho* és·pé·ri·*en*·sia de tra·*ba*·llio
exploitation *exploração* f és·plo·ra·*saoum*
exposition *exposição* f és·po·zi·*saoum*
express *expresso/expressa* m/f és·*pré*·so/és·*pré*·sa

F

fabrique *fábrica* f *fa*·bri·ka
facile *fácil* *fa*·sil
faible *fraco/fraca* m/f *fra*·ko/*fra*·ka
faire *fazer* fa·*zérr*
— **de l'auto-stop** *pegar carona* pé·*garr* ka·*ro*·na
— **du vélo** *andar de bicicleta* an·*darr* de bi·si·*klé*·ta
— **mal** *machucar* ma·chou·*karr*
fait main *feito à mão* *féï*·to a maoum
falaise *penhasco* m pé·*gnas*·ko
famille *família* f fa·*mi*·llia
farine *farinha* f fa·*ri*·gna
fatigué *cansado/cansada* m/f kan·*sa*·do/kan·*sa*·da
fausse-couche *aborto* m *espontâneo* a·*borr*·to és·pon·*ta*·né·o
faute (erreur) *falta* f *faou*·ta
• **(culpabilité)** *culpa* f *koul*·pa
fauteuil roulant *cadeira* f *de rodas* ka·*déï*·ra de *rro*·das
faux/fausse *errado/errada* m/f é·*rra*·do/é·*rra*·da
femme *mulher* f mou·*lliérr*
fenêtre *janela* f ja·*né*·la
fer à repasser *ferro* m *de passa roupas* *fé*·rro de pa·*sarr* *rro*·pas
ferme *fazenda* f fa·*zéïm*·da
fermé *fechado/fechada* m/f fé·*cha*·do/fé·*cha*·da
fermer *fechar* fé·*charr*
— **à clé** *trancar* tran·*karr*
fermier *fazendeiro/fazendeira* m/f fa·zén·*déï*·ro/fa·zén·*déï*·ra
festival *festival* m fés·ti·*vaou*
fête *festa* f *fés*·ta
feu *fogo* m *fo*·go
feuille *folha* f *fo*·llia
feuilleton *novela* f no·*vé*·la
feux de signalisation *sinal* m *de trânsito* si·*naou* de *tran*·zi·to
février *fevereiro* fé·vé·*réï*·ro
fiancé (adj) *noivado* m noï·*va*·do
• **(nom)** *noivo* m *noïvo*
fiancée (nom) *noiva* f *noï*·va
ficelle *barbante* m barr·*ban*·te
fiction *ficção* f fik·*saoum*
fièvre *febre* f *fé*·bre
figue *figo* m *fi*·go
fil à linge *corda* f *de roupa* *korr*·da de *rro*·pa
fil de fer *arame* m a·*ra*·me
fil dentaire *fio* m *dental* *fi*·o dén·*taou*
file d'attente des taxis *fila* f *de táxi* *fi*·la de *tak*·si
filet (viande) *filé* m fi·*lè*
• **(pêche)** *rede* f *hé*·de
fille (descendance) *filha* f *fi*·llia
• *menina* f mé·*ni*·na
film (cinéma) *filme* m *fil*·me
fils *filho* m *fi*·llio
filtré *filtrado/filtrada* m/f fil·*tra*·do/fil·*tra*·da
fin *fim* m fi n
fini *término* m *térr*·mi·no
finir *terminar* térr·mi·*narr*
flanelle *flanela* f fla·*né*·la
fleur *flor* f florr
fleuriste (magasin) *floricultura* f flo·ri·koul·*tou*·ra • **(personne)** *florista* m et f flo·*ris*·ta
foie *fígado* m *fi*·ga·do
football *futebol* m fou·té·*bol*
— **américain** *futebol* m *americano* fou·té·*bol* a·mé·ri·*ka*·no

forêt *floresta* f flo·*rés*·ta
forme *forma* f *forr*·ma
fort *forte* *forr*·te
fou *louco/louca* m/f *lo*·ko/*lo*·ka
four *forno* m *forr*·no
fourchette *garfo* m *garr*·fo
fourgonnette *van* f van
fourmi *formiga* f forr·*mi*·ga
fourneau *fogão* m fo·*gaoum*
foyer *saguão* m sa·gou *aoum*
fragile *frágil* *fra*·jil
fraise *morango* m mo·*ran*·go
framboise *framboesa* f fran·bo·*é*·za
frapper (un ballon) *chutar* chou·*tarr*
frein *freio* m *fréï*·o
fréquemment *frequentemente* fré·kouéïn·té·*méïn*·te
frère *irmão* m irr·*maoum*
frire *fritar* fri·*tarr*
frit *frito/frita* m/f *fri*·to/*fri*·ta
froid *frio/fria* m/f *fri*·o/*fri*·a
fromage *queijo* m *kéï*·jo
fromagerie *queijaria* f kéï·ja·*ri*·a
frontière *borda* f *borr*·da
frottis vaginal *exame* m *papa nicolau* é·*za*·me *pa*·pa ni·ko·*laou*
fruit *fruta* f *frou*·ta
— **de la passion** *maracujá* m ma·ra·kou·*ja*
fruits secs *frutas* f pl *secas* *frou*·tas *sé*·kas
fumer *fumar* fou·*marr*
futur *futuro* m fou·*tou*·ro

G

gagner *ganhar* ga·*gnarr*
galerie d'art *galeria* f *de arte* ga·lé·*ri*·a de *arr*·te
gants *luvas* f pl *lou*·vas
garage *oficina* f o·fi·*si*·na
garçon *menino* m mé·*ni*·no • **(de café)** *garçon/garçonete* m/f garr·son/ garr·so·*néte*
garde-robe *armário* m arr·*ma*·rio
gardien de but *goleiro/goleira* m/f go·*léï*·ro/go·*léï*·ra
gare *estação* f *de trem* és·ta·*saoum* de tréïm
— **ferroviaire** *estação* f *de trem* és·ta·*saoum* de tréïm
gastro-entérite *gastrenterite* f gas·trén·té·*ri*·te
gâteau *bolo* m *bo*·lo
— **de mariage** *bolo* m *de casamento* *bo*·lo de ka·za·*mén*·to
gauche (direction) *esquerda* f és·*kérr*·da • **de gauche (politique)** *esquerdista* és·kérr·*dis*·ta
gaz *gás* m gas
gaze *gaze* f *ga*·ze
gelée *geada* f jé·*a*·da
gencives *gengiva* f jéïm·*ji*·va
gêné *envergonhado/envergonhada* m/f én·vérr·go·*gna*·do/én·vérr·go·*gna*·da
génial *ótimo/ótima* m/f *o*·ti·mo/*o*·ti·ma
genou *joelho* m jo·*é*·llio
gentil *bom/boa* m/f bon/*bo*·a
gérant *gerente* jé·*réïm*·te
germe de soja *broto* m *de feijão* *bro*·to de féï·*jaoum*
gilet de sauvetage *colete salva-vidas* m ko·*lé*·te *saou*·va·*vi*·das
gin *gin* m jin
glace (glaçon) *gelo* m *jé*·lo
• **(crème glacée)** *sorvete* m sorr·*vé*·te
glacier *sorveteria* f sorr·vé·té·*ri*·a
gorge *garganta* f garr·*gan*·ta
gousse *vagem* f *va*·jéïm
goûteux *gostoso/gostosa* m/f gos·*to*·zo/gos·*to*·za
gouttes pour les yeux *colírio* m ko·*li*·rio
gouvernement *governo* m go·*verr*·no
gramme *grama* f *gra*·ma
grand (hauteur) *alto/alta* m/f *aou*·to/ *aou*·ta • *grande* *gran*·de
— **magasin** *loja* f *de departamentos* lo·*ja* de dé·parr·ta·*mén*·tos
grandir *crescer* krés·*sérr*
grand-mère *avó* f a·vô
grand-père *avô* m a·*vo*
gratuit *gratuito/gratuita* m/f gra·*tou*·i·to/ gra·*tou*·i·ta
grille-pain *torradeira* f to·rra·*déï*·ra

grimper *subir* sou·birr
grippe *gripe* f gri·pe
gris *cinzento* sin·zén·to
gros *gordo/gorda* m/f gorr·do/gorr·da
grosseur *nódulo* m no·dou·lo
grotte *caverna* f ka·vérr·na
groupe (musique) *banda* f *(de música)* ban·da (de mou·zi·ka)
guerre *guerra* f gué·rra
guide (personne, livre) *guia* m et f gui·a
• **(audio)** *guia* m *auditivo* gui·a aou·di·ti·vo
— **de conversation** *livro* m *de frases* li·vro de fra·zés
— **des sorties** *guia* m *de entretenimento* gi·a de én·tré·té·ni·méïn·tou
guidon *corrimão* m ko·rri·maoum
guitare *violão* m vi·o·laoum
gymnastique *ginástica* f ji·nas·ti·ka
— **olympique** *ginástica* f *olímpica* gi·nas·ti·ka o·lin·pi·ka
gynécologue *ginecologista* m et f ji·né·ko·lo·jis·ta

H

habiter *morar* mo·rarr
halal *halal* a·laou
hallucination *alucinação* f a·lou·si·na·saoum
hammac *rede* f rré·de
handball *handebol* m han·dé·bol
handicapé *deficiente* dé·fi·si·én·te
harcèlement *molestamento* m mo·lés·ta·mén·to
hareng *arenque* m a·rén·ke
haricot *feijão* m féï·jaoum
haut(e) *alto/alta* m/f aou·to/aou·ta
hébergement *hospedagem* f os·pé·da·jéïm
hématome *hematoma* m é·ma·to·ma
hépatite *hepatite* f é·pa·ti·te
herbe (aromatique) *erva* f érr·va
• **(gazon)** *grama* f gra·ma
heure *hora* f o·ra
heureux *feliz* fé·lis
hier *ontem* on·téïm
hindouiste *Hindu* in·dou
histoire (passé) *história* f is·to·ria
historique *histórico/histórica* m/f is·to·ri·ko/is·to·ri·ka
hiver *inverno* m ing·vérr·no
hockey *hockey* m ho·kéï
— **sur glace** *hockey* m *de gelo* ho·kéï de jé·lo
homéopathie *homeopatia* f o·mé·o·pa·ti·a
homme *homem* m o·méïm
homme/femme d'affaires *homem/mulher* m/f *de negócios* o·méïm/mou·lliérr de né·go·sios
homosexuel *gay* gaï • *homosexual* o·mo·sék·sou·aou
hôpital *hospital* m os·pi·taou
horaire *horário* f o·ra·rio
— **d'ouverture** *horário* m *de funcionamento* o·ra·rio de foun·so·na·méïn·to
horloge *relógio* m rré·lo·jio
horoscope *horóscopo* m o·ros·ko·po
horrible *horrível* o·hi·vél
hospitalité *hospitalidade* f os·pi·ta·li·da·de
hôtel *hotel* m o·tél
huile *óleo* m o·llio
— **d'olive** *azeite* m a·zéï·te
huître *ostra* f os·tra
hydratant *hidratante* m i·dra·tan·te

I

ici *aqui* a·ki
identification *identificação* f i·dén·ti·fi·ka·saoum
idiot *idiota* m et f i·di·o·ta
il *ele* é·le
il était une fois *uma vez* ou·ma vez
il y a (3 jours) *há (três dias)* a (trés di·as)
île *ilha* f i·llia
ils *eles* é·les
immeuble *prédio* m prè·dio
immigration *imigração* f i·mi·gra·saoum

imperméable *a prova d'água* a *pro*·va *da*·goua
• **(le vêtement)** *casaco* **m** *de chuva* ka·*za*·ko de *chou*·va
important *importante* in·porr·*tan*·te
impôt *imposto* **m** im·*pos*·to
— **sur le revenu** *imposto* **m** *de renda* in·*pos*·to de *rén*·da
inconfortable *desconfortável* dés·kon·forr·*ta*·vel
Inde *Índia* **f** *in*·dia
indépendant (profession) *autônomo/autônoma* **m/f** aou·*to*·no·mo/aou·*to*·no·ma
indigestion *indigestão* **f** in·di·jés·*taoum*
industrie *indústria* **f** in·*dous*·tria
infection *infecção* **f** in·fék·*saoum*
— **urinaire** *infecção* **f** *urinária* in·fék·*saoum* ou·ri·*na*·ria
infirmière *enfermeira* **f** ëïm·férr·*méï*·ra
inflammation *inflamação* **f** in·fla·ma·*saoum*
informations *novidades* • *notícias* **f pl** no·vi·*da*·des • no·*ti*·sias
informatique *IT* **m** aï·*ti*
ingénierie *engenharia* **f** én·jé·gna·*ri*·a
ingénieur *engenheiro/engenheira* **m/f** én·jé·*gnéï*·ro/én·jé·*gnéï*·ra
ingrédient *ingrediente* **m** in·gré·di·*én*·te
injecter *injetar* in·jé·*tarr*
injection *injeção* **f** in·jé·*saoum*
injuste *injusto/injusta* **m/f** in·*jous*·to/in·*jous*·ta
innocent *inocente* i·no·*sén*·te
inondation *enchente* **f** én·*chéïn*·te
inquiet *preocupado/preocupada* **m/f** pré·o·kou·*pa*·do/pré·o·kou·*pa*·da
insolation *insolação* **f** in·so·la·*saoum*
instructeur *instrutor/instrutora* **m/f** ins·trou·*torr*/ins·trou·*to*·ra
intéressant *interessante* in·té·ré·*san*·te
international *internacional* in·térr·na·sio·*naou*
Internet *Internet* **f** in·térr·*né*·ti
interprète *intérprete* **m et f** ing·*térr*·pré·te
intervalle *intervalo* **m** in·térr·*va*·lo
interview *entrevista* **f** ing·tré·*vis*·ta
inviter *convidar* kon·vi·*dar*
Irlande *Irlanda* **f** irr·*lan*·da
irritation *irritação* **f** *na pele* i·rri·ta·*saoum* na *pé*·le
— **aux couches** *irritação* **f** *à fralda* i·rri·ta·*saoum* a *fraou*·da
Israël *Israel* **m** is·rra·*él*
itinéraire *itinerário* **m** i·ti·né·*ra*·rio
• **(chemin)** *caminho* **m** ka·*mi*·gno
• **(chemin)** *rota* **f** *rro*·ta

J

jaloux *ciumento/ciumenta* **m/f** si·ou·*mén*·to/si·ou·*méïn*ta
jamais *nunca* *noung*·ka
jambe *perna* **f** *pérr*·na
jambon *presunto* **m** pré·*zoun*·to
janvier *janeiro* **m** ja·*néï*·ro
Japon *Japão* **m** ja·*paoum*
jardin *jardim* **m** jarr·*dim*
— **botanique** *jardim* **m** *botânico* jarr·*dim* bo·*ta*·ni·ko
— **d'enfants** *jardim* **m** *de infância* jarr·*dim* de in·*fan*·sia
— **zoologique** *zoológico* **m** zo·o·*lo*·ji·ko
jardinage *jardinagem* **f** jarr·di·*na*·jéïm
jardinier *jardineiro/jardineira* **m/f** jarr·di·*néï*·ro/jarr·di·*néï*·ra
jardins publics *jardins* **m pl** *públicos* jarr·*dins* *pou*·bli·kos
jaune *amarelo/amarela* **m/f** a·ma·*ré*·lo/ a·ma·*ré*·la
je *eu* *é*·ou
jeans *jeans* **m** jins
jeep *jip* **m** *ji*·pe
jeu (sport) *jogo* **m** *jo*·go
— **sur ordinateur** *jogo* **m** *de computador* *jo*·go de kon·pou·ta·*dorr*
jeudi *quinta-feira* **f** *kin*·ta·*féï*·ra
jeune *jovem* *jo*·véïm
jeux Olympiques *Jogos Olímpidos* **m pl** *jo*·gos o·*ling*·pi·kos
jogging *corrida* **f** ko·*rri*·da
joli *bonito/bonita* **m/f** bo·*ni*·to/bo·*ni*·ta
jouer *jogar* jo·*garr*
• **(musique)** *tocar* to·*karr*
jour *dia* **f** *di*·a

journal *jornal* m jorr·*naou*
journalier *jornaleiro* m jorr·na·*léïy*·ro
journaliste *jornalista* m et f jorr·na·*lis*·ta
juge *juiz/juiza* m/f jou·*is*/jou·*i*·za
juif/juive *Judeu/Judia* m/f jou·*dé*·ou/jou·*di*·a
juillet *julho* m *jou*·llio
juin *junho* m *jou*·gnou
jumeaux/jumelles *gêmeos/gêmeas* m/f *jé*·mé·os/*jé*·mé·as
jumelles (objet) *binóculos* m pl bi·*no*·kou·los
jupe *saia* f *sa*·ia
jus *suco* m *sou*·ko • **jus d'orange** *suco* m *de laranja* *sou*·ko de la·*ran*·ja
jusqu'à *até* a·*te*

K

kasher *kocher* *ko*·chérr
ketchup *ketchup* m ké·ti·*chou*·pi
kilogramme *kilograma* m ki·lo·*gra*·ma
kilomètre *kilômetro* m ki·*lo*·me·tro
kiwi *kiwi* m ki·*wi*
kyste ovarien *cisto* m *no ovário* *sis*·to no o·*va*·rio

L

lac *lago* m *la*·go
laine *lã* f lan
lait *leite* m *lay*·te
— **de soja** *leite* m *de soja* *léï*·te de so·ja
— **écrémé** *leite* m *desnatado* *léï*·te dés·na·*ta*·do
laitue *alface* m aou·*fa*·se
lame *gilete* f ji·*lé*·te
lampe de poche *flash*m *luminoso* flach lou·mi·*no*·zo
langue *língua* f *ling*·goua
lapin *coelho* m ko·*é*·llio
large *largo/larga* m/f *larr*·go/*larr*·ga
laver *lavar* la·*varr*
lave-linge *máquina* f *de lavar roupa* *ma*·ki·na de la·*varr* *rro*·pa
laverie *lavanderia* f la·van·dé·*ri*·a
lavette (linge) *pano* m *de limpeza* *pa*·no de lin·*pé*·za
laxatif *laxante* m la·*chan*·te
le plus proche *mais perto/perta* m/f mais *pérr*·to/*pérr*·ta
leader *líder* m et f *li*·dérr
légal *legal* lé·*gaou*
léger *leve* *lé*·ve
législation *legislação* f lé·jis·la·*saoum*
légume *legumes* m pl lé·*gou*·més
• **légumes** *legumes* m pl lé·*gou*·més
lentement *devagar* dé·va·*garr*
• *vagarosamente* va·ga·ro·za·*mén*·te
lentille (graines) *lentilha* f lén·*ti*·llia
• **(optique)** *lentes* f pl *lén*·tés
lentilles de contact *lentes* m pl *de contato* *lén*·tés de kon·*ta*·to • **produit pour lentilles de contact** *colírio* m *para lentes de contato* ko·*li*·rio *pa*·ra *lén*·tés de kon·*ta*·to
lesbienne *lésbica* f *lés*·bi·ka
lettre (courrier) *carta* f *karr*·ta
leur *deles* *dé*·lés
lever du soleil *nascer* m *do sol* *na*·sérr do sol
lèvres *lábios* m pl *la*·bios
lézard *lagarto* m la·*garr*·to
librairie *livraria* f li·vra·*ri*·a
libre *livre* *li*·vre • **(vacant)** *vago/vaga* m/f *va*·go/*va*·ga
licence *licença* f li·*sén*·sa
lieu *lugar* m lou·*garr* • **(local)** *local* m lo·*kaou*
— **de naissance** *local* m *de nascimento* lo·*kaou* de nas·si·*méïn*·to
ligne directe *ligação* f *direta* li·ga·*saoum* di·*ré*·ta
limite de vitesse *limite* m *de velocidade* li·*mi*·te de vé·lo·si·*da*·de
limonade *limonada* f li·mo·*na*·da
lire *ler* lérr
liste d'attente (passager) *bilhete* m *de stand by* bi·*llié*·te de is·*tan*·di bai
lit *cama* f *ka*·ma
— **double** *cama* f *de casal* *ka*·ma de ka·*zow*
literie *roupa* f *de cama* *rro*·pa de *ka*·ma

lits jumeaux *camas* **f pl** *gêmeas* ka·mas jé·mé·as
livre *livro* **m** li·vro
livrer *entregar* em·tre·garr
local *local* **m** lo·kaou
loi *lei* **f** léï • *regras* **f pl** rré·gras
loin *longe* lon·je
lointain *remoto/remota* **m/f** rré·mo·to/rré·mo·ta
long *longo/longa* **m/f** lon·go/lon·ga
louer *alugar* a·lou·garr
lourd *pesado/pesada* **m/f** pé·za·do/pé·za·da
lubrifiant *lubrificante* **m** lou·bri·fi·kan·te
lumière *luz* **f** louz
lundi *segunda-feira* **f** sé·goun·da·féï·ra
lune *lua* **f** lou·a
— de miel *lua* **f** *de mel* lou·a de mél
lunettes *óculos* **m pl** o·kou·los
— de plongée *óculos* **m pl** *de natação* o·kou·los de na·ta·saoum
— de soleil *óculos* **m pl** *de sol* o·kou·los de sol
— protectrices *óculos* **m pl** *de ski* o·kou·los de és·ki
lutte *luta* **f** lou·ta
luxe *luxo* **m** lou·cho

M

machine *máquina* **f** ma·ki·na
mâchoire *mandíbula* **f** man·di·bou·la
magasin *loja* **f** lo·ja
— de boissons *loja* **f** *de bebidas* lo·ja de bé·bi·das
— de chaussures *sapataria* **f** sa·pa·ta·ri·a
— de jouets *loja* **f** *de brinquedos* lo·ja de brin·ké·dos
— de matériel électrique *loja* **f** *de aparelhos elétricos* lo·ja de a·pa·ré·llios é·lé·tri·kos
— de musique *loja* **f** *de música* lo·ja de mou·zi·ka
— de photo *loja* **f** *de equipamentos fotográficos* lo·ja de é·ki·pa·méïn·tos fo·to·gra·fi·kos
— de vêtements *loja* **f** *de roupas* lo·ja de rro·pas
— de vin et spiritueux *loja* **f** *de bebidas* lo·ja de bé·bi·das
mai *maio* ma·yo
maillot de bain *roupa* **f** *de banho* rro·pa de ba·gno
maillot de corps *camiseta* **f** ka·mi·ze·ta
main *mão* **f** maoum
maintenant *agora* a·go·ra
mais *mas* mas
maïs *milho* **m** mi·llio
maison *casa* **f** ka·za
maîtresse de maison *dona* **f** *de casa* do·na de ka·za
mal au cœur *enjôo* **m** én·jo·o
mal de dents *dor* **f** *de dente* dorr de dén·te
mal de mer *enjoado/enjoada* **m/f** én·jo·a·do/én·jo·a·da
mal de tête *dor* **f** *de cabeça* dorr de ka·bé·sa
mal des transports *enjôo* **m** *de viagem* énjo·o de vi·a·jém
mal-entendant *surdo/surda* **m/f** sour·do/sour·da
malade *doente* do·éïn·te • *mal* maou
maladie *doença* **f** do·én·sa
— vénérienne *doença* **f** *venérea* do·én·sa vé·né·ria
maman *mãe* **f** maïn
mammographie *mamograma* **m** ma·mo·gra·ma
mandarine *tangerina* **f** tan·jé·ri·na
manger *comer* ko·mérr
manquer (sentiment) *sentir falta* séïn·tirr faou ta
manteau *casaco* **m** ka·za·ko
maquillage *maquiagem* **f** ma·ki·a·jéïm
marchand de fruits et légumes *verdureiro/verdureira* **m/f** vérr·dou·réï·ro/vérr·dou·réï·ra
marché *mercado* **m** mérr·ka·do
marcher *andar* an·darr
mardi *terça-feira* **f** térr·sa·féï·ra

marée *maré* f ma·*re*
margarine *margarina* f marr·ga·*ri*·na
mari *marido* m ma·*ri*·do
mariage *casamento* m ka·za·*méïm*·to
marier *casar* ka·*zarr*
marmite *panela* f pa·*né*·la
marron (couleur) *marron* ma·*rron*
• **(fruit)** *castanha* f *portuguesa* kas·*ta*·gna porr·tou·*gué*·za
mars *março* *mar*·so
marteau *martelo* m marr·*té*·lo
masque et tuba *snorkel* m is·*norr*·kél
massage *massagem* f ma·*sa*·jéïm
masseur *massagista* m et f ma·sa·*jis*·ta
match (sport) *partida* f parr·*ti*·da
matelas *colchão* m kol·*chaoum*
matin *manhã* f ma·*gnan*
mauvais *ruim* rrou·*im*
maux d'estomac *dor* m *de estômago* dorr de és·*to*·ma·go
mayonnaise *maionese* f ma·yo·*né*·ze
mécanicien *mecânico/mecânica* m/f mé·*ka*·ni·ko/mé·*ka*·ni·ka
médecin *médico/médica* m/f *mé*·di·ko/*mé*·di·ka
médecine *medicina* f mé·di·*si*·na
méditation *meditação* f mé·di·ta·*saoum*
meilleur *melhor* mé·*lliorr*
mélanger *misturar* mis·*tou*·rar
• **mélangé** *mexido/mexida* m/f mé·*chi*·do/mé·*chi*·da
melon *melão* m mé·*laoum*
membre *membro* m et f *méïm*·bro
même *mesmo/mesma* m/f *més*·mo/*més*·ma
mendiant *pedinte* m et f pé·*din*·te
menteur *mentiroso/mentirosa* m/f mén·ti·*ro*·zo/mén·ti·*ro*·za
menu *cardápio* m karr·*da*·pio
menuisier *carpinteiro* m karr·pin·*téï*·ro
mer *mar* m marr • **bord de mer** *beira mar* f *béï*·ra marr • **mal de mer** *enjoado/enjoada* m/f én·jo·*a*·do/én·jo·*a*·da
mercredi *quarta-feira* f *kouarr*·ta·*féï*·ra
mère *mamãe* f ma·*maïn*
merveilleux *maravilhoso/maravilhosa* m/f ma·ra·vi·*llio*·zo/ma·ra·vi·*llio*·za
message *mensagem* f méïn·*sa*·jéïm
messe (catholique) *missa* f *mi*·sa
métal *metal* m mé·*taou*
météo *tempo* m *téïm*·po
mètre *metro* m *mé*·tro
mettre *colocar* ko·lo·*karr*
meubles *móveis* m pl *mo*·véïs
micro-ondes *microundas* m mi·kro·*on*·das
midi *meio-dia* m *méï*·o *di*·a
miel *mel* m mél
mieux *melhor* mé·*lliorr*
migraine *enxaqueca* f én·cha·*ké*·ka
militaire *militar* mi·li·*tarr*
• **service militaire** *serviço* m *militar* sérr·*vi*·so mi·li·*tarr*
militant *ativista* m et f a·ti·*vis*·ta
millimètre *milímetro* m mi·*li*·me·tro
million *milhão* m mi·*laoum*
mince *fino/fina* m/f *fi*·no/*fi*·na
minuit *meia-noite* f *méï*·a·*noï*·te
minuscule *mínimo/mínima* m/f mi·*ni*·mo/mi·*ni*·ma
minute *minuto* m mi·*nou*·to
miroir *espelho* m és·*pé*·llio
modem *modem* m *mo*·déïm
moine *monje* m *mon*·je
moins *menos* m *mé*·nos
mois *mês* m més
moitié *metade* f mé·*ta*·de
mon *meu/minha* m/f *mé*·ou/*mi*·gna
monastère *monastério* m mo·nas·*té*·rio
monde *mundo* m *moung*·do
monnaie (de la) *troco* m *tro*·ko
mononucléose *febre* f *glandular* *fé*·bre glan·dou·*lar*
montagne *montanha* f mon·*ta*·gna
monter à cheval *andar à cavalo* an·*darr* a ka·*va*·lo
montre *relógio* m rré·*lo*·jio
montrer *mostrar* mos·*trarr*
monument *monumento* m mo·nou·*méïn*·to
morceau *pedaço* m pé·*da*·so
morsure (d'animal) *mordida* f morr·*di*·da
mort *morto/morta* m/f *morr*·to/*morr*·ta
mosquée *mosteiro* m mos·*tay*·ro
mot *palavra* f pa·*la*·vra
moteur *motor* m mo·*torr*

moto *motocicleta* f mo·to·si·*kle*·ta
mou *mole* *mo*·le
mouchoir *lenço* m *léïn*·so
— en papier *lencinho* m *de papel* lén·*si*·gno de pa·*pél*
mouillé *molhado/molhada* m/f mo·*llia*·do/mo·*llia*·da
moule (crustacé) *mexilhão* m mé·chi·*lliaoum*
mourir *morrer* mo·*rrérr*
moustiquaire *mosquiteiro* m mos·ki·*téï*·ro
moustique *mosquito* m mos·*ki*·to
moutarde *mustarda* f mous·*tar*·da
mouton *ovelha* f o·*vé*·llia
moyenne *média* f *mè*·dia
muesli *muesli* m *mous*·li
muet *mudo/muda* m/f *mou*·do/*mou*·da
mur (extérieur) *parede* f pa·*ré*·de
muscle *músculo* m *mous*·kou·lo
musée *museu* m mo·*sé*·ou
musicien *músico/música* m/f *mou*·zi·ko/*mou*·zi·ka
musique *música* f *mou*·zi·ka • magasin de musique *loja* f *de música* *lo*·ja de *mou*·zi·ka
musulman(ne) *Muçulmano/Muçulmana* m/f mou·soul·*ma*·no/mou·soul·*ma*·na
mycose *cândida* f • *corrimento* m *kan*·di·da • ko·rri·*men*·to

N

n'importe quel *qualquer* kouaou·*kérr*
nager *nadar* na·*darr*
nappe *toalha* f *de mesa* to·*a*·llia de *mé*·za
nationalité *nacionalidade* f na·sio·na·li·*da*·de
nature *natureza* f na·tou·*ré*·za
naturopathie *naturopatia* f na·tou·ro·pa·*ti*·a
nausée *náusea* f *naou*·sé·a
nécessaire *necessário/necessária* m/f né·sé·*sa*·rio/né·sé·*sa*·ria
nectarine *pessego* m *pé*·sé·go
négatif *negativo/negativa* m/f né·ga·*ti*·vo/né·ga·*ti*·va
neige *neve* f *né*·ve
nez *nariz* m na·*ris*
Noël (jour de) *Dia* m *de Natal* *di*·a de na·*taou* • (nuit de) *Noite* f *de Natal* *noï*·te de na·*taou*
noir et blanc (film) *preto e branco* *pré*·to é *bran*·ko
noir *preto/preta* m/f *pré*·to/*pré*·ta
noisette *avelã* f a·vé·*lan*
noix *noz* f noz
— de cajou *castanha* f *de cajú* kas·*ta*·gna de ka·*jou*
— de coco *côco* m *ko*·ko
nom *nome* m *no*·me
— de famille *sobrenome* m so·bré·*no*·me
non *não* naoum
non-fumeur *não-fumante* naoum·fou·*man*·te
non-voyant *cego/cega* m/f *sé*·go/*sé*·ga
nord *norte* m *norr*·te
Norvège *Noruega* f no·rou·e·ga
notre *nosso/nossa* m/f *no*·so/*no*·sa
nouilles *macarrão* m *chinês* ma·ka·*rraoum* chi·*nes*
nourrir *alimentar* a·li·mén·*tarr*
nourriture *comida* f ko·*mi*·da
nous *nós* nos
nouveau *novo/nova* m/f *no*·vo/*no*·va • de nouveau *novamente* no·va·*méïm*·te
novembre *novembro* no·*véïm*·bro
nuage *nuvem* f nou·*véïm*
nuageux *nublado/nublada* m/f nou·*bla*·do/nou·*bla*·da
nuit *noite* f *noï*·te
numéro d'immatriculation *número* m *da placa* *nou*·mé·ro da *pla*·ka
numéro de chambre *número* m *do quarto* *nou*·mé·ro do *kouarr*·to
numéro de passeport *número* m *do passaporte* *nou*·mé·ro do pa·sa·*porr*·te

O

objectif *objetivo* m o·bi·jé·*ti*·vo
objets trouvés *escritório* m *de achados e perdidos* és·kri·*to*·rio de a·*cha*·dos é pérr·*di*·dos

obtenir *pegar* pé·*garr*
occupé *ocupado/ocupada* m/f ou·kou·*pa*·do/o·kou·*pa*·da
océan *oceano* m o·sé·*a*·no
octobre *outubro* o·*tou*·bro
odeur *cheiro* m *ché*·ro
œil *olho* m *o*·llio
œuf *ovo* m *o*·vo • **œuf à la coque** *ovo* m *mole* *o*·vo *mo*·le
office de tourisme *escritório* m *de turismo* és·kri·*to*·rio de tou·*ris*·mo
oignon *cebola* f sé·*bo*·la
oiseau *pássaro* m *pa*·sa·ro
olive *azeitona* f a·zay·*to*·na
ombre *sombra* f son·*bra*
opéra (lieu) *casa* f *de ópera* *ka*·za de *o*·pé·ra • **(lieu et œuvre)** *ópera* f *o*·pé·ra
opérateur *operador/operadora* m/f o·pé·ra·*dorr*/o·pé·ra·*do*·ra
opération *operação* f o·pé·ra·*saoum*
opinion *opinião* f o·pi·ni·*aoum*
opposé *oposto/oposta* m/f o·*pos*·to/o·*pos*·ta
optométriste *optometrista* m et f o·pi·to·me·*tris*·ta
or *ouro* m *o*·ro
orange (couleur) *laranja* la·*ran*·ja • **(fruit)** *laranja* f la·*ran*·ja • **jus d'orange** *suco* m *de laranja* *sou*·ko de la·*ran*·ja
orchestre *orquestra* f orr·*kés*·tra
ordinaire *ordinário/ordinária* m/f orr·di·*na*·rio/orr·di·*na*·ria
ordinateur *computador* m kon·pou·ta·*dorr* • **jeu sur ordinateur** *jogo* m *de computador* *jo*·go de kon·pou·ta·*dorr*
— **portable** *laptop* m lé·pi·to·*pi*
ordures *lixo* m *li*·cho
oreille *orelha* f o·*ré*·llia
oreiller *travesseiro* m tra·vé·*séï*·ro
oreillons *caxumba* f ka·*choun*·ba
orgasme *orgasmo* m orr·*gas*·mo
original *original* o·ri·ji·*naou*
orteils *dedos* m pl *do pé* *dé*·dos do pe
os *osso* m *o*·so
où *onde* *on*·de
ou *ou* o

oublier *esquecer* és·kés*érr*
ouest (direction) *oeste* m o·*és*·te
oui *sim* sim
ouvert *aberto/aberta* m/f a·*bérr*·to/a·*bérr*·ta
ouvre-boîte *abridor* m *de lata* a·bri·*dorr* de *la*·ta
ouvrier *operario /operaria* m/f *o·pé·ra·rio/ o·pé·ra·ria*
ouvrir *abrir* a·*brirr*
ovaire *ovário* m o·*va*·rio
oxygène *oxigênio* m ok·si·*jé*·gno

P

page *página* f *pa*·ji·na
paiement *pagamento* m pa·ga·*méïn*·to
paillasson *capacho* m ka·pa·cho
pain complet *pão* m *integral* paoum ing·té·*graou*
pain *pão* m paoum • **petits pains** *pães* m pl païns
— **grillé** *torrada* f to·*rra*·da
paix *paz* f pas
Pakistan *Paquistão* m pa·kis·*taoum*
palais *palácio* m pa·*la*·sio
pamplemousse *pomelo* m po·*mé*·lo
panier *cesta* f *sés*·ta
pansement *band-aid* m ban·*déï*·di
pantalon *calças* f pl *kaou*·sas
papa *pai* m paï
papeterie *papelaria* f pa·pé·la·*ri*·a
papier *papel* m pa·*pél*
— **toilette** *papel* m *higiênico* pa·*pél* i·gi·é·ni·ko
papillon *borboleta* f borr·bo·*lé*·ta
Pâques *Páscoa* f *pas*·koua
paquet *embrulho* m éïm·*brou*·llio • *pacote* m pa·*ko*·te
par *por* porr
— **avion** *via* f *aérea* *vi*·a a·è·ré·a
parapet *parapeito* m pa·ra·*péï*·to
paraplégique *paraplégico/paraplégica* m/f pa·ra·*plé*·ji·ko/pa·ra·*plé*·ji·ka
parapluie *guarda-chuva* m *gouarr*·da·*chou*·va

P

parc *parque* **m** *parr*·ke
— **national** *parque* **m** *nacional* *par*·ke na·sio·*naou*
parce que *por que* porr·*ké*
pardessus *sobretudo* **m** so·bré·*tou*·do
pardonner *perdoar* perr·do·*arr*
parebrise *parabrisa* **m** pa·ra·*bri*·za
parents *pais* **m pl** pa·*ïs*
paresseux *preguiçoso/preguiçosa* **m/f** pré·gi·*so*·zo/pré·gi·*so*·za
parfait *perfeito/perfeita* **m/f** pérr·*féï*·to/pérr·*féï*·ta
parfois *às vezes* as *vé*·zes
parfum *perfume* **m** pérr·*fou*·me
pari *aposta* **f** a·*pos*·ta
parlement *parlamento* **m** parr·la·*méïn*·tou
parler *falar* fa·*larr*
parole *palavra* **f** pa·*la*·vra
part (morceau) *parte* **f** *parr*·te • **partie**
partager *dividir* di·vi·*dirr*
parti (politique) *partido* **m** parr·*ti*·do
partir *partir* parr·*tirr*
pas *passo* **m** *pa*·so
pas (négation) *não* naoum
— **cher** *barato/barata* **m/f** ba·*ra*·to/ba·*ra*·ta
— **encore** *ainda (não)* a·*in*·da (naoum)
passager *passageiro/passageira* **m/f** pa·sa·*jéï*·ro/pa·sa·*jéï*·ra
passé *passado* **m** pa·*sa*·do
passeport *passaporte* **m** pa·sa·*porr*·te
passer *passar* pa·*sarr*
pastèque *melancia* **f** mé·lan·*si*·a
pâte (à tarte) *massa* **f** *ma*·sa
pâtes *massas* **f pl** *ma*·sas
patinage *patinaçao* pa·ti·na·*saoum*
patiner *andar de skate* an·*darr* de is·*kéï*·te
patins *skate* **m** is·*kéï*·te
pauvre *pobre* *po*·bre
pauvreté *pobreza* **f** po·*bré*·za
payer *pagar* pa·*garr*
pays *país* **m** pa·*is*
Pays-Bas *Países* **m pl** *Baixos* pa·*i*·zés *bai*·chos
peau *pele* **f** *péle*
pêche (poisson) *pesca* **f** *pés*·ka
• **(fruit)** *pêssego* **m** *pé*·sé·go
pédale *pedal* **m** pé·*daou*
peigne *pente* **m** *pén*·te
peintre *pintor/pintora* **m/f** pin·*torr*/ping·o·ra
peinture *pintura* **f** pin·*tou*·ra
pellicule *filme* **m** *fotográfico* *fil*·me fo·to·*gra*·fi·ko
pénis *pênis* **m** *pé*·nis
penser *pensar* péïm·*sarr*
pension *casa* **f** *de cômodos* • *pensão* **f** *ka*·za de *ko*·mo·dos • péïn·*saoum*
pensionnaire *pensionista* **m et f** péïn·sio·*nis*·ta
pénurie *escassez* **f** és·ka·*sés*
perdre *perder* pérr·*dérr*
perdu *perdido/perdida* **m/f** pérr·*di*·do/pérr·*di*·da
père *pai* **m** paï
performance *performance* **f** pérr·*forr*·man·se
permis *permissão* **f** pér·mi·*saoum*
— **de conduire** *carteira* **f** *de motorista* kar·*téï*·ra de mo·to·*ris*·ta
— **de travail** *permissão* **f** *para trabalhar* pérr·mi·*saoum* *pa*·ra tra·ba·*lliarr*
permission *permissão* **f** pérr·mi·*saoum*
personnes *pessoas* **f pl** pé·*so*·as
peser *pesar* pé·*zarr*
petit *pequeno/pequena* **m/f** pé·*ké*·no/pé·*ké*·na
— **enfant** *neto/neta* **m/f** *né*·to/*né*·ta
petit ami *namorado* **m** na·mo·*ra*·do
petit-déjeuner *café* **m** *da manhã* ka·*fè* da ma·*gnin*
petit pois *ervilha* **f** érr·*vi*·llia
petite amie *namorada* **f** na·mo·*ra*·da
pétition *petição* **f** pé·ti·*saoum*
peut-être *talvez* taou·*vés*
phares *faróis* **m pl** fa·*roïs*
pharmacie *farmácia* **f** far·*ma*·sya
pharmacien *pharmacista* **m et f** farr·ma·*sis*·ta
photographe *fotógrafo/fotógrafa* **m/f** fo·*to*·gra·fo/fo·*to*·gra·fa
photographie *fotografia* **f** fo·to·gra·*fi*·a

DICTIONNAIRE

photomètre *fotômetro* **m** fo·*to*·mé·tro
pic (mountagne) *pico* **m** *pi*·ko
pichet *vidro* **m** *vi*·dro
pickles *pikles* **m pl** *pi*·klés
pièce (habitation) *quarto* **m** *kouarr*·to
• **(de théâtre)** *peça* **f** *pé*·sa
pièces (de monnaie) *moedas* **f pl** mo·*é*das
pied *pé* **m** pé
pierre *pedra* **f** *pé*·dra
piéton *pedestre* **m** pé·*dés*·tre
pile *pilha* **f** *pi*·llia
pilule (la) *pílula* **f** *pi*·lou·la
piment *pimenta* **f** pi·*méïn*·ta
• **(gros)** *pimentão* **m** pi·méïn·*taoum*
• **sauce aux piments** *molho* **m** *de pimenta* mo·llio de pi·*méïn*·ta
pinces à épiler *pinça* **f** *ping*·sa
ping-pong *tênis* **m** *de mesa* *té*·nis de *mé*·za
pioche *picareta* **f** pi·ka·*ré*·ta
piolet *quebrador* **m** *de gelo* ké·bra·*dorr* de *jé*·lo
pique-nique *piquenique* **m** pi·ké·*ni*·ke
piquet de tente *estaca* **f** és·*ta*·ka
piqûre (d'insecte) *mordida* **f** morr·*di*·da
piscine *piscina* **f** pi·*si*·na
pistache *pistáchio* **m** pis·*ta*·chyo
piste (sport) *pista* **f** *pis*·ta
— **cyclable** *rota* **f** *de bicicleta* *rro*·ta de bi·si·*klé*·ta
— **de course** *pista* **f** *de corrida* *pis*·ta de ko·*rri*·da
pistolet *arma* **f** *arr*·ma
place (ville) *praça* **f** *pra*·sa
plage *praia* **m** *prai*·a • **volley de plage** *vôlei* **m** *de praia* vo·léï de *pra*·ia
planche à voile *windsurfe* **m** wind·*sourr*·fi
planche de surf *prancha* **f** *de surfe* *pran*·cha de *sourr*·fi
planète *planeta* **m** pla·*né*·ta
plante *planta* **f** *plan*·ta
plaque minéralogique *número* **m** *da placa* *nou*·mé·ro da *pla*·ka
plastique *plástico/plástica* **m/f** *plas*·ti·ko/*plas*·ti·ka
plat *plano/plana* **m/f** *pla*·no/*pla*·na
• **(assiette)** *prato* **m** *pra*·to
plateau *planalto* **m** pla·*naou*·to
plate-forme *plataforma* **f** pla·ta·*forr*·ma
plein *cheio/cheia* **m/f** *chéï*·o/*chéï*·a
— **temps** *tempo* **m** *integral* *téïm*·po in·té·*graou*
plongée *mergulho* **m** mérr·*gou*·llio
• **équipement de plongée** *equipamento* **m** *de mergulho* é·ki·pa·*mén*·to de mérr·*gou*·llio
pluie *chuva* **f** *chou*·va
plus *mais* mais
plusieurs *vários/várias* **m/f** *va*·rios/*va*·rias
pneu *pneu* **m** pi·*né*·ou
poche *bolso* **m** *bol*·so
poché *poché* po·*che*
poêle *frigideira* **f** fri·ji·*déï*·ra
poésie *poesia* **f** po·é·*zi*·a
poids *peso* **m** *pé*·*zo* • **poids** *pesos* **m pl** *pé*·*zos*
poignet *punho* **m** *pou*·gno
point *ponto* **m** *pon*·to
pointer *apontar* a·pon·*tarr*
poire *pêra* **f** *pé*·ra
poireau *alho* **m** *porró* a·llio po·rro
pois chiche *grão* **m** *de bico* graoum de *bi*·ko
poisson *peixe* **m** *pay*·che
poissonnier (personne, magasin) *peixeiro/peixeira* **m/f** péï·*chéï*·ro/ péï·*chéï*·ra
poitrine (anatomie) *peito* **m sg** *péï*·tou
poivre *pimenta* **f** pi·*méïn*·ta
poivron *pimentão* **m** pi·méïn·*taoum*
police *polícia* **f** po·*li*·sia
politicien *político/política* **m/f** po·*li*·ti·ko/ po·*li*·ti·ka
politique *política* **f** po·*li*·ti·ka
pollen *pólen* **m** *po*·léïm
pollution *poluição* **f** po·lou·i·*saoum*
pomme *maçã* **f** ma·*sin*
— **de terre** *batata* **f** ba·*ta*·ta
pompe (à vélo) *bomba* **f** *bon*·ba
pont *ponte* **f** *pon*·te
populaire *popular* po·pou·*larr*
porc *porco/porca* **m/f** *porr*·ko/*porr*·ka
• **saucisse de porc** *linguiça* **f** *de porco* lin·*goui*·sa de *porr*·ko

P

port (mer) *baía* **f** ba·*i*·a • **(mer)** *porto* **m** *porr*·to
porte *porta* **f** *porr*·ta • **(aéroport, etc.)** *portão* **m** porr·*taoum*
porte-document *pasta* **f** *pas*·ta
porter *carregar* ka·rré·*garr*
• **(vêtements)** *vestir* vés·*tirr*
Portugal *Portugal* **m** porr·tou·*gow*
poser une question *perguntar* pérr·goun·*tarr*
positif *positivo/positiva* **m/f** po·zi·*ti*·vo/po·zi·*ti*·va
possible *possível* po·*si*·vél
poste de contrôle (frontière) *ponto* **m** *de controle* *pon*·to de kon·*tro*·le
poste de police *delegacia* **f** *de polícia* dé·lé·ga·*si*·a de po·*li*·sia
pot d'échappement *exaustor* **m** é·zaous·*torr*
poterie en terre *louça* **f pl** *de barro* *lo*·sa de *ba*·ho
pou *piolho* **m** pi·*o*·llio
poudre *pó* **m** po
poule *galinha* **f** ga·*li*·gna
poumon *pulmão* **m** poul·*maoum*
poupée *boneco/boneca* **m/f** bo·*né*·ko/bo·né·*ka*
pour *para* *pa*·ra • **pour toujours** *para sempre* *pa*·ra *séïm*·pre
pourboire *gorgeta* **f** gorr·*je*·ta
pourcent *porcentagem* **f** porr·séïn·*ta*·jéïm
pourquoi *por que* porr ke
pousser *empurrar* éïm·pou·*harr*
pouvoir *poder* **m** po·*dérr*
précieux *valioso/valiosa* **m/f** va·li·o·zo/va·li·o·za
préférer *preferir* pré·fé·*rirr*
préfet *prefeito/prefeita* **m/f** pré·*féï*·to/pré·*féï*·ta
premier *primeiro/primeira* **m/f** pri·*méï*·ro/pri·*méï*·ra
premier de l'an *Dia* **m** *de Ano Novo* *di*·a de *a*·no *no*·vo
Premier ministre *primeiro ministro/primeira ministra* **m/f** pri·*méï*·ro mi·*nis*·tro/pri·*méï*·ra mi·*nis*·tra
première classe *primeira classe* **f** pri·*méï*·ra *kla*·se
prendre (emmener) *levar* lé·*varr*
• **(obtenir)** *pegar* pé·*garr*
• **(en photo)** *tirar* ti·*rarr*
prénom *nome* **m** *Cristão* • *primeiro nome* **m** no·mé kris·*taoum* • pri·*méï*·ro *no*·me
préparer *preparar* pré·pa·*rarr*
près *perto/perta* **m/f** *pérr*·to/*pérr*·ta
présent *presente* **m** pré·*zéïn*·te
présentation *apresentação* **f** a·pré·seén·ta·*saoum*
préservatif *camisinha* **f** ka·mi·*zi*·gna
président *presidente* **m et f** pré·zi·*déïn*·te
presque *quase* *koua*·ze
pressé *com pressa* kon *pré*·sa
pression *pressão* **f** pré·*saoum*
— artérielle *pressão* **f** *arterial* pré·*saoum* ar·té·ri·*aou*
prêt *pronto/pronta* **m/f** *pron*·to/*pron*·ta
prêtre *padre* **m** *pa*·dre
prévenir *avisar* a·vi·*zarr*
prière *reza* **f** *rré*·za
principal *principal* pring·si·*paou*
printemps *primavera* **f** pri·ma·*vé*·ra
prise (électrique) *tomada* **f** to·*ma*·da
prison *prisão* **f** pri·*zaoum*
prisonnier *prisioneiro/prisioneira* **m/f** pri·zio·*néï*·ro/pri·zio·*néï*·ra
privé *privado/privada* **m/f** pri·*va*·do/pri·*va*·da
prix *preço* **m** *pré*·so
— d'entrée *preço* **m** *da entrada* *pré*·so da éïm·*tra*·da
— du couvert *couvert* **m** *artístico* kou·*vérr* arr·*tis*·ti·ko
problème cardiaque *problema* **m** *de coração* pro·*blé*·ma de ko·ra·*saoum*
prochain *próximo/próxima* **m/f** *pro*·si·mo/*pro*·si·ma
proche *por perto/perta* **m/f** porr *pérr*·to/*pérr*·ta • **le plus proche** *mais perto/perta* **m/f** mais *pérr*·to/*pérr*·ta
produire *produzir* pro·dou·*zirr*
produit anti-moustique *repelente* **m** *em aspiral* ré·pé·*léïn*·te éïm as·pi·*raou*

produit pour lentilles de contact *colírio m para lentes de contato* ko·*li*·rio *pa*·ra *lén*·tés de kon·*ta*·to
protéger *proteger* pro·té·*jérr*
professeur *professor/professora* **m/f** pro·fé·*sorr*/pro·fé·*so*·ra
profit *lucro* **m** *lou*·kro
profond *profundo/profunda* **m/f** pro·*foung*·do/pro·*foung*·da
programme *programa* **m** pro·*gra*·ma
projecteur *projetor* **m** pro·jé·*torr*
prolongation (visa) *extensão* **f** és·tén·*saoum*
promettre *prometer* pro·mé·*térr*
propre *limpo/limpa* **m/f** *lin*·po/*lin*·pa
propriétaire *dono/dona* **m/f** *do*·no/*do*·na • *proprietário* **m** *proprietária* **f** pro·pri·é·*ta*·rio pro·pri·é·*ta*·ria
protection sociale *seguro* **m** *social* sé·*gou*·ro so·si·*aou*
protégé *protegido/protegida* **f** pro·té·*ji*·do/pro·té·*ji*·da
protestation *protesto* **m** pro·*tés*·to
protester *protestar* pro·tés·*tarr*
prune *ameixa* **f** a·*méï*·cha
pruneau *ameixa* **f** *seca* a·*méï*·cha *sé*·ka
puce *pulga* **f** *poul*·ga
pullover *suéter* **f** sou·*é*·térr
pure *puro/pura* **m/f** *pou*·ro/*pou*·ra

Q

qualifications *qualificações* **f pl** koua·li·fi·ka·*soïns*
qualité *qualidade* **f** koua·li·*da*·de
quand *quando* *kouan*·do
quarantaine *quarentena* **f** koua·réïn·*té*·na
quartier *quarto* **m** *kouarr*·to
quasiment *quase* *koua*·ze
quelqu'un *alguém* aou·*guém*
quelque chose *alguma coisa* aou·*gou*·ma *koï*·za
quelques *alguns/algumas* **m/f** aou·*gouns*/aou·gou·mas
question *pergunta* **f** • *questão* **f** pérr·*goung*·ta • kés·*taoum*
queue *rabo* **m** *rra*·bo • **(file d'attente)** *fila* **f** *fi*·la
qui *quem* kéïm
quincaillerie *loja* **f** *de ferramentas* *lo*·ja de fé·rra·*mén*·tas
quinze jours *quinzena* **f** kin·*zé*·na
quotidien *jornaleiro* **m** jorr·na·*léï*·ro

R

rabais *desconto* **m** dés·*kon*·to
racisme *racismo* **m** rra·*sis*·mo
radiateur *estufa* **f** és·*tou*·fa • *radiador* **m** rra·di·a·*dorr*
radis *rabanete* **m** rra·ba·*né*·te
raide (escarpé) *íngreme* *ing*·gré·me
raisins *uvas* **f pl** *ou*·vas
— secs *passas* **f pl** *pa*·sas
raison *razão* **f** rra·*zaoum*
rame *remo* **m** *rré*·mo
randonnée *caminhada* **f** ka·mi·*gna*·da
randonner *caminhar* ka·mi·*gnarr*
rapide *rápido/rápida* **m/f** *rra*·pi·do/*rra*·pi·da
rapport protégé *sexo* **m** *com proteção* *sék*·so kom pro·té·*saoum*
raquette *raquete* **f** rra·*ké*·te
rare *raro/rara* **m/f** *rra*·ro/*rra*·ra
raser *fazer a barba* fa·*zérr* a *barr*·ba
rasoir *raspador* **m** rras·pa·*dorr* • *gilete* **f** ji·*lé*·te
rat *rato/ratazana* **m/f** *rra*·to/ra·ta·*za*·na
rayon (roue) *trave* **f** *de roda* *tra*·ve de *rro*·da
réaliste *realista* rré·a·*lis*·ta
récemment *recentemente* rré·séïn·té·*méïn*·te
recevoir *receber* rré·sé·*berr*
réclamation *protesto* **m** pro·*tés*·to • **service de réclamations des bagages** *requerimento* **m** *de bagagem* rré·ké·ri·méïn·to de ba·*ga*·jéïm
réclamer *reclamar* ré·kla·*marr*
récolte *tosa* **f** *to*·za
recommander *recomendar* rré·ko·méïn·*darr*

recommandé (en) *registrado* rré·jis·*tra*·do
reçu *recibo* **m** rré·*si*·bo
recyclable *reciclável* rré·si·*kla*·vél
recycler *reciclar* rré·si·*klar*
référence *referência* **f** rré·fé·*réïn*·sia
réflexologie *reflexologia* **f** rré·flék·so·lo·*ji*·a
réfrigérateur *geladeira* **f** jé·la·*déï*·ra
réfugié(e) *refugiado/refugiada* **m/f** rré·fou·ji·*a*·do/rré·fou·ji·*a*·da
refuser *recusar* rré·kou·*zarr*
régime *dieta* **f** di·*é*·ta
régional *regional* rré·jio·*naou*
règle *regra* **f** *rré*·gra
règlement *regras* **f pl** *rré*·gras
règles *menstruação* **f** méïns·trou·a·*saoum*
— **douloureuses** *cólica* **f** *menstrual* *ko*·li·ka méïns·trou·*aou*
rein *rin* **m pl** *rr*ing
reine *rainha* **f** rra·*i*·gna
relation *relacionamento* **m** rré·la·sio·na·*méïn*·tou
relations publiques *relações* **f pl** *públicas* rré·la·*soïns* *pou*·bli·kas
relax *relaxar* rré·la·*charr*
reliquaire *relicário* **m** rré·li·*ka*·rio
religieux *religioso/religiosa* **m/f** rré·li·ji·*o*·zo/rré·li·ji·*o*·za
religion *religião* **f** rré·li·ji·*aoum*
relique *rélica* **f** *rré*·li·ka
rembourser *rimbolso* **m** rré·éïn·*bol*·so
remercier *agradecer* a·gra·dé·*sérr*
remonte-pente *teleférico* **m** té·lé·*fè*·ri·ko
remplir *encher* én·*chérr*
rencontrer *encontrar* éïn·kon·*trarr*
rendez-vous *hora* **f** *marcada* *ô*·ra marr·*ka*·da
réparer *consertar* kon·sérr·*tarr*
réponse *resposta* **f** rrés·*pos*·ta
république *república* **f** rré·*pou*·bli·ka
réservation *reserva* **f** rre·*zerr*·va
réserver *reservar* rre·zerr·*varr*
respirer *respirar* rés·*pi*·rarr
ressort *molas* **f pl** *mo*·las
ressources humaines *recursos* **m pl** *humanos* hé·*kour*·sos ou·*ma*·nos
restaurant *restaurante* **m** rrés·taou·*ran*·te
rester (quelque part) *ficar* fi·*karr*
retard *atraso* **m** a·*tra*·zo
retourner *retornar* rré·torr·*narr*
retraité *aposentado/aposentada* **m/f** a·po·sén·*ta*·do/a·po·sén·*ta*·da
rêve *sonho* **m** *so*·gno
réveil *despertador* **m** dés·pérr·ta·*dorr*
réveillon du premier de l'an *Véspera* **f** *de Ano Novo* *vés*·pé·ra de *a*·no *no*·vo
révision *revisão* **f** rré·vi·*zaoum*
revue *revista* **f** hé·*vis*·ta
rhum *rum* **m** rroum
rhume *coriza* **f** ko·*ri*·za
— **des foins** *febre* **f** *do feno* *fé*·bre do *fé*·no
riche *rico/rica* **m/f** *rri*·ko/*rri*·ka
rien *nada* *na*·da
rire *rir* rrirr
risque *risco* **m** *rris*·ko
rivière *rio* **m** *rri*·o
riz *arroz* **m** a·*hos*
robe *vestido* **m** vés·*ti*·do
robinet *torneira* **f** torr·*néï*·ra
roche *pedra* **f** *pé*·dra
rock (musique) *rock* **m** *rro*·ki
• **groupe de rock** *banda* **f** *de rock* *ban*·da de *rro*·ki
roi *rei* **m** rréï
romantique *romântico/romântica* **m/f** rro·*man*·ti·ko/rro·*man*·ti·ka
rond *redondo/redonda* **m/f** rré·*don*·do/rré·*don*·da
rose *rosa* *ho*·za
roue *roda* **f** *rro*·da
rouge *vermelho/vermelha* **m/f** vérr·*mé*·llio/vérr·*mé*·llia
— **à lèvres** *batom* **m** ba·*ton*
rougeole *sarampo* **m** sa·*ram*·po
route *estrada* **f** és·*tra*·da
rubéole *rubéola* **f** rrou·*bé*·o·la
rue *rua* **f** *rrou*·a
— **principale** *rua* **f** *principal* *rrou*·a prin·si·*paou*
rugby *rugby* **m** *rrou*·gui·bi
ruines *ruínas* **f pl** rrou·*i*·nas
rythme *ritmo* **m** *rri*·ti·mo

S

s'allonger *deitar* déï·*tarr*
s'amuser *divertir-se* di·vérr·*tirr*·se
• *aproveitar* a·pro·véï·*tarr*

S

DICTIONNAIRE

s'occuper de *cuidar* koui·*darr*
sable *areia* **f** a·*ré*·ia
sac *saco* **m** *sa*·ko
— **à dos** *mochila* **f** mo·*chi*·la
— **à main** *bolsa* **f** *de mão* *bol*·sa de maoum
— **de couchage** *saco* **m** *de dormir* *sa*·ko de dorr·*mirr*
saignant (viande) *mal passado/passada* **m/f** maou pa·*sa*·do/pa·*sa*·da
saint *santo/santa* **m/f** *san*·to/*san*·ta
saison *estação* **f** és·ta·*saoum*
salade *salada* **f** sa·*la*·da
salaire *salário* **m** sa·*la*·rio
salami *salaminho* **m** sa·la·*mi*·gno
sale *sujo/suja* **m/f** *sou*·jo/*sou*·ja
salle d'attente *sala* **f** *de espera* *sa*·la de és·*pé*·ra
salle de bains *banheiro* **m** ba·*gnéï*·ro
salle de transit *sala* **f** *de trânsito* *sa*·la de *tran*·zi·to
salon de beauté *salão* **m** *de beleza* sa·*laoum* de bé·*lé*·za
Salut. *Olá.* o·*la* • **(au revoir)** *Tchau/Adeus* **m** ti·*chaou*/ a·*dé*·ous
samedi *sábado* **m** *sa*·ba·do
sandale *sandália* **f** san·*da*·llia
sang *sangue* **m** *san*·gue • **groupe sanguin** *grupo* **m** *sanguíneo* *grou*·po san·*goui*·ne·o
sans abri (SDF) *desabrigado/desabrigada* **m/f** dé·za·bri·*ga*·do/dé·za·bri·*ga*·da
sans *sem* séïm
— **plomb** *sem chumbo* sém *choun*·bo
santé *saúde* **f** sa·*ou*·de
saoul(e) *bêbado/bêbada* **m/f** *bé*·ba·do/*bé*·ba·da
sardine *sardinha* **f** sarr·*di*·gna
sauce *molho* **m** *mo*·llio
— **aux piments** *molho* **m** *de pimenta* *mo*·llio de pi·*méïn*·ta
— **soja** *molho* **m** *de soja* *mo*·llio de *so*·ja
— **tomate** *molho* **m** *de tomate* *mo*·llio de to·*ma*·te
saucisse *salsicha* **f** saou·*si*·cha
— **de porc** *linguiça* **f** *de porco* lin·*goui*·sa de *porr*·ko
saumon *salmão* **m** saou·*maoum*
sauna *sauna* **f** *saou*·na
sauter *pular* pou·*larr*
savoir *saber* sa·*bérr*
savon *sabonete* **m** sa·bo·*né*·te
sciences *ciências* **f pl** si·*éïn*·sias
scientifique *cientista* **m et f** si·ëïn·*tis*·ta
score *contar os pontos* kon·*tarr* os *pon*·tos
sculpteur *escultor/escultor* **m/f** és·koul·*tourr*/és·koul·*tou*·ra
sculpture *escultura* **f** és·koul·*tou*·ra
se procurer *procurar* pro·kou·*rarr*
se reposer *descansar* dés·kan·*sarr*
seau *balde* **m** *baou*·de
sec/sèche *seco/seca* **m/f** *sé*·ko/*sé*·ka
sécher *secar* sé·*karr*
secrétaire *secretário/secretária* **m/f** sé·kré·*ta*·rio/sé·kré·*ta*·ria
seins (anatomie) *seios* **m pl** *séï*·os
séjourner (à l'hôtel) *ficar* fi·*karr*
sel *sal* **m** saou
self-service *auto-serviço* **m** *aou*·to·sérr·*vi*·so
selle *sela* **f** *sé*·la
sels réhydratants *sais* **m pl** *de hidratação* sais de i·dra·ta·*saoum*
semaine *semana* **f** sé·*ma*·na
semblable *parecido/parecida* **m/f** pa·ré·*si*·do/pa·ré·*si*·da
sensible *sensível* séïn·*si*·vél
sensuel *sensual* séïn·sou·*aou*
sentier *caminho* **m** ka·*mi*·gno
— **de randonné** *trilha* **f** *tri*·llia • *rota* **f** *de caminhada* *rro*·ta de ka·mi·*gna*·da
sentiments *sentimentos* **m pl** sén·ti·*méïn*·tos
sentir *sentir* sen·*tirr*
séparé(e) *separado/separada* **m/f** sé·pa·*ra*·do/sé·pa·*ra*·da
septembre *setembro* sé·*téïm*·bro
sérieux *sério/séria* **m/f** *sé*·ryo/*sé*·rya
seringue *seringa* **f** sé·*rin*·ga
serpent *cobra* **f** *ko*·bra

S

serpillière *pano* **m** *de limpeza* pa·no de lin·pé·za
serré *apertado/apertada* **m/f** a·pérr·ta·do/ a·pérr·ta·da
serrure *tranca* **f** tran·ka
service (pourboire) *taxa* **f** *de serviço* ta·cha de sérr·vi·so
service de réclamations des bagages *requerimento* **m** *de bagagem* rré·ké·ri·méïn·to de ba·ga·jéïm
service express (poste) *serviço* **m** *postal rápido* sérr·vi·so pos·taou rra·pi·do
service militaire *serviço* **m** *militar* sérr·vi·so mi·li·tarr
serviette (de bain) *toalha* **f** to·a·llia
— de table *guardanapo* **m** gouar·da·na·po
— de toilette *toalha* **f** *de rosto* to·a·llia de rros·to
— hygiénique *absorvente* **m** *higiênico* ab·sorr·véïn·te i·ji·é·ni·ko • *toalha* **m** *higiênica* to·a·llia i·ji·é·ni·ka
seul *sozinho/sozinha* **m/f** so·zi·gno/ so·zi·gna
seulement *somente* so·méïn·te
sexe *sexo* **m** sék·so
sexisme *machismo* **m** ma·chis·mo
sexy *sexy* sék·si
shampooing *xampú* **m** chan·pou
shiatsu *chiatsu* **m** chi·a·ti·zou
si *se* sé
SIDA *Aids* **f** ai·dis
siège *assento* **m** a·séïm·to
signature *assinatura* **f** a·si·na·tou·ra
signe *aviso* **m** a·vi·zo
simple *simples* sim·plés
sirop *xarope* **m** cha·ro·pe
skateboard *skate* **m** is·kéï·te
ski *esqui* **m** és·ki
— nautique *eski* **m** *aquático* és·ki a·koua·ti·ko
skier *esquiar* és·ki·arr
snowboard *snowboard* **m** snow·borr·de
socialiste *socialista* so·si·a·lis·ta
sœur *irmã* **f** ir·ma
soie *seda* **f** sé·da
soir *noite* **f** noï·te • **ce soir** *hoje à noite* o·ji a noï·te
sol (plancher) *chão* **m** chaoum
soldat *soldado* **m et f** sol·da·do
soldes *liquidação* **f** li·ki·da·saoum
soleil *sol* **m** sol
solution *resolução* **f** rré·zo·lou·saoum
sombre *escuro/escura* **m/f** és·kou·ro/ és·kou·ra
somnifère *pílula* **f** *para dormir* pi·lou·la pa·ra dorr·mirr
somnolent *sonolento/sonolenta* **m/f** so·no·lén·to/so·no·lén·ta
sonner (téléphone) *tocar* to·karr
sortie *saída* **f** sa·i·da
sortir *sair* sa·irr
soudoyer *suborno* **m** sou·bor·no
souhaiter *desejar* dé·zé·jarr
soupe *sopa* **f** so·pa
souris (animal) *camundono* **m** ka·moung·don·go
sourire *sorrir* so·rrirr
sous-titres *sub-títulos* **m pl** sou·bi·ti·tou·los
sous-vêtements *roupa* **m** *de baixo* rro·pa de baï·cho
soutien-gorge *sutiã* **m** sou·ti·inn
souvenir *souvenir* **m** sou·vé·nirr
• **boutique de souvenirs** *loja* **f** *de souvenir* lo·ja de sou·vé·nirr
souvent *frequentemente* fré·kouéïn·té·méïn·te
spécial *especial* és·pé·si·aou
spécialiste *especialista* **m et f** és·pé·si·a·lis·ta
sport *esporte* **m** és·porr·te
• **magasin de sport** *loja* **f** *de esportes* lo·ja de és·porr·tes
sportif *esportista* **m et f** és·porr·tis·ta
stade *estádio* **m** és·ta·dio
station *estação* **f** és·ta·saoum
— de bus *rodoviária* **f** rro·do·vi·a·ria
station-service *posto* **m** *de gasolina* pos·to de ga·zo·li·na
stationnement (voiture) *estacionamento* **m** és·ta·sio·na·méïn to
stationner *estacionar* és·ta·sio·narr
statue *estátua* **f** és·ta·toua
stéréo *estéreo* **m** és·te·ryo
stérilet *DIU* **m** di·ou

stimulateur cardiaque *marca* m *passo* mar·ka pa·so
string *biquíni* m *fio dental* bi·ki·ni fio dén·taou
studio *estúdio* m és·tou·dio
stupide *burro/burra* m/f bou·rro/bou·rra
style *estilo* m és·ti·lo
stylo (bille) *caneta* f ka·né·ta
sucre *açúcar* m a·sou·karr
sucré *doce* do·se
sud *sul* m soul
Suède *Suécia* f sou·è·sia
suffisant *suficiente* sou·fi·si·éïn·te
Suisse *Suíça* f sou·i·sa
suivre *seguir* sé·girr
super *ótimo/ótima* m/f o·ti·mo/o·ti·ma
supermarché *supermercado* m sou·pérr·mérr·ka·do
superstition *superstição* f sou·pérs·ti·saoum
supporter *fã* m et f fan • **(sport)** *torcedor/torcedora* m/f torr·sé·dorr/torr·sé·do·ra
sûr *seguro/segura* m/f sé·gou·ro/sé·gou·ra
sur *sobre* so·bre • **(dessus)** *em cima* ém si·ma
surf *surfe* m sour·fi
surfer *surfar* sourr·farr
surgeler *congelar* kon·jé·larr
surnom *apelido* m a·pé·li·do
surprise *surpresa* f sour·pré·za
surveillant *prefeito/prefeita* m/f pré·féï·to/pré·féï·ta
surveiller *cuidar* • *vigiar* koui·darr • vi·ji·arr
sympathisant (politique) *apoio* m *ao partido* a·po·ïo aou parr·ti·do
synagogue *sinagoga* f si·na·go·ga
syndrome prémenstruel *tensão* f *pré-menstrual* téïn·saoum pré·méïns·trou·aou
synthétique *sintético/sintética* m/f sin·té·ti·ko/sin·té·ti·ka
système de classes *sistema* f *de classes* sis·té·ma de kla·sés

T

tabac *tabaco* m ta·ba·ko
table *mesa* f mé·za
tableau d'affichage *painel* m *de marcação* pai·nél de marr·ka·saoum
taie d'oreiller *fronha* f fro·gna
taille *tamanho* m ta·ma·gno
talc pour bébé *talco* m taou·ko
tambour *bateria* f ba·té·ri·a
tampon *tampão* m tan·paoum
tante *tia* f ti·a
tapis *tapete* m ta·pé·te
tard *atrasado/atrasada* m/f a·tra·za·do/a·tra·za·da
tasse *xícara* f chi·ka·ra
taux de change *taxa* f *de câmbio* ta·cha de kan·bio
taxe à l'achat *imposto* m *sobre venda* ing·pos·to so·bre véïn·da
taxe d'aéroport *taxa* f *de aeroporto* ta·cha de a·é·ro·porr·to
taxi *táxi* m tak·si
technique *técnica* f té·ki·ni·ka
— **de l'information (informatique)** *IT* m aï·ti
télé *tevê* f té·ve
télévision f *televisao* té·lé·vi·saoum
télécommande *controle* m *remoto* kon·tro·le rré·mo·to
télégramme *telegrama* m té·lé·gra·ma
téléphérique *bonde* m bon·de
téléphone *telefone* m té·lé·fo·ne
— **portable** *celular* m sé·lou·larr
— **public** *telefone* m *público* té·lé·fo·ne pou·bli·ko
téléphoner *telefonar* té·lé·fo·narr
télescope *telescópio* m té·lés·ko·pio
télévision *televisão* f té·lé·vi·saoum
température *temperatura* f tém·pé·ra·tou·ra
tempête *tempestade* f tém·pés·ta·de
temple *têmpora* f tém·po·ra
temps *tempo* m téïm·po
— **partiel** *meio expediente* méï·o és·pé·di·éïn·te

tennis *tênis* m té·nis
tente *barraca* f ba·rra·ka
terrain de camping *acampamento* m a·kan·pa·méïn·to
terrain de golf *campo* f *de golfe* kan·po de gol·fi
terrasse *varanda* f va·ran·da
terre *terra* f té·rra
Terre, la *Terra* f té·rra
terrible *terrível* té·rri·vél
test *teste* m tés·te
— **de grossesse** *teste* m *de gravidez* tés·te de gra·vi·déz
tête *cabeça* f ka·bé·sa
tétine (pour bébé) *chupeta* f chou·pé·ta
têtu *teimoso/teimosa* m/f téï·mo·zo/ téï·mo·za
thé *chá* m cha
théâtre *teatro* m té·a·tro
thon *atum* m a·toum
timbre *selo* m sé·lo
timide *tímido/tímida* m/f ti·mi·do/ti·mi·da
tire-bouchon *abridor* m *de garrafas* a·bri·dorr de ga·rra·fas • **décapsuleur**
tirer *puxar* pou·charr • **(lancer)** *atirar* a·ti·rarr
tissus *tecido* m té·si·do
toboggan *tobogã* m to·bo·gan
tofu *tofu* m to·fou
toile *rede* f hé·de
toilettes *banheiro* m ba·gnéï·ro
tomate *tomate* m to·ma·te • **sauce tomate** *molho* m *de tomate* mo·llio de to·ma·te
tombe *túmulo* m tou·mou·lo
tomber en panne *enguiçar* éïm·gi·sarr
ton/votre *seu/sua* m/f sé·ou/sou·a
tonalité (téléphone) *linha* f li·gna
torche *lanterna* f lan·térr·na
tôt *cedo* sé·do
toucher *tocar* to·karr
toujours *sempre* séïm·pre • **pour toujours** *para sempre* pa·ra séïm·pre
tour *torre* f to·he • **(en voiture)** *volta* f vol·ta
touriste *turista* m et f tou·ris·ta
tourner *virar* vi·rarr
tournis (avoir le) *tonto/tonta* m/f ton·to/ton·ta
tourte *torta* f torr·ta
tous les deux *ambos/ambas* m/f am bos/am·bas
tousser *tossir* to·sirr
tout(e) *tudo/tuda* m/f tou·do/tou·da
train *comboio* (**Port**) m com bo io • *trem* (**Brés**) m tréïm
tramway *bonde* m bon·de
tranquille *quieto/quieta* m/f ki·é·to/ki·é·ta
transport *transporte* m trans·porr·te
travail *trabalho* m tra·ba·llio
— **administratif** *papelada* f pa·pé·la·da
— **dans un bar** *trabalho* m *em bar* tra·ba·llio éïm barr
— **domestique** *trabalho* m *de casa* tra·ba·llio de ka·za
— **saisonnier** *trabalho* m *ocasional* tra·ba·llio o·ka·zi·o·naou
travailler *trabalhar* tra·ba·lliarr
travailleur *trabalhador/trabalhadora* m/f *de obra* tra·ba·llia·dorr/tra·ba·llia·do·ra de o·bra
— **manuel** *trabalhador/trabalhadora* m/f *manual* tra·ba·llia·dorr/ tra·ba·llia·do·ra ma·nou·aou
traduire *traduzir* tra·dou·zirr
tremblement de terre *terremoto* m té·rré·mo·to
très *muito/muita* m/f mouill·to/mouill·ta
tricher *traição* f tra·i·saoum
triste *triste* tris·te
troisième *terceiro/terceira* m/f térr·say·ro/térr·say·ra
trop *demais* dé·mais
trousse de premiers secours *kit* m *de primeiros socorros* ki·ti de pri·méï·ros so·ko·rros
trouver *encontrar* éïm·kon·trarr
Tee-shirt *camiseta* f ka·mi·zé·ta
tu/vous *você/vocês* sg/pl vo·sé/vo·sés
tuer *matar* ma·tarr
tumeur *tumor* m tou·morr
type *tipo* m ti·po
typique *típico/típica* m/f ti·pi·ko/ti·pi·ka

U

ultrason *ultrasom* **m** oul·tra·*son*
un peu *pouco/pouca* **m/f** *po*·ko/*po*·ka
uniforme *uniforme* **m** ou·ni·*forr*·me
univers *universo* **m** ou·ni·*vérr*·so
université *academia* **f** • *universidade* **f** a·ka·dé·*mi*·a • ou·ni·vérr·si·*da*·de
urgence *emergência* **f** é·mérr·*jén*·sia
urgent *urgente* ourr·jén·te
usine *oficina* **f** o·fi·*si*·na
utile *útil* *ou*·til

V

vacances *férias* **f pl** *fè*·rias
vacant *vago/vaga* **m/f** *va*·go/*va*·ga
vaccin *vacina* **f** va·*si*·na
vache *vaca* **f** *va*·ka
vagin *vagina* **f** va·*ji*·na
vague *onda* **f** *on*·da
vainqueur *ganhador/ganhadora* **m/f** ga·gna·*dorr*/ga·gna·*do*·ra
valeur (prix) *valor* va·*lorr*
valider *validar* va·li·*darr*
valise *mala* **f** *ma*·la
vallée *vale* **m** *va*·le
vapeur *vapor* **m** va·*porr*
varicelle *catapora* **f** ka·ta·*po*·ra
veau/génisse *bezerro/bezerra* **m/f** bé·*zé*·rro/bé·*zé*·rra
végétarien *vegetariano/vegetariana* **m/f** vé·jé·ta·ri·*a*·no/vé·jé·ta·ri·*a*·na
veine *veia* **f** *vé*·a
vélo *bicicleta* **f** bi·si·*klé*·ta • **cadenas de vélo** *tranca* **f** *de bicicleta* *tran*·ka de bi·si·*klé*·ta • **chaîne de vélo** *corrente* **f** *de bicicleta* ko·*rréïn*·te de bi·si·*klé*·ta • **magasin de vélo** *loja* **f** *de bicicleta* *lo*·ja de bi·si·*klé*·ta
— **de course** *bicicleta* **f** *de corrida* bi·si·*klé*·ta de ko·*rri*·da
vendre *vender* vén·*dérr*
vendredi *sexta-feira* **f** *sés*·ta·*féï*·ra
vénéneux *venenoso/venenosa* **m/f** vé·né·*no*·zo/vé·né·*no*·za
vénérer *reverenciar* rré·vé·rén·si·*arr*
venimeux *venenoso/venenosa* **m/f** vé·né·*no*·zo/vé·né·*no*·za
venir *vir* virr
vent *vento* **m** *véïm*·to
ventilateur *ventilador* **m** vén·ti·la·*dorr*
ver de terre *minhocas* **f pl** mi·*gno*·kas
vérifier *checar* ché·*karr*
verre *vidro* **m** *vi*·dro
vers *em direção à* ém di·ré·*saoum* a
— **le haut** *para cima* *pa*·ra *si*·ma
vert *verde* *vérr*·de
vessie *bexiga* **f** bé·*chi*·ga
veste *jaqueta* **f** ja·*ké*·ta
vestiaire *guarda* **m** *volumes* *gouarr*·da vo·*lou*·més
vestige *vestígio* **m** vés·*ti*·jio
vêtements *roupas* **f pl** *rro*·pas
viande *carne* **f** *karr*·ne
— **hachée** *carne* **f** *moída* *karr*·ne mo·*i*·da
vide *vazio/vazia* **m/f** va·*zi*·o/va·*zi*·a
vie *vida* **f** *vi*·da
vieux *velho/velha* **m/f** *vé*·llio/*vé*·llia
vieux/vieille *velho/velha* **m/f** *vé*·llio/*vé*·llia
vigne *vinha* **f** *vi*·gna
VIH *HIV* **m** a·*ga* i ve
village *vilarejo* **m** vi·la·*ré*·jo
ville *cidade* **f** si·*da*·de
vin *vinho* **m** *vi*·gno
— **pétillant** *vinho* **m** *espumante* *vi*·gno és·pou·*man*·te
vinaigre *vinagre* **m** vi·*na*·gre
viol *estrupo* **m** és·*trou*·po
violer *estrupar* és·trou·*parr*
violet *roxo/roxa* **m/f** *ho*·cho/*ho*·cha
virus *vírus* **m** *vi*·rous
visa *visto* **m** *vis*·to
visage *rosto* **m** *rros*·to
visiter *visitar* vi·zi·*tarr*
visite guidée *excursão* **f** *guiada* és·kour·*saoum* gui·*a*·da
vitamine *vitamina* **f** vi·ta·*mi*·na
vitesse *velocidade* **f** vé·lo·si·*da*·de
— **de la pellicule** *velocidade* **f** *do filme* vé·lo·si·*da*·de do *fil*·me
vodka *vodka* **f** *vo*·di·ka

V

français/portugais-brésilien

voir *ver* vérr
voiture *carro* m ka·rro • **enregistrement de la voiture** *registro* m *de carro* rré·jis·tro de ka·rro • **location de voiture** *aluguel* m *de carro* a·lou·guel de ka·rro
voix *voz* f voz
vol (escroquerie) *roubo* m rro·bo • **(dans les airs)** *voo* vo·ou
voler (escroquerie) *roubar* ro·barr • **(dans les airs)** *voar* vou·ar
voleur *ladrão/ladra* m/f la·draoum/la·dra
volley-ball (sport) *vôlei* m vo·lay • **volley de plage** *vôlei* m *de praia* vo·léï de pra·ia
volume *volume* m vo·lou·me
voter *votar* vo·tarr
vouloir *querer* ké·rérr
voyage *viagem* f vi·a·jëïm
— **d'affaires** *viagem* f *de negócios* vi·a·jëïm de né·gou·sios
voyager *viajar* vi·a·jarr
VTT *mountain bike* m ma·oung·téïn baï·ki
vue *vista* f vis·ta

W

W.-C. *banheiro* m ba·gnéï·ro • **(publics)** *banheiro* m *público* ba·gnéï·ro pou·bli·ko
wagon-lit *vagão* m *de dormir* va·gaoum de dorr·mirr
wagon-restaurant *vagão* m *restaurante* va·gaoum rrés·taou·ran·te
week-end *final* m *de semana* fi·naou de sé·ma·na
whisky *whisky* m ou·is·ki

Y

y compris *incluso/inclusa* m/f in·klou·zo/in·klou·za
yaourt *iogurte* m i·o·gourr·te
yoga *ioga* f i·o·ga

Z

zodiaque *zodíaco* m zo·di·a·ko

Les mots et les expressions de ce dictionnaire sont classés par ordre alphabétique. Pour rechercher une expression, rendez-vous au premier mot (par exemple : **colher de chá** *cuillère à thé*, est classée à "colher").

Le genre des mots sera indiqué par **m**, **f** ou **n**. Le pluriel des noms sera désigné par **pl**. Dans le cas où un mot peut être à la fois un nom ou un verbe, et le genre n'est pas indiqué, il s'agira d'un verbe.

Pour le vocabulaire relatif à la cuisine locale, consultez le **lexique culinaire**, p. 159.

A

a bordo a *borr*·do *à bord*
à direita f a di·*réï*·ta *à droite (direction)*
à esquerda f a és·*kérr*·da *à gauche (direction)*
a prova d'água a *pro*·va *da*·goua *imperméable*
abacate m a·ba·*ka*·te *avocat (fruit)*
abacaxi m a·ba·ka·*chi* *ananas*
abaixo a·*bai*·cho *en bas*
abelha f a·*bé*·llia *abeille*
aberto/aberta m/f a·*bérr*·to/a·*bérr*·ta *ouvert*
abóbora f a·*bo*·bo·ra *citrouille*
abobrinha f a·bo·*bri*·gna *courgette*
aborto m a·*borr*·to *avortement*
— **espontâneo** és·pon·*ta*·né·o *fausse-couche*
abraçar a·bra·*sarr* *embrasser*
abridor m de garrafas a·bri·*dorr* de ga·*rra*·fas *tire-bouchon* • *décapsuleur*
abridor m de lata a·bri·*dorr* de *la*·ta *ouvre-boîtes*
abril a·*bril* *avril*
abrir a·*brirr* *ouvrir*
absorvente m higiênico ab·sorr·*vén*·te i·ji·*é*·ni·ko *protège-slip*
academia a·ka·dé·*mi*·a *académie*
acampamento m a·kam·pa·*mén*·tou *terrain de camping*
acampar a·kam·*parr* *camper*
achados e perdidos m pl a·*cha*·dos e pérr·*di*·dos *bagages abandonnés*
acidente m a·si·*dén*·te *accident*
açougue m a·*so*·ge *boucherie*
açougueiro/açougueira m/f a·so·*guéï*·ro/a·so·*guéï*·ra *boucher*
açúcar m a·*sou*·karr *sucre*
acupuntura f a·kou·poum·*tou*·ra *acupuncture*
adaptador m a·da·pi·ta·*dorr* *adapteur électrique*
adentro a·*dén*·tro *dedans*
adivinhar a·di·vi·*gnarr* *deviner*
administração f a·di·mi·nis·tra·*saoum* *administration*
admitir a·di·mi·*tirr* *admettre* • *reconnaître*
adulto/adulta m/f a·*doul*·to/a·*doul*·ta *adulte*
advogado/advogada m/f a·di·vo·*ga*·do/a·di·vo·*ga*·da *avocat (loi)*
aeróbica f a·é·*ro*·bi·ka *aérobique*
aeroplano m a·é·ro·*pla*·no *avion*
aeroporto m a·é·ro·*porr*·to *aéroport*
África f *a*·fri·ka *Afrique*
agência f de viagens a·*jén*·sia de vi·*a*·jéns *agence de voyages*
agente m et f imobiliário a·*jén*·te i·mo·bi·li·*a*·ryo *agent immobilier*
agora a·*go*·ra *maintenant*
agosto a·*gos*·to *août*
agradecer a·gra·dé·*sérr* *remercier*
agricultura f a·gri·koul·*tou*·ra *agriculture*

água f *a*·goua *eau*
— **da torneira** da torr·*néï*·ra *eau du robinet*
— **mineral** mi·né·*raou* *eau minérale*
— **quente** *kén*·te *eau chaude*
— **sem gás** sém gas *eau plate*
agulha f a·*gou*·llia *aiguille (couture, seringue)*
Aids f *ai*·dis *SIDA*
ainda (não) a·*in*·da (naoum) *(pas) encore*
ajuda f a·*jou*·da *aide*
ajudar a·jou·*darr* *aider*
albergue m **da juventude** aou·*bérr*·ge da jou·vén·*tou*·de *auberge de jeunesse*
álcool m *aou*·kol *alcool*
Alemanha f a·lé·*ma*·gna *Allemagne*
alergia f a·lérr·*ji*·a *allergie*
alface m aou·*fa*·se *laitue*
alfaiate m aou·fa·*ia*·te *couturier*
alfândega f al·*fan*·dé·ga *douanes*
algodão m aou·go·*daoum* *coton*
alguém aou·*gém* *quelqu'un*
alguma coisa aou·*gou*·ma *koï*·za *quelque chose*
alguns/algumas m/f aou·*gouns*/aou·gou·mas *quelques*
alho m *a*·llio *ail*
alimentar a·li·mén·*tarr* *nourrir*
almoço m aou·*mo*·so *déjeuner*
alpinismo m aou·pi·*nis*·mo *alpinisme*
altar m aou·*tarr* *autel*
altitude f aou·ti·*tou*·de *altitude*
alto/alta m/f *aou*·to/*aou*·ta *haut* • *grand* • *élevé*
alucinação f a·lou·si·na·*saoum* *hallucination*
alugar a·lou·*garr* *louer*
aluguel m **de carro** a·lou·*gél* de *ka*·rro *louer une voiture*
amanhã a·ma·*gnin* *demain*
— **à noite** a *noï*·te *demain soir*
— **à tarde** a *tarr*·de *demain après-midi*
— **de manhã** de ma·*gnin* *demain matin*
amante m et f a·*man*·te *amant*
amar a·*marr* *aimer*
amarelo/amarela m/f a·ma·*ré*·lo/a·ma·*ré*·la *jaune (couleur)*
ambos/ambas m/f *an*·bos/*an*·bas *les deux*
ameixa f a·*méï*·cha *prune*
— **seca** *sé*·ka *pruneau*
amêndoa f a·*mén*·doua *amande*
amendoim m a·mén·do·*in* *arachide* • *cacahuète*
amigo/amiga m/f a·*mi*·go/a·*mi*·ga *ami*
amor m a·*morr* *amour*
analgésico m a·naou·*gé*·zi·ko *analgésique*
anarquista m et f a·narr·*kis*·ta *anarchiste*
ancião/anciã m/f an·si·*aoum*/an·si·*in* *ancien*
andar m an·*darr* *étage*
andar an·*darr* *marche*
— **à cavalo** a ka·*va*·lo *monter à cheval*
— **de bicicleta** de bi·si·*klé*·ta *faire du vélo*
— **de skate** de is·*kéï*·te *faire du skateboard*
anel m a·*nél* *anneau*
anemia f a·né·*mi*·a *anémie*
animal m et f a·ni·*maou* *animal*
aniversário m a·ni·vérr·*sa*·rio *anniversaire*
ano m *a*·no *année*
antes *an*·tés *avant*
antes m **de ontem** *an*·tés de *on*·tén *avant-hier*
antibióticos m pl an·ti·bi·o·ti·kos *antibiotiques*
anticoncepcional m an·ti·kon·sép·sio·*naou* *contraceptif*
antigo/antiga m/f an·*ti*·go/an·*ti*·ga *antique*
antinuclear an·ti·nou·klé·*arr* *antinucléaire*
anti-séptico m an·ti·*sép*·ti·ko *antiseptique*
anúncio m a·*noun*·si·o *annonce* • *publicité*
ao lado de aou *la*·do de *à côté de*
aparelho m **de surdez** a·pa·*ré*·llio de sourr·*dés* *prothèse auditive*
apartamento m a·parr·ta·*mén*·to *appartement*
apelido m a·pé·*li*·do *surnom*
apêndice m a·*pén*·di·se *appendice (intestins)*

apertado/apertada m/f a·pérr·ta·do/a·pérr·ta·da *serré*
apoio m **ao partido** a·po·yo aou parr·ti·do *sympathisant (politique)*
apontar a·pon·tarr *pointer*
aposentado/aposentada m/f a·po·sén·ta·do/a·po·sén·ta·da *retraité*
aposta f a·pos·ta *pari*
aprender a·prén·dérr *apprendre*
apresentação f a·pré·sén·ta·saoum *présentation*
aproveitar a·pro·véï·tarr *s'amuser*
aquecimento m a·ké·si·mén·to *chauffage*
aqui a·ki *ici*
ar m arr *air*
— **condicionado** m arr kon·di·sio·na·do *air conditionné*
arame m a·ra·me *fil de fer*
aranha f a·ra·gna *araignée*
área f **de serviço** a·ré·a de sérr·vi·so *laverie • blanchisserie*
areia f a·ré·ia *sable*
arenque m a·rén·ke *hareng*
arma f arr·ma *arme*
armário m arr·ma·rio *armoire • garde-robe*
aromaterapia f a·ro·ma·té·ra·pi·a *aromathérapie*
arqueológico/arqueológica m/f arr·ké·o·lo·ji·ko/arr·ké·o·lo·ji·ka *archéologique*
arquiteto/arquiteta m/f arr·ki·té·to/arr·ki·té·ta *architecte*
arquitetura f ar·ki·té·tou·ra *architecture*
arroz m a·rros *riz*
arte f arr·te *art*
artes f pl **marciais** arr·tés mar·si·aïs *arts martiaux*
artesanato m arr·té·za·na·to *artisanat*
artista m et f ar·tis·ta *artiste*
— **de rua** de rrou·a *musicien de rue*
árvore f arr·vo·re *arbre*
às vezes as vé·zés *parfois*
asas f pl a·zas *ailes*
Ásia f a·zia *Asie*
asma f as·ma *asthme*
aspargo m as·parr·go *asperge*
aspirina f as·pi·ri·na *aspirine*
assassinar a·sa·si·narr *assassiner*
assassinato m a·sa·si·na·to *assassinat*
assento m a·sén·to *siège*
assinatura f a·si·na·tou·ra *signature*
assuntos m pl **atuais** a·soun·tos a·tou·aïs *actualités*
ataque m a·ta·ke *attaque*
— **de coração** de ko·ra·saoum *crise cardiaque*
até a·te *jusqu'à*
atípico/atípica m/f a·ti·pi·ko/a·ti·pi·ka *atypique*
atirar a·ti·rarr *tirer • jeter*
ativista m et f a·ti·vis·ta *militant*
atletismo m at·lé·tis·mo *athlétisme*
atmosfera f a·ti·mos·fé·ra *atmosphère*
atrás a·tras *derrière*
atrasado/atrasada m/f a·tra·za·do/a·tra·za·da *en retard*
atraso m a·tra·zo *retard*
através a·tra·vés *à travers*
atum m a·toun *thon*
auto estrada f aou·to és·tra·da *autoroute*
autônomo/autônoma m/f aou·to·no·mo/aou·to·no·ma *indépendant (profession)*
auto-serviço m aou·to·sérr·vi·so *self-service*
aveia f a·vé·a *avoine*
avelã f a·vé·lin *noisette*
avenida f a·vé·ni·da *avenue*
avião m a·vi·aoum *avion*
avisar a·vi·zarr *prévenir*
aviso m a·vi·zo *avertissement • conseil*
avó f a·vô *grand-mère*
avô m a·véau *grand-père*
azeite m a·zéï·te *huile d'olive*
azeitona f a·zéï·to·na *olive*
azul a·zoul *bleu (couleur)*

B

babá f ba·ba *baby-sitter*
bacana ba·ka·na *agréable • chouette*
bacon m béï·kon *bacon*
bagagem f ba·ga·jém *bagage*

baía f *ba·i·a* *baie*
bairro m *bai*·rro *banlieue*
baixo/baixa m/f *bai*·cho/*bai*·cha *bas*
bala f *ba*·la *balle (de révolver)*
balanço m ba·*lan*·so *bilan (commercial)* • *balancement*
balas f pl *ba*·las *balles*
balcão m baou·*kaoum* *balcon* • *comptoir (bar)*
balde m *baou*·de *seau*
balé m ba·*le* *ballet*
bálsamo m **para lábios** *baou*·sa·mo *pa*·ra *la*·bios *baume pour les lèvres*
banana f ba·*na*·na *banane*
banco m *ban*·ko *banque*
banda f **(de música)** *ban*·da (de *mou*·zi·ka) *groupe (de musiciens)*
band-aid m ban·*déï*·di *pansement*
bandeira f ban·*déï*·ra *drapeau*
banheira f ba·*gnéï*·ra *baignoire*
banheiro m ba·*gnéï*·ro *salle de bains* • *toilettes*
— **público** ba·*gnéï*·ro *pou*·bli·ko *toilettes publiques*
bar m barr *bar*
barata f ba·*ra*·ta *cafard*
barato/barata m/f ba·*ra*·to/ba·*ra*·ta *pas cher/pas chères*
barbante m barr·*ban*·te *ficelle*
barbeiro m bar·*béï*·ro *barbier* • *coiffeur*
barco m *bar*·ko *bateau*
barco m **à motor** *bar*·ko a mo·*torr* *bateau à moteur*
barraca f ba·*rra*·ka *tente*
barulhento/barulhenta m/f ba·rou·*llién*·to/ba·rou·*llién*·ta *bruyant*
baseball m *béï*·zé·bol *base-ball (sport)*
basquete m bas·*ké*·te *basket (sport)*
batata f ba·*ta*·ta *pomme de terre*
bateria f ba·té·*ri*·a *batterie*
batida f ba·*ti*·da *traque* • *réprimande*
batismo m ba·*tis*·mo *baptême*
batom m ba·*ton* *rouge à lèvres*
bêbado/bêbada m/f *bé*·ba·do/*bé*·ba·da *saoûl(e)*
bebê m **et** f bé·*bé* *bébé*
bebida f bé·*bi*·da *boisson*
beijar béï·*jarr* *embrasser*
beijo m *béï*·jo *baiser (un)*
beira mar f *béï*·ra marr *rivage (mer)*
bem bém *bien*
bem m **social** bén so·si·*aou* *protection sociale*
beringela f bé·rin·*je*·la *aubergine*
bermuda f bérr·*mou*·da *bermuda*
beterraba f bé·té·*rra*·ba *betterave*
bexiga f bé·*chi*·ga *vessie*
bezerro/bezerra m/f bé·*zé*·rro/bé·*zé*·rra *veau/génisse*
bíblia f *bi*·blia *bible*
biblioteca f bi·bli·o·*té*·ka *bibliothèque*
bicho m *bi*·cho *insecte* • *bestiole*
bicicleta f bi·si·*klé*·ta *vélo*
— **de corrida** de ko·*rri*·da *vélo de course*
bife m *bi*·fe *bœuf* • *bifteck*
bilhete m bi·*llié*·te *billet*
— **de stand by** de is·*tan*·di bai *billet sur liste d'attente (en stand-by)*
bilheteria f bi·llié·té·*ri*·a *billetterie*
binóculos m pl bi·*no*·kou·los *jumelles (vue)*
biquíni m **fio dental** bi·*ki*·ni fio dén·*taou* *bikini-string*
biscoito m bis·*koï*·to *biscuit*
— **d'água** *da*·goua *biscuit apéritif*
bloqueado/bloqueada m/f blo·ké·*a*·do/blo·ké·*a*·da *bloqué*
boarding pass m *borr*·ding pas *carte d'embarquement*
boca f *bo*·ka *bouche*
bode m *bo*·de *bouc*
bola f *bo*·la *balle* • *ballon* • *boule*
— **de golfe** de *gol*·fi *balle de golf*
bolas f pl **de algodão** *bo*·las de aou·go·*daoum* *boules de coton*
bolha f *bo*·llia *ampoule* • *cloque*
bolo m *bo*·lo *gâteau*
— **de casamento** de ka·za·*mén*·to *gâteau de mariage*
bolsa f **de mão** *bol*·sa de maoum *sac à main*
bolso m *bol*·so *poche*
bom/boa m/f bom/*bo*·a *bon* • *gentil* • *bien*

B DICTIONNAIRE

bomba f *bom*·ba *pompe (à vélo)* • *bombe (explosif)*
bonde m *bon*·de *tramway*
boneco/boneca m/f bo·*né*·ko/bo·*né*·*ka* *poupée*
bonito/bonita m/f bo·*ni*·to/bo·*ni*·ta *beau/belle*
borboleta f borr·bo·*lé*·ta *papillon*
borda f *borr*·da *frontière*
borracha f bo·*rra*·cha *caoutchouc*
bota f *bo*·ta *bottes*
botânico/botânica m/f bo·*ta*·ni·ko/bo·*ta*·ni·ka *botaniste*
botões m pl bo·*toïns* *bouton (vêtement)*
boxe m *bo*·ki·si *boxe*
braço m *bra*·so *bras*
branco/branca m/f *bran*·ko/*bran*·ka *blanc/blanche*
aguardente f *a* goua ar *dén*·te *eau de vie*
brilhante bri·*llian*·te *brillant*
brincos m pl *brin*·kos *boucles d'oreilles*
brochura f bro·*chou*·ra *brochure*
brocolis m pl *bro*·ko·lis *broccoli*
bronquite f bron·*ki*·te *bronchite*
broto m **de feijão** *bro*·to de féï·*jaoum* *germe de soja*
Budista bou·*dis*·ta *bouddhiste*
buffet m bou·*fé* *buffet*
burro/burra m/f *bou*·rro/*bou*·rra *stupide*
business class f bi·zi·*nés* klas *classe affaires*

C

cabeça f ka·*bé*·sa *tête*
cabeleireiro/cabeleireira m/f ka·bé·léï·*réï*·ro/ka·bé·léï·*réï*·ra *coiffeur*
cabelo m ka·*bé*·lo *cheveux*
caça f *ka*·sa *chasse*
cacau m ka·*kaou* *cacao*
cachoeira f ka·cho·*éï*·ra *cascade*
cachorro m/f ka·*cho*·rro *chien*
cada *ka*·da *chaque* • *chacun* • *chacune*
cadeado m ka·dé·*a*·do *cadenas* • *anti-vol*
cadeira f ka·*déï*·ra *chaise*
— **de criança** de kri·*an*·sa *chaise enfant*
— **de rodas** de *rro*·das *fauteuil roulant*
— **para refeição** *pa*·ra rré·féï·*saoum* *chaise haute*
caderno m ka·*dérr*·no *carnet de note*
café m ka·*fè* *café (boisson)*
— **da manhã** da ma·*gnin* *petit-déjeuner*
caixa f *kai*·cha *caisse* • *caissier* • *caissière*
— **automático** aou·to·*ma*·ti·ko *distributeur automatique de billets*
— **registradora** rré·gis·tra·*do*·ra *caisse enregistreuse*
— **de correio** de ko·*rraï*·o *boîte à lettres*
— **de papelão** de pa·pé·*laoum* *boîte en carton*
calçada f kaou·*sa*·da *chaussée*
calças f pl *kaou*·sas *pantalon*
calculadora f kaou·kou·la·*do*·ra *calculatrice*
caldo m *kaou*·do *bouillon*
calendário m ka·lén·*da*·rio *calendrier*
cama f *ka*·ma *lit*
— **de casal** de ka·*zaou* *lit double*
camada f **de ozônio** ka·*ma*·da de o·*zo*·gno *couche d'ozone*
câmara f ka·ma·ra *chambre*
— **de ar** de arr *chambre à air*
camarão m ka·ma·*raoum* *crevette rose* • *bouquet*
camas f pl **gêmeas** *ka*·mas *jé*·mé·as *lits jumeaux*
câmbio m **de marcha** *kan*·bio de *marr*·cha *dérailleur*
câmbio m **de valores** *kam*·bio de va·*lo*·rés *change de devises*
câmera f *ka*·mé·ra *caméra*
caminhada f ka·mi·*gna*·da *randonnée*
caminhão m ka·mi·*gnaoum* *camion*
caminhar ka·mi·*gnarr* *randonner*
caminho m ka·*mi*·gno *sentier* • *chemin* • *itinéraire*
camisa f ka·*mi*·za *chemise*
camiseta f ka·mi·*zé*·ta *maillot de corps* • *Tee-shirt*
camisinha f ka·mi·*zi*·gna *préservatif*

campeonatos m pl kam·pé·o·*na*·tos *championnats*
campo f **de golfe** *kam*·po de *gol*·fi *terrain de golf*
camundongo m ka·moun·*don*·go *souris*
Canadá m ka·na·*da* *Canada*
canção f kan·*saoum* *chanson*
cancelar kan·se·*larr* *annuler*
câncer m *kan*·sérr *cancer*
cândida f *kan*·di·da *mycose*
caneta f ka·*né*·ta *stylo (bille)*
canivete m ka·ni·*vé*·te *canif* • *couteau de poche*
cansado/cansada m/f kan·*sa*·do/kan·*sa*·da *fatigué(e)*
cantar kan·*tarr* *chanter*
cantor/cantora m/f kan·*torr*/kan·*to*·ra *chanteur/chanteuse*
cão-guia m kaoum·*gi*·a *chien d'aveugle*
capacete m ka·pa·*sé*·te *casque*
capacho m ka·*pa*·cho *tapis* • *paillasson*
caravan f ka·ra·*van* *caravane*
cardápio m karr·*da*·pio *menu*
caril m ka·*ril* *curry*
carne f *kar*·ne *viande*
— **moída** mo·*i*·da *viande hachée*
caro/cara m/f *ka*·ro/*ka*·ra *cher/chère*
carpinteiro m karr·pin·*téï*·ro *charpentier* • *menuisier*
carregar ka·rré·*garr* *porter*
carro m *ka*·rro *voiture*
carta f *karr*·ta *lettre (courrier)*
cartão m karr·*taoum* *carte*
— **de crédito** de *kré*·di·to *carte de crédit*
— **postal** karr·*taoum* pos·*taou* *carte postale*
— **telefônico** karr·*taoum* té·lé·*fo*·ni·ko *carte de téléphone*
cartas f pl *karr*·tas *cartes (à jouer)*
cartaz m karr·*taz* *affiche*
carteira f **de identidade** kar·*téï*·ra de i·dén·ti·*da*·de *carte d'identité*
carteira f **de motorista** kar·*téï*·ra de mo·to·*ris*·ta *permis de conduire*
cartucho m **de gás** karr·*tou*·cho de gas *cartouche de gaz*
casa f *ka*·za *maison*
— **de cômodos** de *ko*·mo·dos *pension*
— **de ópera** de o·*pé*·ra *opéra (lieu)*
casaco m ka·*za*·ko *manteau*
— **de chuva** de *chou*·va *imperméable*
casamento m ka·za·*mén*·to *mariage*
casar ka·*zarr* *(se) marier*
casino m ka·*si*·no *casino*
castanha f **de cajú** kas·*ta*·gna de ka·*jou* *noix de cajou*
castanha f **portuguesa** kas·*ta*·gna porr·tou·*gé*·za *noix*
castelo m kas·*té*·lo *château*
catapora f ka·ta·*po*·ra *varicelle*
catedral f ka·té·*draou* *cathédrale*
Católico/Católica m/f ka·*to*·li·ko/ka·*to*·li·ka *catholique*
cavalgada f ka·val·*ga*·da *chevauchée*
cavalo m ka·*va*·lo *cheval*
caverna f ka·*vérr*·na *grotte*
caxumba f ka·*choum*·ba *oreillons*
CD m sé·*dé* *CD (disque)*
cebola f sé·*bo*·la *oignon*
cedo *sé*·do *tôt*
cego/cega m/f *sé*·go/*sé*·ga *aveugle*
celular m sé·lou·*larr* *téléphone portable*
cem sem n *cent*
cenoura f sé·*no*·ra *carotte*
centavos m pl sén·*ta*·vos *centimes*
centímetro m sén·*ti*·mé·tro *centimètre*
central f **telefônica** sén·*traou* té·lé·*fo*·ni·ka *central téléphonique*
centro m *sén*·tro *centre*
— **da cidade** da si·*da*·de *centre-ville*
cerâmica f sé·*ra*·mi·ka *céramique*
cerca f *sérr*·ka *clôture*
cereal m sé·ré·*aou* *céréales*
cereja f sé·*ré*·ja *cerise*
certidão f **de nascimento** sérr·ti·*daoum* de na·si·*mén*·to *certificat de naissance*
certificado m sérr·ti·fi·*ka*·do *certificat*
cerveja f sérr·*vé*·ja *bière*
cesta f *sés*·ta *panier*
céu m *sé*·ou *ciel*
chá m cha *thé*
chão m chaoum *sol*
chapéu m cha·*pé*·ou *chapeau*

charmoso/charmosa m/f charr·mo·zo/charr·mo·za charmant
charuto m cha·rou·to cigare
chave f cha·ve clé
checar ché·karr vérifier
check in m ché·kin enregistrement (comptoir)
chefe m et f **de cozinha** ché·fe de ko·zi·gna chef cuisinier
chegada(s) f sg/pl ché·ga·da(s) arrivée
chegar ché·garr arriver
cheio/cheia m/f chéï·o/chéï·a plein(e)
cheiro m chéï·ro odeur
cheque m ché·ke chèque (banque)
chocolate m cho·ko·la·te chocolat
chupeta f chou·pé·ta tétine
chutar chou·tarr donner un coup de pied (dans un ballon)
chuva f chou·va pluie
chuveiro m chou·véï·ro douche
ciclismo m si·klis·mo cyclisme
ciclista m et f si·klis·ta cycliste
cidadania f si·da·da·ni·a citoyenneté
cidade f si·da·de ville
cidra f si·dra cidre
ciências f pl si·én·sias science
cientista m et f si·én·tis·ta scientifique
cigarro m si·ga·rro cigarette
cinema m si·né·ma cinéma • film
cinto m **de segurança** sing·to de sé·gou·ran·sa ceinture de sécurité
cinza sin·za gris
cinzeiro m sin·zéï·ro cendrier
circo m sirr·ko cirque
ciroula f sé·ro·la caleçon
cistite f sis·ti·te cystite
cisto m **no ovário** sis·to no o·va·rio kyste ovarien
ciumento/ciumenta m/f si·ou·mén·to/si·ou·mén·ta jalous(e)
classe f kla·se classe (catégorie)
— **econômica** é·ko·no·mi·ka classe économique
clássico/clássica m/f kla·si·ko/kla·si·ka classique
cliente m et f kli·én·te client
cobertor m ko·bérr·torr couverture
cobra f ko·bra serpent
coceira f ko·séï·ra démangeaison
côco m ko·ko noix de coco
código m **postal** ko·di·go pos·taou code postal
coelho m ko·é·llio lapin
cofre m ko·fre coffre-fort
cogumelo m ko·gou·mé·lo champignon
coisa f koï·za chose
cola f ko·la colle
colar m ko·larr collier
colchão m kol·chaoum matelas
colega m et f ko·lé·ga collègue
colete salva-vidas m ko·lé·te saou·va·vi·das gilet de sauvetage
colheita f **de frutas** ko·lliéï·ta de frou·tas cueillette de fruits
colher f ko·lliérr cuillère
— **de chá** de cha cuillère à thé
cólica f **menstrual** ko·li·ka méns·trou·aou règles douloureuses
colírio m ko·li·rio collyre
colocar ko·lo·karr mettre
com kom avec
com pressa kom pré·sa pressé(e)
começar ko·mé·sarr commencer
começo m ko·mé·so début
comédia f ko·mé·dia comédie
comemoração f ko·mé·mo·ra·saoum commémoration • fête
comer ko·mérr manger
comércio m ko·mérr·syo commerce
comício m ko·mi·sio réunion • comice
comida f ko·mi·da nourriture
— **de bebê** de bé·be nourriture pour bébé
como ko·mo comment
companheiro/companheira m/f kom·pa·gnéï·ro/kom·pa·gnéï·ra compagnon/compagne
companhia f kom·pa·gnia compagnie • association • société
compasso m kom·pa·so compas (mathématiques, musique)
comprar kom·prarr acheter
comprinder kom·pré·én·derr comprendre
computador m kom·pou·ta·dorr ordinateur

comunhão f ko·mou·*gnaoum* *communion*
comunicação f ko·mou·ni·ka·*saoum* *communication*
comunista m et f ko·mou·*nis*·ta *communiste*
concordar kon·korr·*darr* *être d'accord*
condicionador m kon·di·sio·na·*dorr* *assouplissant • démêlant*
conecção f ko·né·ki·*saoum* *connection (téléphonique)*
confeitaria f kon·féï·ta·*ri*·a *pâtisserie*
confirmar kon·firr·*marr* *confirmer*
confissão f kon·fi·*saoum* *confession*
confortável kon·forr·*ta*·vel *confortable*
congelar kon·jé·*larr* *congeler*
conjuntivite f kon·joun·ti·*vi*·te *conjonctivite*
conselho m kon·*sé*·llio *conseil*
consertar kon·sérr·*tarr* *réparer*
conservador/conservadora m/f kon·sérr·va·*dorr*/kon·sérr·va·*do*·ra *conservateur*
constipação f kons·ti·pa·*saoum* *constipation*
construir kons·trou·*irr* *construire*
construtor m kons·trou·*tor* *constructeur*
consulado m kon·sou·*la*·do *consulat*
consulta f kon·*soul*·ta *consultation*
conta f *kon*·ta *addition • compte*
— bancária ban·*ka*·ria *compte bancaire*
contar kon·*tarr* *compter*
contar os pontos kon·*tarr* os *pon*·tos *compter les points*
contrato m kon·*tra*·to *contrat*
controle m remoto kon·*tro*·le rré·*mo*·to *télécommande*
convento m kon·*vén*·to *couvent*
conversar kon·vérr·*sarr* *bavarder*
convidar kon·*vi*·dar *inviter*
Copa do Mundo f *ko*·pa do *moun*·do *Coupe du Monde*
cor f korr *couleur*
coração m ko·ra·*saoum* *cœur*
corajoso/corajosa m/f ko·ra·*jo*·zo/ko·ra·*jo*·za *courageux/courageuse*

corda f *korr*·da *corde*
— de roupa de *rro*·pa *corde à linge*
cordilheira f korr·di·*lliaï*·ra *chaîne de montagne*
coriza f ko·*ri*·za *rhume*
corpo m *korr*·po *corps*
corredor m ko·rré·*dorr* *couloir*
correia f ko·*rréï*·a *courroie • sangle*
correio m ko·*rréï*·o *poste • courrier*
— registrado rré·jis·*tra*·do *envoi en recommandé*
corrente f ko·*rrén*·te *chaîne • courant (électrique)*
— de bicicleta de bi·si·*klé*·ta *chaîne de vélo*
correr ko·*rrérr* *courir*
correspondência f ko·rrés·pon·*dén*·sia *correspondance • courrier*
— via aéreo/aérea m/f *vi*·a a·é·ré·o/a·é·ré·a *par avion*
— via terrestre *vi*·a té·*rrés*·tre *par voie de surface*
correto/correta m/f ko·*rré*·to/ko·*rré*·ta *correct(e)*
corrida f ko·*rri*·da *course • course de taureaux • corrida*
corrimão m ko·rri·*maoum* *rampe*
corrimento m ko·rri·*mén*·to *écoulement • confusion*
corrupto/corrupta m/f kou·*rrou*·pi·to/kou·*rrou*·pi·ta *corrompu(e)*
cortador m de unhas korr·ta·*dorr* de *ou*·gnas *coupe-ongles*
cortar korr·*tarr* *couper*
corte f *korr*·te *cour (de justice)*
costa f *kos*·ta *côte (géographique et physique)*
costas f *kos*·tas *dos (corps)*
costela f kos·*té*·la *côte (viande)*
costurar kos·tou·*rarr* *coudre*
cotonete m ko·to·*né*·te *coton-tige*
couro m *ko*·ro *cuir*
— cabeludo ka·bé·*lou*·do *cuir chevelu*
couve f flor *ko*·vé florr *chou-fleur*
couvert m artístico kou·*vérr* arr·*tis*·ti·ko *supplément à payer pour les couverts*
cozido/cozida m/f ko·*zi*·do/ko·*zi*·da *cuit • dur (œuf)*

cozinha f ko·*zi*·gna *cuisine*
cozinhar ko·zi·*gnarr* *cuisiner*
cozinheiro/cozinheira m/f ko·zi·*gnéï*·ro/ko·zi·*gnéï*·ra *cuisinier*
crânio m *kra*·gno *crâne*
creche f *kré*·che *crèche*
creme m *kré*·me *crème*
— **azedo** a·*zé*·do *crème aigre*
— **de barbear** de barr·bé·*arr* *crème de rasage*
crer krérr *croire*
crescer krés·*sérr* *grandir* • *croître*
criança kri·*an*·sa *enfant*
Cristão/Cristã m/f kris·*taoum*/kris·*tln* *chrétien/ne*
cru/crua m/f krou/*krou*·a *cru(e)*
cruz f krous *croix*
cuidado m **da criança** koui·*da*·do de kri·*an*·sa *s'occuper des enfants*
cuidar koui·*darr* *surveiller* • *s'occuper de*
culpa f *koul*·pa *culpabilité*
culpado/culpada m/f koul·*pa*·do/koul·*pa*·da *coupable*
cupom m kou·*pom* *coupon*
curativo m kou·ra·*ti*·vo *curatif* • *pansement*
currículum m kou·*rri*·kou·loum *curriculum vitae (CV)*
curto/curta m/f *kour*·to/*kour*·ta *court(e)*
cuscuz m **marroquino** kous·*kous* ma·rro·*ki*·no *couscous marocain*
custar *kous*·tarr *coûter*
CV m sé·*ve* *CV*

D

dados m pl *da*·dos *dés*
damasco m da·*mas*·ko *abricot*
dança f *dan*·sa *danse*
dançar dan·*sarr* *danser*
dar darr *donner* • *battre (les cartes)*
data f *da*·ta *date*
— **de nascimento** de na·si·*mén*·to *date de naissance*
de costas de *kos*·tas *de dos (position)*
de segunda mão de sé·*goun*·da maoum *d'occasion*
decidir dé·si·*dir* *décider*
dedo m *dé*·do *doigt*
— **do pé** do pe *orteil*
defeituoso/defeituosa m/f dé·féï·tou·o·zo/dé·féï·tou·o·za *défectueux/défectueuse*
deficiente dé·fi·si·*én*·te *handicapé*
deitar déï·*tarr* *s'allonger*
dela *dé*·la *à elle*
dele *dé*·le *à lui*
delegacia f **de polícia** dé·lé·ga·*si*·a de po·*li*·sia *poste de police*
deles *dé*·lés *leur*
delicatessen f dé·li·ka·*té*·sén *épicerie fine*
demais dé·*mais* *trop*
democracia f dé·mo·kra·*si*·a *démocratie*
demonstração f dé·mons·tra·*saoum* *démonstration*
dente(s) m *dén*·te(s) *dent(s)*
dentista m et f dén·*tis*·ta *dentiste*
dentro *dén*·tro *dedans* • *dans*
— **de (uma hora)** de (*ou*·ma *ô*·ra) *dans (1 heure)*
depois dé·*poïs* *après*
— **de amanhã** de a·ma·*gnin* *après-demain*
depósito m dé·po·zi·to *dépôt*
derrame m dé·*rra*·me *attaque (santé)*
desabrigado/desabrigada m/f dé·za·bri·*ga*·do/dé·za·bri·*ga*·da *sans abri*
descansar dés·kan·*sarr* *(se) reposer*
descendente m et f dé·sén·*dén*·te *descendant*
desconfortável dés·kon·forr·*ta*·vél *inconfortable*
descontar (um cheque) dés·kon·*tarr* (oum *ché*·ke) *encaisser (un chèque)*
desconto m dés·*kon*·to *discount* • *rabais*
desde *dés*·de *depuis*
desejar dé·zé·*jarr* *souhaiter* • *désirer*
desempregado/desempregada m/f dé·zém·pré·*ga*·do/dé·zém·pré·*ga*·da *au chômage*
deserto m dé·*zérr*·to *désert*
desflorestamento m dés·flo·rés·ta·*men*·to *déforestation*

design m design *design*
desistir dé·zis·*tirr* *se désister* *• abandonner*
deslocamento m dés·lo·ka·*mén*·to *entorse*
desodorante m dé·zo·do·*ran*·te *déodorant*
despertador m dés·pérr·ta·*dorr* *réveil*
destino m dés·*ti*·no *destination*
detalhes m pl dé·*ta*·lliés *détails*
deus m *dé*·ous *dieu*
devagar dé·va·*garr* *lentement*
dever dé·*vérr* *devoir*
dezembro dé·*zém*·bro *décembre*
dia f *di*·a *jour*
Dia m **de Ano Novo** *di*·a de *a*·no *no*·vo *Jour de l'An*
Dia m **de Natal** *di*·a de na·*taou* *jour de Noël*
diabetes f di·a·*bé*·tes *diabète*
diafragma m di·a·*fra*·gi·ma *diaphragme*
diário m di·*a*·rio *agenda*
diarréia f di·a·*rréï*·a *diarrhée*
dicionário m di·sio·*na*·rio *dictionnaire*
dieta f di·*é*·ta *régime*
diferença f **de horário** di·fé·*rén*·sa de o·*ra*·rio *décalage horaire*
diferente di·fé·*rén*·te *différent*
difícil di·*fi*·sil *difficile*
Dinamarca f di·na·*marr*·ka *Danemark*
dinheiro m di·*gnéï*·ro *argent*
(à) direita f (a) di·*réï*·ta *à droite (direction)*
direitista di·réï·*tis*·ta *de droite (politique)*
direto/direta m/f di·*ré*·to/di·*ré*·ta *direct* *• droit*
diretor/diretora m/f di·ré·*torr*/di·ré·*to*·ra *directeur/directrice*
direitos m pl **civis** di·*réï*·tos si·*vis* *droits civils*
direitos m pl **humanos** di·*réï*·tos ou·*ma*·nos *droits de l'homme*
dirigir di·ri·*jirr* *conduire • diriger*
disco m *dis*·ko *disco*
discriminação f dis·kri·mi·na·*saoum* *discrimination*
discutir dis·kou·*tirr* *discuter*
disk m disk *disque dur (ordinateur)*
DIU m *di*·ou *stérilet*
diversos/diversas m/f pl di·*vérr*·sos/di·*vérr*·sas *divers(e)*
divertido/divertida m/f di·vérr·*ti*·do/di·vérr·*ti*·da *amusant*
divertir-se di·vérr·*tirr*·se *s'amuser*
dividir di·vi·*dirr* *partager*
dizer di·*zérr* *dire*
doce *do*·se *sucré*
documentário m do·kou·mén·*ta*·rio *documentaire*
doença f do·*én*·sa *maladie*
— **venérea** vé·*né*·ria *maladie vénérienne*
doente do·*én*·te *malade*
dólar m *do*·larr *dollar*
dolorido/dolorida m/f do·lo·*ri*·do/do·lo·*ri*·da *endolori(e)*
doloroso/dolorosa m/f do·lo·*ro*·zo/do·lo·*ro*·za *douloureux/douloureuse*
domingo m do·*ming*·go *dimanche*
dona f **de casa** *do*·na de *ka*·za *maîtresse de maison*
dono/dona m/f *do*·no/*do*·na *propriétaire*
dor f dorr *douleur • maux*
— **de cabeça** de ka·*bé*·sa *maux de tête*
— **de dente** de *dén*·te *douleur dentaire*
— **de estômago** de és·*to*·ma·go *maux d'estomac*
dormir dorr·*mirr* *dormir*
drama m *dra*·ma *drame*
droga f *dro*·ga *drogue*
duas vezes *dou*·as *vé*·zés *deux fois*
duplo/dupla m/f *dou*·plo/*dou*·pla *double*
duro/dura m/f *dou*·ro/*dou*·ra *dur(e)*
dúzia f *dou*·zia *douzaine*
DVD m dé·vé·*de* *DVD*

E

e é *et*
eczema m é·ki·*zé*·ma *eczéma*
editor/editora m/f é·di·*torr*/é·di·*to*·ra *éditeur/éditrice*
editoração f é·di·to·ra·*saoum* *édition*
educação f é·dou·ka·*saoum* *éducation*
egoísta é·go·*is*·ta *égoïste*
ela *é*·la *elle*

ele éle *il*
eleição **f** é·léï·*saoum* *élection*
eles *é*·lés *ils*
eletricidade **f** é·lé·tri·si·*da*·de *électricité*
elevador **m** é·lé·va·*dorr* *ascenceur*
em ém *en*
— **breve** *bré*·ve *bientôt*
— **cima** *si*·ma *au-dessus*
— **direção à** di·ré·*saoum* a *en direction de*
— **espécie** és·*pé*·sie *en espèces*
— **frente** *frén*·te *devant*
embaixada **f** én·bai·*cha*·da *ambassade*
embaixador/embaixadora **m/f** én·baï·cha·*dorr*/én·baï·cha·*do*·ra *ambassadeur/ambassadrice*
embreagem **f** ém·bré·a·jém *embrayage*
embrulho **m** én·*brou*·llio *paquet*
emergência **f** é·mérr·*jén*·sia *urgence*
empregado/empregada **m/f** ém·pré·*ga*·do/ém·pré·*ga*·da *employé(e)*
empregador/empregadora **m/f** ém·pré·ga·*dorr*/ém·pré·ga·*do*·ra *employeur*
emprego **m** ém·*pré*·go *emploi*
emprestar ém·prés·*tarr* *emprunter*
empurrar ém·pou·*rrarr* *pousser*
enchente **f** én·*chén*·te *inondation*
encher én·*chérr* *remplir*
encomenda **f** én·ko·*mén*·da *commission* • *commande*
encontrar én·kon·*trarr* *trouver* • *rencontrer*
endereço **m** én·dé·*ré*·so *adresse*
energia f nuclear é·nérr·*ji*·a nou·klé·*arr* *énergie nucléaire*
enfermeira **f** én·férr·*méï*·ra *infirmière*
engenharia **f** én·jé·gna·*ri*·a *génie* • *ingénierie*
engenheiro/engenheira **m/f** én·jé·*gnéï*·ro/én·jé·*gnéï*·ra *ingénieur*
engraçado/engraçada **m/f** én·gra·*sa*·do/én·gra·*sa*·da *drôle* • *amusant*
enguiçar én·goui·*sarr* *craquer* • *porter malheur*
enjoado/enjoada **m/f** én·jo·*a*·do/én·jo·*a*·da *avoir le mal de mer*
enjôo **m** én·*jo*·o *nausées*
— **de viagem** de vi·*a*·jém *mal des transports*
enorme é·*norr*·me *énorme*
ensolarado/ensolarada **m/f** én·so·la·*ra*·do/én·so·la·*ra*·da *ensoleillé(e)*
entediado/entediada **m/f** én·té·di·*a*·do/én·té·di·*a*·da *s'ennuyer*
entediante én·té·di·*an*·te *ennuyeux* • *assommant*
enterro **m** én·*té*·rro *enterrement*
entrar én·*trarr* *entrer*
entre *én*·tre *entre*
entregar én·tré·*garr* *livrer* • *rendre*
entrevista **f** in·tré·*vis*·ta *entrevue*
envelope **m** én·vé·*lo*·pe *enveloppe*
envergonhado/envergonhada **m/f** én·vérr·go·*gna*·do/én·vérr·go·*gna*·da *gênée* • *(avoir) honte*
enviar én·vi·*arr* *envoyer*
enxaqueca **f** én·cha·*ké*·ka *migraine*
epilepsia **f** é·pi·lé·pi·*si*·a *épilepsie*
equipamento **m** é·ki·pa·*mén*·to *équipement*
— **de mergulho** de mérr·*gou*·llio *équipement de plongée*
errado/errada **m/f** é·*rra*·do/é·*rra*·da *faux*
erro **m** *é*·rro *erreur*
ervilha **f** érr·*vi*·llia *petit pois*
escada f rolante és·*ka*·da rro·*lan*·te *escalator* • *escalier roulant*
escadaria **f** és·ka·da·*ri*·a *escalier*
escassez **f** és·ka·*sés* *pénurie*
Escócia **f** és·*ko*·sya *Écosse*
escola **f** és·*ko*·la *école*
escolher és·ko·*lliérr* *choisir*
escova **f** és·ko·va *brosse (à cheveux)*
— **de dentes** de *dén*·tés *brosse à dents*
escrever és·kré·*vérr* *écrire*
escritor/escritora **m/f** és·kri·*torr*/és·kri·*to*·ra *écrivain*

E

portugais-brésilien/français

escritório m és·kri·*to*·rio *bureau*
— **de achados e perdidos** de a·*cha*·dos é pérr·*di*·dos *bureau des objets trouvés*
— **de turismo** de tou·*ris*·mo *office du tourisme*
escriturário/escriturária m/f és·kri·tou·*ra*·rio/és·kri·tou·*ra*·ria *employé(e) de bureau*
escultor/escultor m/f és·koul·*tourr*/és·koul·*tou*·ra *sculpteur*
escultura f és·koul·*tou*·ra *sculpture*
escuro/escura m/f és·*kou*·ro/és·*kou*·ra *sombre*
escutar és·kou·*tarr* *entendre • écouter*
esgotado/esgotada m/f és·go·*ta*·do/és·go·*ta*·da *épuisé(e)*
esgrima f és·*gri*·ma *escrime*
eski m **aquático** és·*ki* a·*koua*·ti·ko *ski nautique*
espaço m és·*pa*·so *espace*
Espanha f és·*pa*·gna *Espagne*
especial és·pé·si·*aou* *spécial*
especialista m et f és·pé·si·a·*lis*·ta *spécialiste*
espécies f pl **ameaçadas de extinção** és·*pé*·syés a·mé·a·*sa*·das de és·tin·*saoum* *espèces menacées d'extinction*
espelho m és·*pé*·llio *miroir*
esperar és·pé·*rarr* *espérer • attendre*
espinafre m és·pi·*na*·fre *épinard*
esporte m és·*porr*·te *sport*
esportista m et f és·porr·*tis*·ta *sportif/sportive*
esposa f és·*po*·za *épouse*
esquecer és·ké·*sérr* *oublier*
(à) esquerda f (a) és·*kérr*·da *à gauche (direction)*
esquerdista és·kérr·*dis*·ta *de gauche (politique)*
esqui m és·*ki* *ski*
esquiar és·ki·*arr* *skier*
esquina f és·*ki*·na *coin • angle*
esta f *és*·ta *ceci*
estaca f és·*ta*·ka *piquet de tente*
estação f és·ta·*saoum* *saison • station*
— **de trem** de trén *gare*
estacionamento m és·ta·sio·na·*mén*·to *stationnement*
estacionar és·ta·sio·*narr* *stationner*
estádio m és·*ta*·dio *stade*
estado m **civil** és·*ta*·do si·*vil* *état civil*
estar és·*tarr* *être (momentané)*
— **resfriado** rrés·fri·*a*·do *être enrhumé*
estátua f és·*ta*·toua *statue*
este m *és*·te *ceci*
estéreo m és·*té*·rio *stéréo*
estilo m és·*ti*·lo *style*
estômago m és·*to*·ma·go *estomac*
estória f és·*to*·ria *histoire*
estrada f és·*tra*·da *route*
estragado/estragada m/f és·tra·*ga*·do/és·tra·*ga*·da *gâté (aliment)*
estrangeiro/estrangeira m/f és·tran·*jéï*·ro/és·tran·*jéï*·ra *étranger*
estranho/estranha m/f és·*tra*·gno/és·*tra*·gna *étrange*
estrela f és·*tré*·la *étoile*
estrupar és·trou·*parr* *violer*
estrupo m és·*trou*·po *viol*
estudante és·tou·*dan*·te *étudiant*
estúdio m és·*tou*·dio *étude*
estufa f és·*tou*·fa *pot • daubière*
etiqueta f **de bagagem** é·ti·*ké*·ta de ba·ga·*jén* *étiquette (bagage)*
eu *é*·ou *je*
EUA m pl *é*·oua *États-Unis*
euro m *é*·ou·ro *euro*
Europa f é·ou·*ro*·pa *Europe*
eutanásia f é·ou·ta·*na*·zia *euthanasie*
evitar é·vi·*tarr* *éviter*
exame m **de sangue** é·*za*·me de *san*·gue *examen de sang*
exame m **papa nicolau** é·*za*·me *pa*·pa ni·ko·*laou* *frottis vaginal*
exaustor m é·zaous·*torr* *tuyau d'échappement*
excelente é·sé·*lén*·te *excellent*
excluído/excluída m/f és·klou·*i*·do/és·klou·*i*·da *exclu(e)*
excursão f és·kourr·*saoum* *tour*
— **guiada** f gui·*a*·da *excursion*

exemplo m é·*zém*·plo *exemple*
experiência f és·pé·ri·*én*·sia *expérience*
exploração f és·plo·ra·*saoum* *exploration*
exposição f és·po·zi·*saoum* *exposition*
expresso/expressa m/f és·*pré*·so/és·*pré*·sa *express*
extensão f és·tén·*saoum* *extension*
exterior és·té·ri·*orr* *extérieur • étranger*

F

fã m et f fan *supporter (sport, etc.)*
fábrica f *fa*·bri·ka *usine • fabrique*
faca f *fa*·ka *couteau*
fácil *fa*·sil *facile*
falar fa·*larr* *parler*
falta f *faou*·ta *faute*
família f fa·*mi*·llia *famille*
faminto/faminta m/f fa·min·to/fa·*min*·ta *affamé*
famoso/famosa m/f fa·*mo*·zo/fa·*mo*·za *célèbre*
farinha f fa·*ri*·gna *farine*
farmácia f far·*ma*·sia *pharmacie*
faróis m pl fa·*roïs* *phares*
fazenda f fa·*zén*·da *ferme • exploitation agricole*
fazendeiro/fazendeira m/f fa·zén·*déï*·ro/fa·zén·*déï*·ra *fermier • agriculteur*
fazer fa·*zérr* *faire*
febre f *fé*·bre *fièvre*
— **do feno** do *fé*·no *rhume des foins*
— **glandular** glang·dou·*lar* *mononucléose infectieuse*
fechado/fechada m/f fé·*cha*·do/fé·*cha*·da *fermé(e)*
fechar fé·*charr* *fermer*
feijão m féï·*jaoum* *haricot (blanc, noir, etc.)*
feito/feita m/f **à mão** *féï*·to/*féï*·ta a maoum *fait à la main*
feliz fé·*lis* *heureux*
férias f pl *fé*·rias *fériés • vacances*
ferimento m fé·ri·*mén*·to *blessure*
ferro m **de passa roupas** *fé*·rro de pa·*sarr* *rro*·pas *fer à repasser*
festa f *fés*·ta *fête*
festival m fés·ti·*vaou* *festival*
fevereiro fé·vé·*réï*·ro *février*
ficar fi·*karr* *rester • demeurer*
ficção f fik·*saoum* *fiction*
fígado m *fi*·ga·do *foie*
figo m *fi*·go *figue*
fila f *fi*·la *file d'attente*
— **de táxi** de *tak*·si *file d'attente pour les taxis*
filé m fi·*le* *filet*
filha f *fi*·llia *fille*
filho m *fi*·llio *fils*
filme m *fil*·me *film (cinéma)*
— **fotográfico** fo·to·*gra*·fi·ko *pellicule*
filtrado/filtrada m/f fil·*tra*·do/fil·*tra*·da *filtré(e)*
fim m fim *fin*
final m **de semana** fi·*naou* de sé·*ma*·na *week-end*
fino/fina m/f *fi*·no/*fi*·na *fin • mince*
fio m **dental** *fi*·o dén·*taou* *fil dentaire*
fita f **cassete** *fi*·ta ka·*sé*·te *cassette*
fita f **de vídeo** *fi*·ta de *vi*·dé·o *bande vidéo*
flanela f fla·*né*·la *flanelle*
flashm luminoso flach lou·mi·*no*·zo *torche • lampe de poche*
flor f florr *fleur*
floresta f flo·*rés*·ta *forêt*
floricultura f flo·ri·koul·*tou*·ra *horticulture*
florista m et f flo·*ris*·ta *fleuriste*
fogão m fo·*gaoum* *fourneau de cuisine • cheminée*
fogo m *fo*·go *feu*
folha f *fo*·llia *feuille*
fora *fo*·ra *dehors*
forma f *forr*·ma *forme*
formiga f forr·*mi*·ga *fourmi*
forno m *forr*·no *four*
forte *forr*·te *fort*
fósforos m pl *fos*·fo·ros *allumettes*
fotografia f fo·to·gra·*fi*·a *photographie*
fotógrafo/fotógrafa m/f fo·*to*·gra·fo/fo·*to*·gra·fa *photographe*
fotômetro m fo·*to*·mé·tro *photomètre*
fraco/fraca m/f *fra*·ko/*fra*·ka *faible*

frágil *fra*·jil *fragile*
fralda f *fraou*·da *couche pour bébé*
framboesa f fram·bo·*é*·za *framboise*
freio m *fré*·o *frein*
freira f *fréï*·ra *bonne-sœur*
frequentemente fré·kouén·té·*mén*·te *souvent*
frigideira f fri·ji·*déï*·ra *poêle à frire*
frio m *fri*·o *refroidissement*
frio/fria m/f *fri*·o/*fri*·a *froid*
fritar fri·*tarr* *frire*
frito/frita m/f *fri*·to/*fri*·ta *frit(e)*
fronha f *fro*·gna *taie d'oreiller*
fruta f *frou*·ta *fruit*
frutas f pl secas *frou*·tas *sé*·kas *fruits secs*
fumar fou·*marr* *fumer*
furo m *fou*·ro *crevaison*
futebol m fou·té·*bol* *football*
futuro m fou·*tou*·ro *futur*

G

galeria f *de arte* ga·lé·*ri*·a de *arr*·te *galerie d'art*
galinha f ga·*li*·gna *poule*
ganhador/ganhadora m/f ga·gna·*dorr*/ga·gna·*do*·ra *vainqueur*
ganhar ga·*gnarr* *gagner*
garçon/garçonete m/f garr·*son*/garr·so·*né*·te *garçon de café • serveur*
garfo m *garr*·fo *fourchette*
garganta f garr·*gan*·ta *gorge*
garrafa f ga·*rra*·fa *bouteille*
— **d'água** *da*·goua *bouteille d'eau*
gás m gas *gaz*
gasolina f ga·zo·*li*·na *essence*
gastrenterite f gas·trén·té·*ri*·te *gastroentérite*
gato/gata m/f *ga*·to/*ga*·ta *chat*
gay gay *homosexuel*
gaze f *ga*·ze *gaze (pharmacie)*
geada f jé·*a*·da *gelée*
geladeira f jé·la·*déï*·ra *réfrigérateur*
geléia f jé·*lé*·ia *confiture • gelée de fruit*
gelo m *jé*·lo *glace*
gêmeos/gêmeas m/f *jé*·mé·os/*jé*·mé·as *jumeaux/jumelles*
geniva f jén·*ji*·va *gencive*
gerente m et f jé·*rén*·te *gérant*
gilete f ji·*lé*·te *lame de rasoir*
gin m jin *gin*
ginástica f ji·*nas*·ti·ka *gymnastique*
— **olímpica** o·*liny*·pi·ka *gymnastique olympique*
ginecologista m et f ji·né·ko·lo·*jis*·ta *gynécologue*
gol m gol *but (sport)*
goleiro/goleira m/f go·*léï*·ro/go·*léï*·ra *gardien de but*
goma f de mascar *go*·ma de mas·*karr* *chewing-gum*
gordo/gorda m/f *gorr*·do/*gorr*·da *gros/grosse*
gorgeta f gorr·*jé*·ta *pourboire*
gostar gos·*tarr* *apprécier*
gostar (de alguém) gos·*tarr* (de aou·*gén*) *aimer • apprécier (quelqu'un ou quelque chose) • avoir de l'affection (pour quelqu'un)*
gostoso/gostosa m/f gos·*to*·zo/gos·*to*·za *goûteux*
governo m go·*vérr*·no *gouvernement*
grama f *gra*·ma *chiendent*
grande *gran*·de *large • grand*
grão m de bico graoum de *bi*·ko *pois chiche*
gratuito/gratuita gra·*tou*·i·to/gra·*tou*·i·ta *gratuit*
graus m pl grows *degré (température)*
gravação f gra·va·*saoum* *enregistrement*
gravar gra·*varr* *enregistrer*
grávida f *gra*·vi·da *enceinte*
gripe f *gri*·pe *grippe*
gritar gri·*tarr* *crier*
grosso/grossa m/f *gro*·so/*gro*·sa *épais/épaisse*
grupo m sanguíneo *grou*·po san·*goui*·né·o *groupe sanguin*
guarda m volumes *gouarr*·da vo·*lou*·més *vestiaires • consigne*
guarda-chuva m *gouarr*·da·*chou*·va *parapluie*

guardanapo m gouar·da·*na*·po *serviette de table*
guerra f *gué*·rra *guerre*
guia m/f *gi*·a *guide (personne)*
guia m *gi*·a *guide (livre)*
— **auditivo** m aou·di·*ti*·vo *guide-audio*
— **de entretenimento** de én·tré·té·ni·*mén*·to *guide des sorties*
guitarra f gi·*ta*·rra *guitare*

H

há (três dias) a (trés *di*·as) *il y a (3 jours)*
halal a·*laou* *halal*
handebol m *hén*·dé·bol *hand-ball (sport)*
hematoma m é·ma·to·ma *ecchymose • bleu*
hepatite f é·pa·*ti*·te *hépatite*
hidratante m i·dra·*tan*·te *brumisateur • hydratant*
Hindu in·*dou* *hindouiste*
história f is·*to*·ria *histoire*
histórico/histórica m/f is·*to*·ri·ko/is·*to*·ri·ka *historique*
HIV m a·*ga* i ve *VIH*
hockey m *ho*·kéï *hockey (sport)*
hoje *o*·ji *aujourd'hui*
hoje à noite *o*·ji a *noï*·te *ce soir*
homem m *o*·mén *homme*
— **de negócios** de né·*go*·sios *homme d'affaires*
homeopatia f o·mé·o·pa·*ti*·a *homéopathie*
homosexual o·mo·sék·sou·*aou* *homosexuel*
hora f **marcada** *ô*·ra marr·*ka*·da *rendez-vous*
horário f o·*ra*·rio *horaires*
horário m **de funcionamento** o·*ra*·rio de foun·sio·na·*mén*·to *heures d'ouverture*
horóscopo m o·*ros*·ko·po *horoscope*
horrível o·*rri*·vél *horrible*
hospedagem f os·pé·*da*·jém *logement*
hospital m os·pi·*taou* *hôpital*
hospitalidade f os·pi·ta·li·*da*·de *hospitalité*
hotel m o·*tél* *hôtel*

I

ida f *i*·da *aller (billet)*
ida e volta *i*·da é *vol*·ta *aller-retour (billet)*
idade f i·*da*·de *âge*
identificação f i·dén·ti·fi·ka·*saoum* *identification*
idiota m et f i·di·*o*·ta *idiot(e)*
igreja f i·*gré*·ja *église*
igualdade f i·gouaou·*da*·de *égalité*
ilha f *i*·llia *île*
imigração f i·mi·gra·*saoum* *immigration*
importante im·porr·*tan*·te *important*
imposto m im·*pos*·to *impôt*
— **de renda** de *rrén*·da *impôt sur le revenu*
— **sobre venda** so·bre *vén*·da *impôt sur la vente*
inchar in·*charr* *enfler*
incluso/inclusa m/f in·*klou*·zo/in·*klou*·za *inclu(e)*
India f *in*·dia *Inde*
indicador m in·di·ka·*dorr* *clignotant (véhicule)*
indigestão f in·di·jés·*taoum* *indigestion*
indústria f in·*dous*·tria *industrie*
infecção f in·fék·*saoum* *infection*
— **urinária** ou·ri·*na*·ria *infection urinaire*
inflamação f in·fla·ma·*saoum* *inflammation*
Inglaterra f in·gla·*té*·rra *Angleterre*
Inglês m in·*glés* *Anglais*
ingrediente m in·gré·di·*én*·te *ingrédient*
íngreme *in*·gré·me *raide • en pente*
injeção f in·jé·*saoum* *injection*
injetar in·jé·*tarr* *injecter*
injusto/injusta m/f in·*jous*·to/in·*jous*·ta *injuste*
inocente i·no·*sén*·te *innocent*
inseguro/insegura m/f in·sé·*gou*·ro/in·sé·*gou*·ra *dangereux/dangereuse*
insolação f in·so·la·*saoum* *insolation*
instrutor/instrutora m/f ings·trou·*torr*/ins·trou·*to*·ra *instructeur*
interessante in·té·ré·*san*·te *intéressant*
interior m in·té·ri·*orr* *intérieur • campagne*

internacional in·térr·na·sio·*naou* *international*
Internet f in·térr·*né*·ti *Internet*
intérprete m et f in·*térr*·pré·te *interprète*
intervalo m in·térr·*va*·lo *intervale*
inverno m in·*vérr*·no *hiver*
ioga f i·*o*·ga *yoga*
iogurte m i·o·*gourr*·te *yaourt*
ir irr *aller*
Irlanda f irr·*lan*·da *Irlande*
irmã f ir·*ma* *sœur*
irmão m irr·*maoum* *frère*
irritação f i·rri·ta·*saoum* *irritation*
— **à fralda** a *fraou*·da *érythème fessier*
— **na pele** na *pé*·le *irritation cutanée*
isqueiro m is·*kéï*·ro *briquet*
Israel m is·rra·*él* *Israël*
IT m ai·*ti* *informatique (technologie de l'information)*
itinerário m i·ti·né·*ra*·rio *itinéraire*

J

já ja *déjà*
janeiro m ja·*néï*·ro *janvier*
janela f ja·*né*·la *fenêtre*
jantar m jan·*tarr* *dîner*
Japão m ja·*paoum* *Japon*
jaqueta f ja·*ké*·ta *veste*
jardim m jarr·*dim* *jardin*
— **botânico** bo·*ta*·ni·ko *jardin botanique*
— **de infância** de ing·*fan*·sia *jardin d'enfants*
jardineiro/jardineira m/f jarr·di·*néï*·ro/jarr·di·*néï*·ra *jardinier*
jardins m pl públicos jarr·*dins* *pou*·bli·kos *jardins publics*
jeans m jins *jeans*
jip m *ji*·pe *jeep*
joalheria f jo·a·llié·*ri*·a *bijouterie*
joelho m jo·*é*·llio *genou*
jogar jo·*garr* *jouer*
jogo m *jo*·go *jeu (sport)*
— **de computador** de kom·pou·ta·*dorr* *jeu vidéo (ordinateur)*
Jogos Olímpidos m pl *jo*·gos o·*lim*·pi·kos *jeux Olympiques*
jornal m jorr·*naou* *journal*
jornaleiro m jorr·na·*léï*·ro *personne qui vend les journaux* • *journalier*
jornalista m et f jorr·na·*lis*·ta *journaliste*
jovem *jo*·vén *jeune*
Judeu/Judia m/f jou·*dé*·ou/jou·*di*·a *juif/juive*
juiz/juiza m/f jou·*is*/jou·*i*·za *juge* • *arbitre*
julho m *jou*·llio *juillet*
junho m *jou*·gnou *juin*
junto/junta m/f *joun*·to/*joun*·ta *ensemble*

K

ketchup m ké·ti·*chou*·pi *ketchup*
kilograma m ki·lo·*gra*·ma *kilogramme*
kilômetro m ki·*lo*·mé·tro *kilomètre*
kit m de primeiros socorros *ki*·ti de pri·*méï*·ros so·*ko*·rros *trousse de premiers secours*
kiwi m ki·*wi* *kiwi*
kocher *ko*·chérr *kasher*

L

lã f lin *laine*
lábios m pl *la*·bios *lèvres*
lado m *la*·do *côté*
ladrão/ladra m/f la·*draoum*/*la*·dra *voleur/voleuse*
lagarto m la·*garr*·to *lézard*
lago m *la*·go *lac*
lama f *la*·ma *boue*
lâmpada f *lam*·pa·da *lampe*
lanche m *lan*·che *en-cas*
lanterna f lan·*térr*·na *torche*
lápis m *la*·pis *crayon*
laptop m lé·pi·to·*pi* *ordinateur portable*
laranja f la·*ran*·ja *orange (fruit)* • *orange (couleur)*
largo/larga m/f *larr*·go/*larr*·ga *large*
lata f *la*·ta *boîte de conserve*
lavanderia f la·van·dé·*ri*·a *laverie automatique*
lavar la·*varr* *laver*
laxante m la·*chan*·te *laxatif*
legal lé·*gaou* *légal*

legislação f lé·jis·la·*saoum* *législation*
legumes m pl lé·*gou*·més *légumes*
lei f léï *loi*
leite m *léï*·te *lait*
— **de soja** de *so*·ja *lait de soja*
— **desnatado** dés·na·*ta*·do *lait écrémé*
leito m *léï*·to *lit*
lencinho m **de papel** lén·*si*·gno de pa·*pél* *mouchoir en papier*
lenço m *lén*·so *mouchoir*
lençol m lén·*saou* *drap*
lenha f *lé*·gna *bois (à brûler)*
lentes f pl *lén*·tés *lentilles (verres)*
— **de contato** de kog·*ta*·to *lentilles de contact*
lentilha f lén·*ti*·llia *lentilles (graines)*
ler lerr *lire*
lésbica f *lés*·bi·ka *lesbienne*
lesma f *lés*·ma *escargot*
leste m *lés*·te *est (point cardinal)*
levar lé·*varr* *prendre*
leve *lé*·ve *léger*
licença f li·*sén*·sa *licence*
líder m et f *li*·dérr *leader • dirigeant*
ligação f **à cobrar** li·ga·*saoum* a ko·*brarr* *appel en PCV*
ligação f **direta** li·ga·*saoum* di·*ré*·ta *appel direct*
limão m li·*maoum* *citron • citron vert*
limité m **de peso** li·*mi*·te de *pé*·zo *poids limite des bagages*
limite m **de velocidade** li·*mi*·te de vé·lo·si·*da*·de *limite de vitesse*
limonada f li·mo·*na*·da *limonade*
limpo/limpa m/f *lim*·po/*lim*·pa *propre*
língua f *lin*·goua *langue • langage*
linguiça f **de porco** lin·*goui*·sa de *porr*·ko *saucisse de porc*
linha f *li*·gna *tonalité (téléphone)*
linha aérea f pl *li*·gna a·*é*·ré·a *ligne aérienne*
liquidação f li·ki·da·*saoum* *soldes*
lista f **telefônica** *lis*·ta té·lé·*fo*·ni·ka *annuaire téléphonique*
listado/listada m/f lis·*ta*·do/lis·*ta*·da *détaillé*
livraria f li·vra·*ri*·a *librairie*
livre *li*·vre *libre*
livro m *li*·vro *livre*
— **de frases** de *fra*·zés *guide de conversation*
lixo m *li*·cho *ordure*
local lo·*kaou* *local*
local m lo·*kaou* *lieu*
— **de nascimento** de nas·si·*mén*·to *lieu de naissance*
— **para acampar** *pa*·ra a·kam·*parr* *terrain de camping*
loção f **de bronzear** lo·*saoum* de bron·zé·*arr* *crème à bronzer*
loja f *lo*·ja *magasin*
— **de aparelhos elétricos** de a·pa·*ré*·llios é·*lé*·tri·kos *magasin de matériel électrique*
— **de bebidas** de bé·*bi*·das *magasin de boissons • boissons alcoolisées*
— **de bicicleta** de bi·si·*klé*·ta *magasin de vélos*
— **de brinquedos** de brin·*ké*·dos *magasin de jouets*
— **de departamentos** de dé·parr·ta·*mén*·tos *grand magasin*
— **de equipamentos fotográficos** de é·ki·pa·*mén*·tos fo·to·*gra*·fi·kos *magasin de matériel photographique*
— **de esportes** de és·*porr*·tés *magasin de sport*
— **de ferramentas** de fé·rra·*mén*·tas *magasin d'outillage • quincaillerie*
— **de música** de *mou*·zi·ka *magasin de musique*
— **de roupas** de *rro*·pas *magasin de vêtements*
— **de segunda mão** de sé·*goun*·da maoum *magasin d'occasions*
— **de souvenir** de sou·vé·*nirr* *magasin de souvenir*
— **de acampamento** de a·kam·pa·*mén*·to *magasin de camping*
longe *lon*·je *loin*
longo/longa m/f *long*·go/*long*·ga *long/longue*
lotado/lotada m/f lo·*ta*·do/lo·*ta*·da *encombré(e)*

louça f de barro *lo·sa de ba·rro* *pots en terre cuite*
louco/louca m/f *lo·ko/lo·ka* *fou/folle*
lua f *lou·a* *lune*
— de mel *de mél* *lune de miel*
lubrificante m *lou·bri·fi·kan·te* *lubrifiant*
lucro m *lou·kro* *profit*
lugar m *lou·garr* *lieu • endroit*
luta f *lou·ta* *bagarre*
luvas f pl *lou·vas* *gants*
luxo m *lou·cho* *luxe*
luz f *louz* *lumière*

M

maçã f *ma·san* *pomme*
macarrão m chinês *ma·ka·rraoum chi·nés* *nouilles chinoises*
machismo m *ma·chis·mo* *sexisme*
machucar *ma·chou·karr* *se faire mal*
madeira f *ma·déï·ra* *bois*
madrugada f *ma·drou·ga·da* *aube*
mãe f *maïn* *maman*
maio *ma·io* *mai*
maionese f *ma·io·né·ze* *mayonnaise*
mais *mais* *plus*
— perto/perta m/f *pérr·to/pérr·ta* *près • proche*
mal *mal* *malade*
mal passado/passada m/f *maou pa·sa·do/pa·sa·da* *saignant (viande)*
mala f *ma·la* *valise*
mamãe f *ma·maïn* *mère*
mamograma m *ma·mo·gra·ma* *mammographie*
mandíbula f *man·di·bou·la* *mâchoire*
manga f *man·ga* *mangue*
manhã f *ma·gnin* *matin*
manteiga f *man·téï·ga* *beurre*
mantimentos m pl *man·ti·mén·tos* *épicerie*
mão f *maoum* *main*
mapa f *ma·pa* *carte • plan*
— da estrada *da és·tra·da* *carte routière*
maquiagem f *ma·ki·a·jém* *maquillage*
máquina f *ma·ki·na* *machine*
— de lavar roupa *de la·varr rro·pa* *lave-linge*
— de vender passagem *de vén·dérr pa·sa·jém* *distributeur de billets*
mar m *marr* *mer*
maracujá m *ma·ra·kou·ja* *fruit de la passion*
maravilhoso/maravilhosa m/f *ma·ra·vi·llio·zo/ma·ra·vi·llio·za* *merveilleux/merveilleuse*
marca m passo *mar·ka pa·so* *stimulateur cardiaque*
março *mar·so* *mars*
maré f *ma·re* *marée*
margarina f *marr·ga·ri·na* *margarine*
marido m *ma·ri·do* *mari*
marmelada f *marr·mé·la·da* *marmelade*
marron *ma·rron* *marron • brun*
martelo m *marr·té·lo* *marteau*
mas *mas* *mais*
massa f *ma·sa* *pâte à tarte*
massagem f *ma·sa·jém* *massage*
massagista m et f *ma·sa·jis·ta* *masseur*
massas f pl *ma·sas* *pâtes*
matar *ma·tarr* *tuer*
mecânico/mecânica m/f *mé·ka·ni·ko/mé·ka·ni·ka* *mécanicien*
medicina f *mé·di·si·na* *médecine*
médico/médica m/f *mé·di·ko/mé·di·ka* *médecin*
meditação f *mé·di·ta·saoum* *méditation*
meia f *méï·a* *chaussette*
— calça *kaou·sa* *collants*
meia-noite f *may·a·noï·te* *minuit*
meio m ambiente *méï·o am·bi·én·te* *environnement*
meio expediente *méï·o és·pé·di·én·te* *à temps partiel*
meio-dia m *méï·o di·a* *midi*
mel m *mél* *miel*
melancia f *mé·lang·si·a* *pastèque*
melão m *mé·laoum* *melon*
melhor *mé·lliorr* *mieux*
membro m et f *mém·bro* *membre*
menina f *mé·ni·na* *fille*
menino m *mé·ni·no* *garçon*
menos m *mé·nos* *moins*

mensagem f mén·*sa*·jem *message*
menstruação f méns·trou·a·*saoum* *règles • menstruation*
mentiroso/mentirosa m/f mén·ti·*ro*·zo/ mén·ti·*ro*·za *menteur/menteuse*
mercado m mérr·*ka*·do *marché*
mercearia f mérr·sé·a·*ri*·a *épicerie*
mergulho m mérr·*gou*·llio *plongée*
mês m més *mois*
mesa f *mé*·za *table*
mesmo/mesma m/f *més*·mo/*més*·ma *même • semblable*
metade f mé·*ta*·de *moitié*
metal m mé·*taou* *métal*
metro m *mé*·tro *mètre*
meu/minha m/f *mé*·ou/*mi*·gna *mon • ma • mien*
mexido/mexida m/f mé·*chi*·do/mé·*chi*·da *brouillé • mélangé*
mexilhão m mé·chi·*lliaoum* *moule (crustacé)*
microundas m *mi*·kro·*on*·das *micro-ondes*
mídia f *mi*·dia *média*
milhão m mi·*laoum* *million*
milho m *mi*·llio *maïs*
milímetro m mi·*li*·mé·tro *millimètre*
militar mi·li·*tarr* *militaire*
mimado/mimada m/f mi·*ma*·do/mi·*ma*·da *enfant gâté*
minhocas f pl mi·*gno*·kas *vers de terre*
mínimo/mínima m/f mi·*ni*·mo/mi·*ni*·ma *minuscule*
minuto m mi·*nou*·to *minute*
mirante m mi·*ran*·te *belvédère*
missa f *mi*·sa *messe (catholique)*
misturar mis·*tou*·rar *mélange*
mochila f mo·*chi*·la *sac à dos*
modem m *mo*·dén *modem*
moedas f pl mo·*é*·das *pièces (argent)*
molas f pl *mo*·las *ressort*
mole *mo*·le *mou • à la coque (œuf)*
molestamento m mo·lés·ta·*mén*·to *harcèlement*
molhado/molhada m/f mo·*llia*·do/ mo·*llia*·da *mouillé(e)*
molho m *mo*·llio *sauce*
— **de pimenta** de pi·*mén*·ta *sauce pimentée*
— **de soja** de *so*·ja *sauce soja*
— **de tomate** de to·*ma*·te *sauce tomate*
monastério m mo·nas·*té*·rio *monastère*
monge m *mon*·je *moine*
montanha f mon·*ta*·gna *montagne*
montanhismo m mon·ta·*gnis*·mo *alpinisme*
monumento m mo·nou·*mén*·to *monument*
morango m mo·*ran*·go *fraise*
morar mo·*rarr* *vivre • habiter*
mordida f morr·*di*·da *morsure*
morno/morna m/f *morr*·no/*morr*·na *chaud(e)*
morrer mo·*rrérr* *mourir*
morro m *mo*·rro *colline*
morto/morta m/f *morr*·to/*morr*·ta *mort*
mosquiteiro m mos·ki·*téï*·ro *moustiquaire*
mosquito m mos·*ki*·to *moustique*
mosteiro m mos·*téï*·ro *mosquée*
mostrador m **de velocidade** mos·tra·*dorr* de vé·lo·si·*da*·de *compteur de vitesse*
mostrar mos·*trarr* *montrer*
motocicleta f mo·to·si·*klé*·ta *moto*
motor m mo·*torr* *moteur*
mountain bike m *ma*·oun·téïn *baï*·ki *VTT • vélo*
móveis m pl *mo*·véïs *meubles*
Muçulmano/Muçulmana m/f mou·soul·*ma*·no/mou·soul·*ma*·na *musulman(e)*
mudo/muda m/f *mou*·do/*mou*·da *muet/ muette*
muesli m *mous*·li *muesli*
muito/muita m/f *mouill*·to/*mouill*·ta *beaucoup • très*
mulher f mou·*lliérr* *femme*
— **de negócios** de né·*go*·sios *femme d'affaires*
multa f *moul*·ta *amende (à payer) • contravention*
mundo m *moun*·do *monde*

músculo m *mous*·kou·lo *muscle*
museu m mo·*sé*·ou *musée*
música f *mou*·zi·ka *musique*
músico/música m/f *mou*·zi·ko/*mou*·zi·ka *musicien*
mustarda f mous·*tar*·da *moutarde*

N

na frente de na *frén*·te de *devant*
nacionalidade f na·sio·na·li·*da*·de *nationalité*
nada *na*·da *rien*
nadar na·*darr* *nager*
namorada f na·mo·*ra*·da *petite amie*
namorado m na·mo·*ra*·do *petit ami*
namorar na·mo·*rarr* *courtiser*
não naoum *non* • *pas*
não-fumante naoum·fou·*man*·te *non-fumeur*
nariz m na·*ris* *nez*
nascer m **do sol** *na*·sérr do sol *lever du soleil*
natureza f na·tou·*ré*·za *nature*
naturopatia f na·tou·ro·pa·*ti*·a *naturopathie*
náusea f *naou*·sé·a *nausée*
navio m na·*vi*·o *bateau*
nebuloso/nebulosa m/f né·bou·*lo*·zo/né·bou·*lo*·za *brumeux*
necessário/necessária m/f né·sé·*sa*·rio/né·sé·*sa*·ria *nécessaire*
negativo/negativa m/f né·ga·*ti*·vo/né·ga·*ti*·va *négatif*
negócios m pl né·*go*·sios *affaires*
nenhum né·*gnoum* *personne*
nenhum deles né·*gnoum* *dé*·lés *ni l'un ni l'autre*
neto/neta m/f *né*·to/*né*·ta *petits enfants*
neve f *né*·ve *neige*
nódulo m *no*·dou·lo *nodule* • *grosseur*
noite f *noï*·te *soirée* • *soir*
Noite f **de Natal** *noï*·te de na·*taou* *réveillon de Noël*
noiva f *noï*·va *fiancée (nom)*
noivado m noï·*va*·do *fiançailles*
noivo m *noï*·vo *fiancé (nom)*
nome m *no*·me *nom*
— **Cristão** m kris·*taoum* *prénom*
norte m *norr*·te *nord*
Noruega f no·rou·*é*·ga *Norvège*
nós nos *nous*
nosso/nossa m/f *no*·so/*no*·sa *notre*
nota f *no*·ta *billet de banque*
notícias f pl no·*ti*·sias *nouvelles*
novamente no·va·*mén*·te *de nouveau*
novela f no·*vé*·la *feuilleton*
novembro no·*vém*·bro *novembre*
novidades f pl no·vi·*da*·des *nouveauté* • *innovation*
novo/nova m/f *no*·vo/*no*·va *nouveau/nouvelle*
noz f noz *noix*
nublado/nublada m/f nou·*bla*·do/nou·*bla*·da *nuageux/nuageuse*
número m *nou*·mé·ro *numéro*
— **da placa** da *pla*·ka *numéro de la plaque d'immatriculation*
— **do passaporte** do pa·sa·*porr*·te *numéro du passeport*
— **do quarto** do *kouarr*·to *numéro de la chambre*
nunca *noun*·ka *jamais*
nuvem f nou·*vén* *nuage*

O

objetivo m o·bi·jé·*ti*·vo *objectif*
oceano m o·sé·*a*·no *océan*
óculos m pl *o*·kou·los *lunettes*
— **de natação** de na·ta·*saoum* *lunettes de plongée*
— **de ski** de és·*ki* *lunettes de ski*
— **de sol** de sol *lunettes de soleil*
ocupado/ocupada m/f ou·kou·*pa*·do/o·kou·*pa*·da *occupé(e)*
oeste m o·*és*·te *ouest (point cardinal)*
oficina f o·fi·*si*·na *atelier* • *usine*
óleo m *o*·llio *huile*
olho m *o*·llio *œil*
ombro m pl *ong*·bro *épaule*
onda f *ong*·da *vague*
onde *on*·de *où*
ônibus m *o*·ni·bous *bus*

ontem on·tém *hier*
ópera f o·pé·ra *opéra (pièce et lieu)*
operação f o·pé·ra·saoum *opération*
operador/operadora m/f o·pé·ra·dorr/o·pé·ra·do·ra *opérateur/opératrice*
operário/operária m/f o·pé·ra·rio/o·pé·ra·ria *ouvrier/ouvrière*
opinião f o·pi·ni·aoum *opinion*
oportunidade f o·porr·tou·ni·da·de *chance • opportunité*
oportunidades f pl **iguais** o·porr·tou·ni·da·dés i·goua·is *égalité des chances*
oposto/oposta m/f o·pos·to/o·pos·ta *opposé(e)*
optometrista m et f o·pi·to·mé·tris·ta *optométriste*
ordinário/ordinária m/f orr·di·na·rio/orr·di·na·ria *ordinaire*
orelha f o·ré·llia *oreille*
orgasmo m orr·gas·mo *orgasme*
original o·ri·ji·naou *original*
orquestra f orr·kés·tra *orchestre*
os EUA m pl os é·oua *les États-Unis*
osso m o·so *os*
ostra f os·tra *huître*
ótimo/ótima m/f o·ti·mo/o·ti·ma *super • génial*
ou o *ou*
ouro m o·ro *or*
outono m o·to·no *automne*
outro/outra m/f o·tro/o·tra *autre*
outubro o·tou·bro *octobre*
ovário m o·va·rio *ovaire*
ovelha f o·vé·llia *agneau • mouton*
ovo m o·vo *œuf*
oxigênio m ok·si·jé·gno *oxygène*

P

pacote m pa·ko·te *paquet*
padaria f pa·da·ri·a *boulangerie*
padre m pa·dre *prêtre*
pães m pl païns *petits pains*
pagamento m pa·ga·mén·to *paiement*
pagar pa·garr *payer*
página f pa·ji·na *page*
pai m paï *père*
painel m **de marcação** paï·nél de marr·ka·saoum *tableau d'affichage*
país m pa·is *pays*
pais m pl pa·is *parents*
Países m pl **Baixos** pa·i·zés baï·chos *Pays-Bas*
palácio m pa·la·sio *palais*
palavra f pa·la·vra *parole • mot*
palito m **de dentes** pa·li·to de dén·tés *cure-dents*
panela f pa·né·la *marmite*
pano m **de limpeza** pa·no de lin·pé·za *lavette*
pão m paoum *pain*
— **integral** ing·té·graou *pain complet*
papel m pa·pél *papier*
— **higiênico** i·ji·é·ni·ko *papier hygiénique*
papelada f pa·pé·la·da *travail administratif • paperasserie*
papelaria f pa·pé·la·ri·a *papeterie*
Paquistão m pa·kis·taoum *Pakistan*
par m parr *paire*
para pa·ra *pour*
— **baixo** baï·cho *en bas*
— **cima** si·ma *vers le haut*
— **sempre** sém·pre *pour pour toujours*
parabrisa m pa·ra·bri·za *pare-brise*
parada f **cardíaca** pa·ra·da karr·di·a·ka *arrêt cardiaque*
parapeito m pa·ra·pay·to *parapet • appui*
paraplégico/paraplégica m/f pa·ra·plé·ji·ko/pa·ra·plé·ji·ka *paraplégique*
parar pa·rarr *arrêter*
parecido/parecida m/f pa·ré·si·do/pa·ré·si·da *semblable*
parede f pa·ré·de *mur*
parlamento m parr·la·mén·to *parlement*
parque m parr·ke *parc*
— **nacional** na·sio·naou *parc national*
parte f parr·te *partie*
partida f parr·ti·da *départ • partie (sport)*
partido m parr·ti·do *parti (politique)*
partir parr·tirr *partir*

P

Páscoa **f** pas·koua *Pâques*
passada (semana) **f** pa·sa·da (sé·ma·na) *(semaine) dernière*
passado **m** pa·sa·do *passé*
passageiro/passageira **m/f** pa·sa·jéï·ro/pa·sa·jéï·ra *passager/passagère*
passaporte **m** pa·sa·porr·te *passeport*
passar pa·sarr *passer*
pássaro **m** pa·sa·ro *oiseau*
passas **f pl** pa·sas *raisin • raisin de Smyrne*
passo **m** pa·so *pas*
pasta **f** pas·ta *serviette • portefeuille*
— **de dentes** de dén·tés *dentifrice*
patinar **f** pa·ti·nar *patiner*
pato/pata **m/f** pa·to/pa·ta *canard*
paz **f** pas *paix*
pé **m** pe *pied*
peça **f** pé·sa *pièce (théâtre)*
pedaço **m** pé·da·so *morceau*
pedal **m** pé·daou *pédale*
pedestre **m** pe·dés·tre *piéton*
pedido **m** pé·di·do *commande*
pedinte **m et f** pé·ding·te *mendiant*
pedir pé·dirr *demander • prier*
pedra **f** pé·dra *pierre*
pegar pé·garr *prendre*
— **carona** ka·ro·na *faire de l'auto-stop*
peito **m** péï·to *poitrine • seins*
peixaria **f** péï·cha·ri·a *poissonnerie*
peixe **m** péï·che *poisson*
peixeiro/peixeira **m/f** péï·chéï·ro/péï·chéï·ra *poissonnier/poissonnière*
pele **f** pé·le *peau*
pensão **f** pén·saoum *pension*
penhasco **m** pé·gnas·ko *rocher escarpé*
pênis **m** pé·nis *pénis*
pensar pén·sarr *penser*
pensionista **m et f** pén·sio·nis·ta *pensionnaire • boursier*
pente **m** pén·te *peigne*
pepino **m** pé·pi·no *concombre*
pequeno/pequena **m/f** pé·ké·no/pé·ké·na *petit(e)*
pêra **f** pé·ra *poire*
perder pérr·dérr *perdre*
perdido/perdida **m/f** pérr·di·do/pérr·di·da *perdu(e)*
perdoar pérr·do·arr *pardonner*
perfeito/perfeita **m/f** pérr·féï·to/pérr·féï·ta *parfait(e)*
performance **f** pérr·forr·man·se *performance*
perfume **m** pérr·fou·me *parfum*
pergunta **f** pérr·goung·ta *question*
perguntar pérr·goung·tarr *poser (une question)*
perigoso/perigosa **m/f** pé·ri·go·zo/pé·ri·go·za *dangereux/dangereuse*
permissão **f** pérr·mi·saoum *permission*
— **para trabalhar** pa·ra tra·ba·lliarr *permis de travail*
perna **f** pérr·na *jambe*
perto pérr·to *près*
perú **m** pé·rou *dinde*
pesado/pesada **m/f** pé·za·do/pé·za·da *lourd(e)*
pesar pe·zarr *peser*
pesca **f** pés·ka *pêche (poisson)*
peso **m** pé·zo *poids*
• **pesos** **m pl** pé·zos *poids*
pêssego **m** pé·sé·go *pêche (fruit)*
pessoa **f** pé·so·a *personne*
• **pessoas** **f pl** pé·so·as *personnes • gens*
petição **f** pé·ti·saoum *pétition*
petróleo **m** pé·tro·llio *pétrole*
pharmacista **m et f** farr·ma·sis·ta *pharmacien*
piada **f** pi·a·da *blague*
picareta **f** pi·ka·ré·ta *pioche*
pico **m** pi·ko *pic (montagne)*
pifar pi·farr *se saoûler • s'effondrer*
pikles **m pl** pi·kles *pickles • légumes marinés dans le vinaigre*
pilha **f** pi·llia *batterie*
pílula **f** pi·lou·la *cachet • pilule (la)*
pimenta **f** pi·mén·ta *chili • piment*
pimentão **m** pi·mén·taoum *poivron*
pinça **f** ping·sa *pince à épiler*
pintor/pintora **m/f** pin·torr/pin·to·ra *peintre*
pintura **f** pin·tou·ra *peinture*
piolho **m** pi·o·llio *pou*
piquenique **m** pi·ké·ni·ke *pique-nique*
piscina **f** pi·si·na *piscine*

DICTIONNAIRE

pista f *pis*·ta *piste (sport)*
— **de corrida** de ko·*rri*·da *piste de course*
pistáchio m pis·*ta*·chio *pistache*
planalto m pla·*naou*·to *plateau*
planeta m pla·*né*·ta *planète*
plano/plana m/f *pla*·no/*pla*·na *plat(e)* • *aplati(e)*
planta f *plang*·ta *plante*
plástico/plástica m/f *plas*·ti·ko/*plas*·ti·ka *plastique*
plataforma f pla·ta·*forr*·ma *plateforme*
pneu m pi·*né*·ou *pneu*
pó m po *poudre*
pobre *po*·bre *pauvre*
pobreza f po·*bré*·za *pauvreté*
poché po·*che* *poché*
pochete f po·*ché*·te *banane (sacoche)*
poder po·*dérr* *pouvoir (autorisation, possibilité)*
poder m po·*dérr* *pouvoir*
poesia f po·é·*zi*·a *poésie*
pólen m *po*·lén *pollen*
polícia f po·*li*·sya *police*
política f po·*li*·ti·ka *politique*
político/política m/f po·*li*·ti·ko/po·*li*·ti·ka *politicien*
poluição f po·lou·i·*saoum* *pollution*
pomelo m po·*mé*·lo *pamplemousse*
ponte f *pong*·te *pont*
ponto m *pon*·to *point*
— **de controle** de kong·*tro*·le *contrôle militaire/de police (frontière)*
— **de ônibus** de *o*·ni·bous *arrêt de bus*
popular po·pou·*larr* *populaire*
por porr *par*
— **perto** *pérr*·to *proche • à côté*
— **que** *ke* *parce que • pourquoi*
pôr m **do sol** porr do sol *coucher de soleil*
porcentagem f porr·sén·*ta*·jém *pourcentage*
porco/porca m/f *porr*·ko/*porr*·ka *cochon • porc*
porta f *porr*·ta *porte*
portão m porr·*taoum* *porte (aéroport, etc.)*
— **de partida** de parr·*ti*·da *porte de départ*
porto m *porr*·to *port (mer)*
pós barba m pos *barr*·ba *après-rasage*
positivo/positiva m/f po·zi·*ti*·vo/po·zi·*ti*·va *positif/positive*
possível po·*si*·vél *possible*
postagem f pos·*ta*·jén *affranchissement*
posto m **de gasolina** *pos*·to de ga·zo·*li*·na *station-service*
pouco/pouca m/f *po*·ko/*po*·ka *un peu*
praça f *pra*·sa *place*
praia m *prai*·a *plage*
prancha f **de surfe** *pran*·cha de *sourr*·fi *planche de surf*
prata f *pra*·ta *argent (métal)*
prateleira f pra·té·*léï*·ra *étagère*
prato m *pra*·to *assiette*
precisar pré·si·*zarr* *avoir besoin de*
preço m *pré*·so *prix*
— **da entrada** da én·*tra*·da *prix d'entrée*
prédio m *pré*·dio *immeuble*
prefeito/prefeita m/f pré·*féï*·to/pré·*féï*·ta *préfet* • *surveillant/surveillante*
preferir pré·fé·*rirr* *préférer*
preguiçoso/preguiçosa m/f pré·gi·*so*·zo/pré·gi·*so*·za *fainéant*
prender prén·*dérr* *prendre • arrêter (arrestation)*
preocupado/preocupada m/f pré·o·kou·*pa*·do/pré·o·kou·*pa*·da *inquiet/inquiète*
preparar pré·pa·*rarr* *préparer*
presente m pré·*zén*·te *cadeau • présent (temps)*
— **de casamento** de ka·za·*mén*·to *cadeau de mariage*
presidente m et f pré·zi·*dén*·te *président*
pressão f pré·*saoum* *pression*
— **arterial** ar·té·ri·*aou* *pression artérielle*
presunto m pré·*zoun*·to *jambon*
preto e branco *pré*·to é *bran*·ko *noir et blanc (film)*
preto/preta m/f *pré*·to/*pré*·ta *noir(e)*
primavera f pri·ma·*vé*·ra *printemps*
primeira classe f pri·*méï*·ra *kla*·se *première classe*
primeiro/primeira m/f pri·*méï*·ro/pri·*méï*·ra *premier/première*

primeiro/a ministro/a m f pri·*méï*·ro/a mi·*nis*·tro/a *Premier ministre*
principal m et f pring·si·*paou* *principal(e)*
prisão f pri·*zaoum* *prison*
prisioneiro/prisioneira m/f pri·zio·*néï*·ro/ pri·zio·*néï*·ra *prisonnier/prisonnière*
privado/privada m/f pri·*va*·do/pri·*va*·da *privé(e)*
problema m **de coração** pro·*blé*·ma de ko·ra·*saoum* *problème cardiaque*
produzir pro·dou·*zirr* *produire*
professor/professora m/f pro·fé·*sorr*/ pro·fé·*so*·ra *professeur*
profundo/profunda m/f pro·*foun*·do/pro·*foun*·da *profond(e)*
programa m pro·*gra*·ma *programme*
projetor m pro·jé·*torr* *projet*
pronto/pronta m/f *pron*·to/*pron*·ta *prêt(e)*
proprietário/proprietária m/f pro·pri·é·*ta*·rio/pro·pri·é·*ta*·ria *propriétaire*
proteção f **contra sol** pro·té·*saoum* *kon*·tra sol *protection solaire*
proteger pro·té·*jérr* *protéger*
protegido/protegida f pro·té·*ji*·do/ pro·té·*ji*·da *protégé(e)*
protestar pro·tés·*tarr* *protester*
protesto m pro·*tés*·to *protestation*
provador m pro·va·*dorr* *testeur* • *goûteur*
provisões f pl pro·vi·*zoïns* *provisions*
próximo/próxima m/f *pro*·si·mo/ *pro*·si·ma *prochain(e)*
pular pou·*larr* *sauter*
pulga f *poul*·ga *puce*
pulmão m poul·*maoum* *poumon*
punho m *pou*·gno *poignet*
puro/pura m/f *pou*·ro/*pou*·ra *pur/pure*
puxar pou·*charr* *tirer*

Q

quadra f *koua*·dra *court (tennis)*
— **de tênis** de *té*·nis *court de tennis*
quadrado m koua·*dra*·do *carré*
quadro m *koua*·dro *tableau*
qualidade f koua·li·*da*·de *qualité*
qualificações f pl koua·li·fi·ka·*soïns* *qualifications*
qualquer kouaou·*kérr* *n'importe quel*
quando *kouang*·do *quand*
quanto *kouang*·to *combien*
quarentena f koua·rén·*té*·na *quarantaine*
quarta-feira f *kouarr*·ta·*féï*·ra *mercredi*
quarto m *kouarr*·to *chambre* • *pièce* • *quart*
— **de casa** de ka·*zaou* *chambre double*
quase *koua*·ze *presque* • *quasiment*
que ke *quoi*
quebrado/quebrada m/f ké·*bra*·do/ké·*bra*·da *cassé(e)*
quebrador m **de gelo** ké·bra·*dorr* de *je*·lo *piolet*
quebrar ké·*brarr* *casser*
queda f *ké*·da *chute*
queijaria f kéï·ja·*ri*·a *fromagerie*
queijo m *kéï*·jo *fromage*
queimado/queimada m/f kéï·*ma*·do/kéï·*ma*·da *brûlé(e)*
— **de sol** de sol *coup de soleil*
queimadura f kéï·ma·*dou*·ra *brûlure*
quem kén *qui*
quente *kén*·te *chaud*
querer ké·*rérr* *vouloir*
questão f kés·*taoum* *question*
quieto/quieta m/f ki·é·to/ki·é·ta *calme*
quinta-feira f *kin*·ta·*féï*·ra *jeudi*
quinzena f kin·*zé*·na *quinzaine*
quiroprático/quiroprática m/f ki·ro·*pra*·ti·ko/ki·ro·*pra*·ti·ka *chiropracteur/chiropractrice*

R

rabanete m rra·ba·*né*·te *radis*
rabo m *rra*·bo *queue*
racismo m rra·*sis*·mo *racisme*
radiador m rra·di·a·*dorr* *radiateur*
rainha f rra·*i*·gna *reine*
rápido/rápida m/f *rra*·pi·do/*rra*·pi·da *rapide*
raquete f rra·*ké*·te *raquette*
raro/rara m/f *rra*·ro/*rra*·ra *rare*
raspador m rras·pa·*dorr* *rasoir*
ratazana f rra·ta·*za*·na *rat*

rato m rra·to *souris*
razão f ra·zaoum *raison*
realista ré·a·lis·ta *réaliste*
recarregador m de bateria rré·ka·rré·ga·dorr de ba·té·ri·a *chargeur de batterie*
receber rré·sé·bérr *recevoir*
recentemente rré·sén·té·mén·te *récemment*
recibo m rré·si·bo *reçu*
reciclar rré·si·klar *recycler*
reciclável rré·si·kla·vél *recyclable*
reclamar rré·kla·marr *réclamer*
recomendar rré·ko·mén·darr *recommander*
recursos m pl humanos rré·kour·sos ou·ma·nos *ressources humaines*
recusar rré·kou·zarr *refuser*
rede f rré·de *hammac • filet*
redondo/redonda m/f rré·don·do/rré·don·da *rond(e)*
rimbolso m rré·én·bol·so *rembourser*
referência f rré·fé·rén·sia *référence*
reflexologia f rré·flék·so·lo·ji·a *réfléxologie*
refrigerante m rré·fri·jé·ran·te *boisson gazeuse*
refugiado/refugiada m/f rré·fou·ji·a·do/rré·fou·ji·a·da *réfugié*
regional rré·jio·naou *régional*
registro m de carro rré·jis·tro de ka·rro *immatriculation de la voiture*
regra f rré·gra *règle • loi*
regras f pl rré·gras *ensemble de règles*
rei m réï *roi*
reiki m rréï·ki *reiki*
relacionamento m rré·la·sio·na·mén·to *relation*
relações f pl públicas rré·la·soïns pou·bli·kas *relations publiques*
relaxar rré·la·charr *se détendre*
rélica f rré·li·ka *relique*
relicário m rré·li·ka·rio *reliquaire*
religião f rré·li·ji·aoum *religion*
religioso/religiosa m/f rré·li·ji·o·zo/rré·li·ji·o·za *religieux/religieuse*
relógio m rré·lo·jio *horloge • montre*
remo m rré·mo *ramer*
remoto/remota m/f rré·mo·to/rré·mo·ta *loin • distant*
renda f rrén·da *dentelle*
repelente m em aspiral rré·pé·lén·te en as·pi·raou *anti-moustique en spirale*
repolho m rré·po·llio *chou*
república f rré·pou·bli·ka *république*
requerimento m de bagagem rré·ké·ri·mén·to de ba·ga·jén *service de réclamation des bagages*
reserva f rré·zérr·va *réservation*
reservar rré·zérr·varr *réserver*
resíduo m nuclear rré·zi·dou·o nou·klé·arr *déchets nucléaires*
resíduo m tóxico rré·zi·douo tok·si·ko *déchets toxiques*
resolução f rré·zo·lou·saoum *solution*
respirar rrés·pi·rarr *respirer*
resposta f rrés·pos·ta *réponse*
restaurante m rrés·taou·ran·te *restaurant*
retornar rré·torr·narr *retourner*
reverenciar rré·vé·rén·si·arr *vénérer*
revisão f rré·vi·zaoum *révision*
revista f rré·vis·ta *revue*
reza f rré·za *prière*
rico/rica m/f rri·ko/rri·ka *riche*
rin m pl rrin *rein*
rio m rri·o *rivière*
rir rrirr *rire*
risco m rris·ko *risque*
ritmo m rri·ti·mo *rythme*
rock m rro·ki *rock (musique)*
roda f rro·da *roue*
rodoviária f rro·do·vi·a·ria *gare routière*
romântico/romântica m/f rro·man·ti·ko/rro·man·ti·ka *romantique*
rosa rro·za *rose*
rosto m rros·to *visage*
rota f rro·ta *route*
— **de bicicleta** de bi·si·klé·ta *piste cyclable*
— **de caminhada** de ka·mi·gna·da *sentier de randonnée*
roubar rro·barr *voler (voleur)*
roubo m rro·bo *vol • agression*

R

portugais-brésilien/français

roupa f pl rro·pa *vêtements*
— **de banho** de ba·gno *maillot de bain*
— **de cama** de ka·ma *pyjama*
— **de baixo** de bai·cho *sous-vêtements*
roxo/roxa m/f rro·cho/rro·cha *violet/violette*
rua f rrou·a *rue*
— **principal** pring·si·paou *rue principale*
rubéola f rrou·bé·o·la *rubéole*
rugby m rrou·gui·bi *rugby*
ruim rrou·ing *mauvais*
ruínas f pl rrou·i·nas *ruines*
rum m rroum *rhum*

S

sábado m sa·ba·do *samedi*
saber sa·bérr *savoir*
sabonete m sa·bo·né·te *savon*
saco m sa·ko *sac*
— **de dormir** de dorr·mirr *sac de couchage*
saguão m sagou aoum *arrière-cour*
saia f sa·ya *jupe*
saída f sa·i·da *sortie*
sair sa·irr *sortir avec*
sais m pl de hidratação sais de i·dra·ta·saoum *hydratants*
sal m saou *sel*
sala f de espera sa·la de és·pé·ra *salle d'attente*
sala f de trânsito sa·la de tran·zi·to *salle de transit*
salada f sa·la·da *salade*
salaminho m sa·la·mi·gno *saucisson*
salão m de beleza sa·laoum de bé·lé·za *salon de beauté*
salário m sa·la·rio *salaire*
salmão m saou·maoum *saumon*
salsicha f saou·si·cha *saucisse*
sandália f san·da·llia *sandale*
sangue m san·gue *sang*
santo/santa m/f san·to/san·ta *saint*
sapataria f sa·pa·ta·ri·a *magasin de chaussure • savetier*
sapato m sa·pa·to *chaussure*
sarampo m sa·ram·po *rougeole*
sardinha f sarr·di·gna *sardine*
saúde f sa·ou·de *santé*
sauna f saou·na *sauna*
se se *si*
secar sé·karr *sécher*
seco/seca m/f sé·ko/sé·ka *séché(e) • sec/sèche*
secretário/secretária m/f sé·kré·ta·rio/sé·kré·ta·ria *secrétaire*
seda f sé·da *soie*
sedento/sedenta m/f sé·dén·to/sé·dén·ta *soif*
seguir sé·girr *suivre*
segunda-feira f sé·goun·da·féï·ra *lundi*
segundo grau m sé·goun·do graou *secondaire (école)*
segundo/segunda m/f sé·goun·do/sé·goun·da *deuxième*
seguro m sé·gou·ro *assurance*
— **social** so·si·aou *protection sociale • allocation chômage*
seguro/segura m/f sé·gou·ro/sé·gou·ra *sans danger*
seios m pl séï·os *seins*
sela f sé·la *selle*
selo m sé·lo *timbre*
sem sém *sans*
— **chumbo** choun·bo *sans plomb*
semana f sé·ma·na *semaine*
sempre sém·pre *toujours*
sensível sén·si·vél *émotif/émotive • sensible*
sensual sén·sou·aou *sensuel(le)*
sentar sén·tarr *asseoir*
sentimentos m pl sén·ti·mén·tos *sentiments*
sentir sén·tirr *sentir*
— **falta** faou·ta *éprouver l'absence de*
separado/separada m/f sé·pa·ra·do/sé·pa·ra·da *séparé*
ser sérr *être (continu)*
seringa f sé·rin·ga *seringue*
sério/séria m/f sé·rio/sé·ria *serieux*
serviço m militar serr·vi·so mi·li·tarr *service militaire*
serviço m postal rápido sérr·vi·so pos·taoura·pi·do *courrier rapide*
setembro sé·tém·bro *septembre*

seu/sua m/f sé·ou/sou·a *ton • ta • votre*
sexo m sék·so *sexe*
— **com proteção** kom pro·té·saoum *rapport sexuel protégé*
sexta-feira f sés·ta·féï·ra *vendredi*
sexy sék·si *sexy*
shiatsu m chi·a·ti·zou *shiatsu*
shopping centre m cho·pin sén·térr *centre commercial*
show m chow *concert*
sim sim *oui*
simples sim·plés *simple*
sinagoga f si·na·go·ga *synagogue*
sinal m **de trânsito** si·naou de tran·zi·to *feux de signalisation*
sintético/sintética m/f sin·té·ti·ko/sin·té·ti·ka *synthétique*
sinuca f si·nou·ka *jeu de cartes*
sistema f **de classes** sis·té·ma de kla·sés *système de classes*
skate m is·kéï·te *skateboard*
slide m is·lai·de *diapositive*
snorkel m is·norr·kél *snorkelling*
snowboarding m snow·borr·ding *faire du snowboard*
sobre so·bre *au sujet de • sur • dessus*
sobremesa f so·bre·mé·za *dessert*
sobrenome m so·bre·no·me *nom de famille*
socialista so·si·a·lis·ta *socialiste*
sogra f so·gra *belle-mère*
sogro m so·gro *beau-père*
sol m sol *soleil*
soldado m **et** f sol·da·do *soldat*
solteiro/solteira m/f sol·téï·ro/sol·téï·ra *célibataire*
solto/solta m/f sol·to/sol·ta *lâche • distendu(e)*
somente so·mén·te *seulement*
sonho m so·gno *rêve*
sonolento/sonolenta m/f so·no·lén·to/so·no·lén·ta *endormi(e) • somnolent(e)*
sopa f so·pa *soupe*
sorte f sorr·te *chance*
sortudo/sortuda m/f sorr·tou·do/sorr·tou·da *chanceux/chanceuse*
sorvete m sorr·vé·te *crème glacée*
sorveteria f sorr·vé·té·ri·a *glacier (marchand de glaces)*
souvenir m sou·ve·nirr *souvenir*
sozinho/sozinha m/f so·zi·gno/so·zi·gna *seul(e)*
subir sou·birr *grimper • monter*
suborno m sou·bor·no *subornation*
sub-títulos m pl sou·bi·ti·tou·los *sous-titres*
suco m sou·ko *jus*
— **de laranja** de la·ran·ja *jus d'orange*
Suécia f sou·é·sia *Suède*
suéter f sou·é·térr *pullover • chandail*
suficiente sou·fi·si·én·te *suffisant*
Suíça f sou·i·sa *Suisse*
sujo/suja m/f sou·jo/sou·ja *sale*
sul m soul *sud*
supermercado m sou·pérr·mérr·ka·do *supermarché*
surdo/surda m/f sour·do/sour·da *sourd*
surfar sourr·farr *surfer*
surfe m sour·fi *surf*
surpresa f sour·pre·za *surprise*
sutiã m sou·ti·in *soutien-gorge*

T

tabaco m ta·ba·ko *tabac*
tabaconista m ta·ba·ko·nis·ta *bureau de tabac*
talco m taou·ko *talc*
talheres m pl ta·llie·res *couverts*
talvez taou·vés *peut-être*
tamanho m ta·ma·gno *taille*
também tam·bém *aussi*
tampa f tam·pa *bonde (baignoire)*
tampão m tam·paoum *tampon*
tampões m **de ouvido** tam·paoum de o·vi·do *bouchon d'oreille*
tangerina f tan·jé·ri·na *mandarine*
tapete m ta·pé·te *tapis*
tarde f tarr·de *après-midi*

taxa f *ta*·cha
— **cobrada** *ta*·cha ko·*bra*·da *commission*
— **de aeroporto** *ta*·cha de a·é·ro·*porr*·to *taxe d'aéroport*
— **de câmbio** *ta*·cha de *kam*·bio *taux de change*
— **de serviço** *ta*·cha de sérr·*vi*·so *taxe liée au service (restaurant, hôtel, etc.)*
táxi m *tak*·si *taxi*
teatro m té·*a*·tro *théâtre*
tecido m té·*si*·do *tissu*
técnica f *té*·ki·ni·ka *technique*
técnico/técnica m/m et f *té*·ki·ni·ko/*té*·ki·ni·ka *coach/entraîneur*
teimoso/teimosa m/f téï·*mo*·zo/téï·*mo*·za *têtu(e)*
teleférico m té·lé·*fé*·ri·ko *tire-fesse (ski)*
telefonar té·lé·fo·*narr* *téléphoner*
telefone m té·lé·*fo*·ne *téléphone*
— **público** *pou*·bli·ko *téléphone public*
telegrama m té·lé·*gra*·ma *télégramme*
telescópio m té·lés·*ko*·pio *télescope*
televisão f té·lé·vi·*saoum* *télévision*
temperatura f tém·pé·ra·*tou*·ra *température*
tempestade f tém·pés·*ta*·de *tempête*
tempo m *tén*·po *temps • météo*
tempo integral ing·té·*graou* *à plein temps*
têmpora f *tém*·po·ra *temple*
tênis m *té*·nis *tennis*
— **de mesa** de *mé*·za *ping-pong*
tentar tén·*tarr* *tenter • essayer*
ter térr *avoir*
terça-feira f *térr*·sa·*féï*·ra *mardi*
terceiro/terceira m/f térr·*séï*·ro/térr·*séï*·ra *troisième*
terminar térr·mi·*narr* *terminer*
término m *térr*·mi·no *fin*
Terra f *té*·rra *Terre (la)*
terra f *té*·rra *terre*
terremoto m té·rré·*mo*·to *tremblement de terre*
terrível térri·vél *terrible*
tesoura f té·*zo*·ra *ciseaux*
teste m *tés*·te *test*
— **de gravidez** de gra·vi·*déz* *test de grossesse*
tevê f té·*ve* *télé*
tigela f ti·*jé*·la *bol*
time m *ti*·me *équipe*
tímido/tímida m/f *ti*·mi·do/*ti*·mi·da *timide*
típico/típica m/f *ti*·pi·ko/*ti*·pi·ka *typique*
tipo m *ti*·po *type*
tirar ti·*rarr* *prendre (une photo)*
toalha f to·*a*·llia *serviette*
— **de rosto** de *rros*·to *serviette pour le visage*
— **higiênica** i·ji·*é*·ni·ka *serviette hygiénique*
tocar to·*karr* *toucher • jouer (guitare) • sonner (téléphone)*
tofu m to·*fou* *tofu*
tom m ton *air*
tomada f to·*ma*·da *prise (électrique)*
tomate m to·*ma*·te *tomate*
tonto/tonta m/f *ton*·to/*ton*·ta *avoir le tournis • être pris(e) de vertige • être étoudi(e)*
torcedor/torcedora m/f torr·sé·*dorr*/torr·sé·*do*·ra *supporter (sport)*
torcimento m torr·si·*mén*·to *entorse*
torneira f torr·*néï*·ra *robinet*
tornozelo m torr·no·*ze*·lo *cheville*
torrada f to·*rra*·da *pain grillé*
torradeira f to·rra·*déï*·ra *grille-pain*
torre f *to*·rre *tour*
torta f *torr*·ta *tourte*
tosa f *to*·za *culture (agriculture)*
tossir to·*sirr* *tousser*
trabalhador/trabalhadora m/f **de obra** tra·ba·llia·*dorr*/tra·ba·llia·*do*·ra de *o*·bra *travailleur/travailleuse*
trabalhador/trabalhadora m/f **manual** tra·ba·llia·*dorr*/tra·ba·llia·*do*·ra ma·nou·*aou* *travailleur manuel/travailleuse manuelle*
trabalhar tra·ba·*lliarr* *travailler*
trabalho m tra·*ba*·llio *travail*
— **de casa** de *ka*·za *travail ménager*
— **em bar** en barr *travail dans un bar*

traduzir tra·dou·*zirr* *traduire*
tráfico m *tra*·fi·ko *circulation*
tranca f *trang*ka *cadenas*
— **de bicicleta** de bi·si·*klé*·ta *anti-vol de vélo*
trancado/trancada m/f tran·*ka*·do/tran·*ka*·da *fermé(e) à clé*
trancar tran·*karr* *fermer à clé*
transporte m trans·*porr*·te *transport*
traseiro m tra·*zéï*·ro *derrière (anatomie)*
trave f **de roda** *tra*·ve de *rro*·da *rayon (roue)*
travellers cheques m pl tra·vé·*lér* *ché*·kes *chèques de voyage*
travesseiro m tra·vé·*séï*·ro *oreiller*
trem m trém *train*
trilha f *tri*·llia *sentier de montagne*
triste *tris*·te *triste*
troca f *tro*·ka *échanger*
trocado m tro·*ka*·do *échange*
trocar tro·*karr* *changer • échanger*
troco m *tro*·ko *de la monnaie*
tudo *tou*·do *tout*
tudo/tuda m/f *tou*·do/*tou*·da *tout(e)*
tumor m tou·*morr* *tumeur*
túmulo m *tou*·mou·lo *tombe*
turista m et f tou·*ris*·ta *touriste*

U

último/última f *oul*·ti·mo/*oul*·ti·ma *dernier/dernière*
ultrasom m oul·tra·*som* *ultrason*
uma vez *ou*·ma véz *il était une fois*
uniforme m ou·ni·*forr*·me *uniforme*
universidade f ou·ni·vérr·si·*da*·de *université*
universo m ou·ni·*vérr*·so *univers*
urgente ourr·jén·te *urgent*
útil *ou*·til *utile*
uvas f pl *ou*·vas *raisin*

V

vaca f *va*·ka *vache*
vacina f va·*si*·na *vaccination*
vagão m **de dormir** va·*gaoum* de dorr·*mirr* *wagon-lit*
vagão m **restaurante** va·*gaoum* rrés·taou·*ran*·te *wagon restaurant*
vagarosamente va·ga·ro·za·*mén*·te *lentement*
vagem f **chinesa** *va*·jén chi·*né*·za *haricot chinois*
vagina f va·*ji*·na *vagin*
vago/vaga m/f *va*·go/*va*·ga *vide • libre*
vale m *va*·le *vallée*
validar va·li·*darr* *validité*
valor va·*lorr* *valeur (prix)*
van f van *fourgonnette*
vapor m va·*porr* *vapeur*
varanda f va·*ran*·da *balcon • véranda*
vários/várias m/f *va*·rios/*va*·rias *divers(e)*
vazio/vazia m/f va·*zi*·o/va·*zi*·a *vide*
vegetariano/vegetariana m/f vé·jé·ta·ri·*a*·no/vé·jé·ta·ri·*a*·na *végétarien/végétarienne*
vela f *vé*·la *bougie*
velho/velha m/f *vé*·llio/*vé*·llia *vieux/vieille • passé(e)*
velocidade f vé·lo·si·*da*·de *vitesse*
— **do filme** do *fil*·me *vitesse du film/de la pellicule*
vender vén·*dérr* *vendre*
venenoso/venenosa m/f vé·né·*no*·zo/vé·né·*no*·za *vénéneux • vénimeux*
ventilador m vén·ti·la·*dorr* *ventilateur*
vento m *vén*·to *vent*
ver vérr *regarder • voir*
verão m vé·*raoum* *été*
verde *vérr*·de *vert (couleur)*
verdureiro/verdureira m/f vérr·dou·*réï*·ro/vérr·dou·*réï*·ra *marchand(e) de fruits et légumes*
vermelho/vermelha m/f vérr·*mé*·llio/vérr·*mé*·llia *rouge (couleur)*
Véspera f **de Ano Novo** *vés*·pé·ra de *a*·no *no*·vo *réveillon du premier de l'an*
vestido m vés·*ti*·do *robe*
vestígio m vés·*ti*·jio *vestige*
vestir vés·*tirr* *vêtir • habiller*
via f **aérea** *vi*·a a·é·ré·a *par avion (courrier)*

viagem f vi·a·jén *voyage*
— **de negócios** de né·*gou*·sios *voyage d'affaires*
viajar vi·a·*jarr* *voyager*
vida f *vi*·da *vie*
vidente m et f vi·*dén*·te *diseur/diseuse de bonne aventure*
vidro m *vi*·dro *verre • vitre*
vigiar vi·ji·*arr* *surveiller*
vilarejo m vi·la·*ré*·jo *village*
vinagre m vi·*na*·gre *vinaigre*
vinha f *vi*·gna *vigne*
vinho m *vi*·gno *vin*
— **espumante** és·pou·*man*·te *vin pétillant*
violão m vi·o·*laoum* *guitare*
vir virr *venir*
virar vi·*rarr* *tourner*
vírus m *vi*·rous *virus*
visitar vi·zi·*tarr* *visiter*
vista f *vis*·ta *vue*
visto m *vis*·to *visa*
vitamina f vi·ta·*mi*·na *vitamine*
voar vo·*arr* *voler (dans les airs)*
você vo·*se* *toi • tu • vous*
vocês pl vo·*se* *vous*
vodka f *vo*·di·ka *vodka*
vôlei m *vo*·léï *volley (sport)*
— **de praia** de *pra*·ya *volley de plage*
volta f *vol*·ta *tour (en voiture)*
volume m vo·*lou*·me *volume*
vôo m *vo*·o *vol (dans les airs)*
votar vo·*tarr* *voter*
voz f voz *voie*

W

whisky m ou·*is*·ki *whisky*
windsurfe m wind·*sourr*·fi *windsurf*

X

xadrez m cha·*drés* *échecs*
xampú m cham·*pou* *shampooing*
xarope m cha·*ro*·pe *sirop contre la toux*
xícara f *chi*·ka·ra *tasse*

Z

zangado/zangada m/f zan·*ga*·do/zan·*ga*·da *fâché(e)*
zodíaco m zo·*di*·a·ko *zodiaque*
zoulógico m zo·o·*lo*·ji·ko *zoologique*

D

E

F

O

P

Q

R

GREC
Croate
TURC
POLONAIS
HINDI, OURDOU ET BENGALI
ARABE MAROCAIN
NÉERLANDAIS
Guide de conversation
MANDARIN
Pour voyage
en V.O.
Et la collection
"Petite conversation en"
Allemand
Anglais
Espagnol
Italien
guide de conversation
Arabe égyptien
Guide de conversation
THAÏ
Dictionnaire bilingue inclus
Guide de conversation
ESPAGNOL LATINO-AMÉRICAIN
Dictionnaire bilingue inclus
Guide de conversation
JAPONAIS
Dictionnaire bilingue inclus
RUSS

CATALOGUE LONELY PLANET EN FRANÇAIS

Guides de voyage

Afrique de l'Ouest
Afrique du Sud, Lesotho et Swaziland
Amsterdam
Andalousie
Argentine
Asie centrale
Australie
Bali et Lombok
Barcelone
Berlin
Bolivie
Brésil
Bretagne Nord
Bretagne Sud
Budapest
Bulgarie
Cambodge
Canaries
Catalogne, Valence et Murcie
Chili et île de Pâques
Chine
Chypre
Corée
Corse
Costa Rica
Côte d'Azur et arrière-pays
Crète
Croatie
Cuba
Écosse
Égypte
Équateur et îles Galápagos
Espagne du Centre
Espagne du Nord-Ouest
Est américain
Finlande
Florence et la Toscane
Floride
Grèce continentale
Guatemala
Îles grecques et Athènes
Inde du Nord
Inde du Sud
Indonésie
Islande
Israël et les Territoires palestiniens
Istanbul
Italie
Italie du sud
Japon
Jordanie
Kenya
Lacs italiens
Languedoc
Laos
Londres
Madagascar
Majorque
Malaisie, Singapour et Brunei
Maldives
Malte et Gozo
Maroc
Maurice et Rodrigues
Mexique
Mongolie
Monténégro
Moscou
Munich, la Bavière et la Forêt Noire
Myanmar (Birmanie)
Namibie
Naples et la côte amalfitaine
Népal
New York
Normandie
Norvège
Norvège, Suède, Danemark, Finlande et îles Féroé
Nouvelle-Calédonie
Nouvelle -Zélande
Ouest américain
Ouest canadien et Ontario
Pays Baltes
Pays basque, France et Espagne
Pays de la Loire
Pays-Bas
Pérou
Philippines
Portugal
Prague
Provence
Québec
La Réunion
Rome
Roumanie et Bulgarie
Saint-Pétersbourg
Sardaigne
Savoie-Mont- Blanc
Sénégal
Seychelles
Sicile
Slovénie
Sri Lanka
Suède
Suisse
Tahiti et la Polynésie française
Tanzanie et Zanzibar
Thaïlande
Thaïlande, îles et plages
Transsibérien
Tunisie
Turquie
Turquie, İstanbul, Côte turque et Cappadoce
Ukraine
Venezuela
Venise
Vietnam

En quelques jours

Amsterdam
Athènes
Bangkok
Barcelone
Berlin
Bordeaux
Boston
Bruxelles, Bruges, Anvers et Gand
Buenos Aires
Copenhague
Cracovie
Dubaï
Dublin
Édimbourg
Florence
Guadeloupe
Hong Kong
İstanbul
Las Vegas
Lille
Lisbonne
Londres
Los Angeles
Lyon
Madrid
Marrakech
Marseille
Martinique
Milan et les lacs italiens
Montréal et Québec
New York
Paris
Pékin
Prague
Réunion
Rome
Sainte-Lucie
San Francisco
Shanghai
Singapour
Stockholm
Strasbourg
Sydney
Tokyo
Toulouse
Valence
Venise
Vienne
Washington

Guides de conversation

Allemand
Anglais
Arabe marocain
Arabe égyptien
Croate
Espagnol
Espagnol latino-américain
Grec
Hébreu
Hindi, ourdou et bengali
Italien
Japonais
Mandarin
Polonais
Portugais et brésilien
Russe
Turc
Vietnamien

Petites conversations en

Allemand
Anglais
Espagnol
Italien

lonely planet
Guide de conversation
PORTUGAIS
ET BRÉSILIEN
Dictionnaire bilingue inclus
lonely planet
Guide de conversation
ESPAGNOL
Dictionnaire bilingue inclus
lonely planet
Guide de conversation
ITALIEN
Dictionnaire bilingue inclus
lonely planet
Guide de conversation
ANGLAIS
Dictionnaire bilingue inclus
lonely planet
Guide de conversation
ALLEMAND
Dictionnaire bilingue inclus
lonely planet
Guide de conversation
VIETNAMIEN
Dictionnaire bilingue inclus